身處二十一世紀，讀書識字只是基本
如何從中獲得更深的知識才是個人本事！

告別學渣稱號

歸納學習法×聯想學習法×點面學習法

35種高效學習妙招，改善低效問題，得分不再是難題！

別再浪費你的天生優勢

改善低效學習，練成高效學習

人人羨慕的聰明小博士就是你！

目錄

第一章 三十五種高效學習法

01 廣博的知識面，精深的知識點 —— 點面學習法 ……………… 10

02 勤能補拙，水滴穿石 —— 硬啃猛攻學習法 ………………… 11

03 取百家之長，走自己的路 —— 創造學習法 ………………… 12

04 精誠所至，金石為開 —— 專一學習法 ……………………… 15

05 儲存、比較、批判 —— 三步學習法 ………………………… 17

06 圍繞自己所瞄準的問題讀書 —— 目標學習法 ……………… 20

07 八面受敵，各個擊破 —— 八面受敵學習法 ………………… 24

08 持之以恆，記述心得 —— 劄記學習法 ……………………… 27

09 沒有比較就沒有鑑別 —— 互比學習法 ……………………… 30

10 沿波討源，雖幽必顯 —— 溯源學習法 ……………………… 34

11 多管窺豹，可見全斑 —— 歸納學習法 ……………………… 36

12 思不廢學，學不廢思 —— 預測學習法 ……………………… 39

13 他人之心，予忖度之 —— 推測學習法 ……………………… 44

14 抓其要點，探其妙義 —— 「提要鉤玄」學習法 …………… 48

15 把精力集中到一個焦點上 —— 選擇學習法 ………………… 50

16 曲則全，枉則直 —— 逆轉學習法 …………………………… 55

17 學會逆向思考 —— 錯序學習法 ……………………………… 60

18 「由薄到厚」與「由厚到薄」—— 薄厚互返學習法 ……… 62

19 合理安排，突出重點 —— 30－3－30 學習法 ……………… 66

目錄

20 陸游遊蜀悟詩意 —— 實踐學習法 …………………… 68

21 從「知識的導遊圖」起步 —— 目錄學習法 ………… 73

22 工欲善其事，必先利其器 —— 工具書學習法 ……… 75

23 活化知識的酶 —— 聯想學習法 …………………… 77

24 忘卻是為了更好的記憶 —— 忘書學習法 ………… 81

25 憑個人的愛好讀書 —— 興趣學習法 ……………… 83

26 充分發揮自己的優勢 —— 個性學習法 …………… 85

27 知識和智慧在群體中閃光 —— 群體學習法 ……… 89

28 為用而學未為晚 —— 用而求學學習法 …………… 91

29 無書仍可讀書 —— 回憶學習法 …………………… 93

30 善於利用時間的邊角餘料 —— 二十五分鐘學習法 … 96

31 東方不亮西方亮 —— 迂迴學習法 ………………… 100

32 兼學並蓄，收穫頗豐 —— 一箭雙鵰學習法 ……… 103

33 條條道路通羅馬 —— 異想天開學習法 …………… 106

34 資訊時代科技進步的產物 —— 視聽學習法 ……… 111

35 就是要跟自己過不去 —— 自督學習法 …………… 114

▍第二章　三十種低效學習法

01 少壯蹉跎 ……………………………………………… 120

02 朝三暮四 ……………………………………………… 125

03 名落孫山 ……………………………………………… 129

04 畏難怕苦 ……………………………………………… 134

05 一暴十寒 ……………………………………………… 138

06 不豫則廢 …………………………………… 143

07 不懂裝懂 …………………………………… 149

08 淺嘗輒止 …………………………………… 153

09 以偏概全 …………………………………… 156

10 因循守舊 …………………………………… 161

11 學須「殷切」 …………………………… 164

12 交友貴知 …………………………………… 169

13 好高騖遠 …………………………………… 174

14 不思則罔 …………………………………… 178

15 做真學問 …………………………………… 183

16 精讀為本 …………………………………… 186

17 欺世盜名 …………………………………… 189

18 考場舞弊 …………………………………… 192

19 嫉賢妒能 …………………………………… 195

20 求全責備 …………………………………… 200

21 驕傲自滿 …………………………………… 204

22 華而不實 …………………………………… 208

23 好故弄玄虛 ……………………………… 211

24 言之無物 …………………………………… 216

25 刻舟求劍 …………………………………… 220

26 知行脫節 …………………………………… 223

27 無知愚昧 …………………………………… 226

28 躐等以求 …………………………………… 230

目錄

29 臨渴掘井 ⋯⋯⋯⋯⋯⋯⋯⋯⋯⋯⋯⋯⋯⋯⋯⋯⋯ 233

30 厚古薄今 ⋯⋯⋯⋯⋯⋯⋯⋯⋯⋯⋯⋯⋯⋯⋯⋯⋯ 237

▌第三章　改變低效學習的十五種方法

01 忽視過度晚對答案 ⋯⋯⋯⋯⋯⋯⋯⋯⋯⋯⋯⋯ 242

02 平時拖沓多看多寫 ⋯⋯⋯⋯⋯⋯⋯⋯⋯⋯⋯⋯ 243

03 光玩不學埋頭死學 ⋯⋯⋯⋯⋯⋯⋯⋯⋯⋯⋯⋯ 245

04 輕視預習「冷落熱病」 ⋯⋯⋯⋯⋯⋯⋯⋯⋯⋯ 247

05 缺乏自信缺乏興趣 ⋯⋯⋯⋯⋯⋯⋯⋯⋯⋯⋯⋯ 250

06 先難後易不懂不問 ⋯⋯⋯⋯⋯⋯⋯⋯⋯⋯⋯⋯ 252

07 容易緊張超負荷學習 ⋯⋯⋯⋯⋯⋯⋯⋯⋯⋯⋯ 253

08 走馬看花忽視工具書 ⋯⋯⋯⋯⋯⋯⋯⋯⋯⋯⋯ 256

09 缺乏想像力思路不滿 ⋯⋯⋯⋯⋯⋯⋯⋯⋯⋯⋯ 258

10 任其自然不走「回頭路」 ⋯⋯⋯⋯⋯⋯⋯⋯⋯ 259

11 輕視「做筆記」違背規律 ⋯⋯⋯⋯⋯⋯⋯⋯⋯ 261

12 過於寬容盲目用功 ⋯⋯⋯⋯⋯⋯⋯⋯⋯⋯⋯⋯ 265

13 拚時間光聽不看 ⋯⋯⋯⋯⋯⋯⋯⋯⋯⋯⋯⋯⋯ 267

14 筆記過細不求所以然 ⋯⋯⋯⋯⋯⋯⋯⋯⋯⋯⋯ 269

15 聽課分心不願做題 ⋯⋯⋯⋯⋯⋯⋯⋯⋯⋯⋯⋯ 272

前言

　　二十一世紀是知識經濟時代。它的大容量和高速度，要求人們具有高效學習的能力，知識經濟時代呼喚更加便捷高效的吸收知識的方式。知識經濟需要高效學習的方法。不懂學習的人，付出的學習代價和得到的收益會相差甚遠，他不會了解高效學習的重要性，只會漸漸被知識經濟時代所淘汰。對於善於探索自我、開發自我的人來說，學習方法是一種強度很大、內容豐富的研究，這種研究，使一個人的學識、判斷力和才能得以培養。

　　二十一世紀的文盲不是那些沒有知識的人，而是那些不會學習的人。在學習過程中，最重要的不是你已經學會或將要學會多少知識，而是你是否掌握了適合自己的高效學習方法。如何用最短的時間，最快的速度獲取最豐富最有用的資訊，並轉化為適用於這個時代的知識，就是我們要透過這套叢書所要傳達給你最新的學習觀念。

　　最有效地為你所努力的學業服務，最大限度地適應未來社會的發展，最充分地發揮你的愛好和特長，最直接地引導你進入創造的階段。

　　本叢書列舉了阿爾伯特·愛因斯坦（Albert Einstein）、艾薩克·牛頓（Isaac Newton）、湯瑪斯·愛迪生（Thomas Edison）、馬克西姆·高爾基（Maxim Gorky）等許多名人的學習方法，系統地分析了名人的學習方法之所以有效的原因。透過對名人學習方法的借鑑、分析、總結，激發你的學習潛能，堅定你的學習意志，幫你探尋高效的學習方法，累積最精華有用的知識。開拓你的智商，使你的學習更有創造性，對你而言，學習不再是一件枯燥乏味的事，而是變得輕鬆、有趣。這時，你將體會到學習的快樂。技巧性地改變學習方法，能化被動為主動，進而激發和拓展出學習的

7

前言

無限潛能。希望勇於嘗試的讀者們能取長補短，全力以赴。相信該叢書必能對您的求學生涯產生莫大的幫助和深遠的影響。

　　本書適合每一位學生、家長和教師閱讀，是成功高效學習的必備手冊。

第一章
三十五種高效學習法

01 廣博的知識面，精深的知識點 —— 點面學習法

一切學科你都要知道一些，但是有些學科你要知道其中的一切。

　　　　　　—— 季米里亞捷夫（Timiryazev，蘇聯自然科學家）

「點」的讀書法，實際上是讀書的第一階段。根據學習的需要確定一個大致的攻讀方向，以此為前提，廣泛地閱讀與之相關的書籍。目的在於累積知識，以求對攻讀的對象有一個總體的、粗略的印象。

「面」的讀書法，是以「點」讀書為目標，進一步掃蕩拓圍階段。就是在對某一學科充分了解，掌握了其大致脈絡的情況下，再學習與之密切連繫的鄰近學科的知識。

可見，廣泛的閱讀博覽可形成知識的「面」，專業的深度探索讀書可形成學科的「點」。二者有機結合就能達到「以點帶面、以少勝多」的目的。那麼，如何才能做到「既有廣博的知識基礎，又能掌握專業的知識」、「既瀏覽了文章大意，又能知曉其精華所在」？

廣博與精深是知識大廈的兩塊重要基石。它們之間有其矛盾對立的一面，也有和諧的一面。兩者相輔相成，缺一不可。知識淵博而沒有專精，很容易流於「雜」；同樣一門精通的學問而沒有廣博的知識面，又很容易流於「陋」。

可以說，廣博並非是讀書的目的。「博」雖然有益，但出現問題時，不能給人針對性強的、有效完整的幫助。傳說中有一種鼫鼠，牠會飛、會爬、會游、會穴、會走。但是，牠飛翔卻飛不過屋頂；攀爬而爬不到樹梢；游水卻遊不過河；打洞又不能藏身；奔跑還不及人跑得快。鼫鼠會五種本領，卻沒有一種技藝精湛得足以護其身、保其命。所以在弱肉強食的食物鏈中，牠最終喪生於黃鼠狼之口，也就不足為奇了。

由此可知，讀書鑽研學問既要有廣博的知識，也要有其專業的深度。翻開近現代史冊，不難發現，在那樣外侮內憂、舉國動盪的惡劣治學環境下，卻盡出學術上堪稱泰斗且博古通今、學貫中西、既博又專的大讀書人。

人的生命是有限的，而知識的海洋卻是浩瀚無垠、無窮無盡的。所以，從這個意義上看，無論任何人，其知識的廣博是相對的，既是以研究方向或研究目的為中心，以自身的努力與天分、勤勉為動力的「面」的拓展。因此，這個知識的「面」可大可小，面大可謂博覽，面小可謂寡聞。

明代思想家王延相說過：「君子之學，博於外尤貴精於內。」強調的是，既要博又要專精。然而，知識面的「博」與研究點的「專」究竟是怎樣一種辨證關係呢？

正如人們所知，知識是觸類旁通的。博覽是精深的前提，即為研究點的深度發展提供了更加廣闊的天空。研究點的精深是學習的目標、博覽的指導。一般來說，「面」上的知識的獲取要以主攻方向的周圍放展開來，沒有研究點為指導的廣博很容易陷於盲目。一言以蔽之，廣博是精深的基礎，精深是廣博的方向。

初學要廣，入門要深；知識面要博，鑽研點要深。

02　勤能補拙，水滴穿石 ── 硬啃猛攻學習法

善讀書者，曰攻，曰掃。攻則直透重圍，掃則了無一物。

── 鄭燮（清代學者）

俗話說，「冰凍三尺，非一日之寒」。一門知識乃至一種學說的掌握理解，如同人與人相遇、相識、相知需要很長時間一樣，通常都是需要一個過程。初看一本經典的學術書或接觸一門新學科時，它不是一下子就能

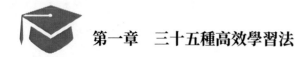
理解明白，這時就需要你有水滴穿石的精神，抓住問題不放，用心去攻讀，即識別出不易理解、完全不懂的東西，反覆去揣摩或查看有關書籍、工具書等，直到弄明白弄通透為止。這就是硬啃猛攻讀書法。

有大學校長認為，讀書有略讀、閱讀與攻讀之分。工作之餘，看看小說，翻翻畫刊，屬於略讀；一般的書籍、報紙和雜誌，內容淺顯易懂，又未必事關緊要，看一二遍就夠，這是閱讀；至於攻讀，那就是另一回事了。「攻」，常常表現為難點、難題、不容易理解的道理。攻堅之法，一在於鑽研，二在於堅持。長期圍困而且炮火猛烈，何愁攻城不下？何愁擊石不開？

因此，青年朋友讀書，千萬不要急功近利，希冀有什麼一步登天的捷徑。只要老老實實、腳踏實地的刻苦攻讀，相信滴水穿石、鐵杵成針的傳說在你的身上也能成為現實。

「勤能補拙，水滴石穿」的「硬啃猛攻學習法」對打基礎的讀書人來說，何嘗不是最務實、最樸素的讀書道理。

03 取百家之長，走自己的路 —— 創造學習法

> 從書中閱讀別人的思想，只是搶他人的智慧或殘渣而已。
> —— 阿圖爾・叔本華（Arthur Schopenhauer，德國哲學家）

從前有一個叫亞克敦的英國人，非常喜歡收藏圖書，也非常愛讀書。他除了把自己收藏的七萬多冊藏書讀完外，還繼續找其他的書看，並且在讀書的同時，做了大量的讀書筆記。可是，他卻連一篇文章也寫不出來，一生沒有什麼成就。

俄國著名的教育家烏申斯基（Uschinski）說過：「書籍對人類原有很

大意義……但，書籍不僅對那些不會讀書的人毫無用處，就是對那些機械地讀完書卻不會從死的文字中引出活思想的人，也是無用的。」那位亞克敦先生就是這樣的人。儘管他一生博覽群書，最後還是一事無成。

俄國劇作家克里雅日寧曾經把讀書分為三種：一種是讀而不懂；另一種是既讀又懂；還有一種是能讀懂書上沒有的東西。讀而不懂，不如不讀；既讀又懂，只懂得書本上的知識，也是不夠的；只有透過讀書本上的知識再經過綜合分析，創造出自己的東西，這才是讀書的最高境界，也就是創造讀書法。

大多數人讀書僅僅滿足於只了解書本上的知識，把自己變成 —— 座儲存知識的「倉庫」，而沒有把讀書作為提高主觀世界、改造客觀世界的創造過程。唐朝歷史學家劉知己曾有句名言，「夫有學無才，猶愚賈操金，不能殖貨。」也就是說：一個僅滿足於儲存知識，而不善於用探索精神和科學方法去消化、分析、創造的人，就好比一個愚蠢的商人，即使有滿口袋的金錢卻無法賺回一文錢。讀書也是這樣，如果我們鑽進書裡一味死讀書，過度迷信書本上的知識，視其為「雷池」、「頂峰」，不敢有任何自己的見解，就等於把自己完全禁錮在書本裡，那樣就會讀書越多，把自己「錮」得越緊。

那麼，如何掌握創造讀書法呢？最重要的一點就是培養自己的創造力。

首先必須處理好繼承和創造的關係。創造並不是憑空想像，它是在繼承前人知識的基礎上得來的。知識累積得越多，就越容易發現其中合理與不合理的成分，從而產生創造的想法。

其次，要克服自卑、自怯的情緒，要珍視自己的獨立見解。創造力每個人都有，千萬不要輕視自己的獨到見解，儘管有時它可能很虛幻。

再次，要有打破傳統，勇於向權威挑戰的勇氣。科學上新理論的產

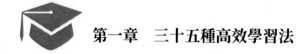

生，無不都是對舊傳統理論的否定。因此，沒有打破傳統、向權威挑戰的勇氣，是不能堅持到底並獲得最後勝利的。

十九世紀末，在牛頓力學理論的基礎上發展起來的經典物理學，已經形成了完整的體系。然而，在以後的十多年裡 X 光、放射性、電子等驚人的發現層出不窮。原有的經典理論已無法解釋這些現象。經典物理學這座宏偉的大廈出現了不可彌補的裂縫。

一九一八年獲得諾貝爾物理學獎的德國物理學家馬克斯‧普朗克（Max Planck），在讀書的實踐中，發現了前人理論上的缺誤，他大膽地拋棄了舊理論的舊觀念，獨具匠心地引入了「能量子」的新概念，圓滿地解決了當時物理學的疑難，奠定了現代物理學的基礎。這無疑是一個偉大的發現，這種發現正是普朗克成功運用創造讀書法的結果。

然而，不幸的是，普朗克這時忽然不安起來，他見自己的創造性理論違背了傳統理論，便喪失糾正前人的勇氣。甚至做了三次修改，力圖把自己的理論納入經典物理學的軌道，結果，他的後半生在理論上幾乎沒有什麼建樹。他在《科學自傳》中沉痛地寫道：「企圖使基本作用量子與經典理論調和起來的這種徒勞無功的打算，我持續了很多年，使我付出了巨大精力，我的同事們認為這幾乎是一個悲劇。」

正當普朗克徘徊不前之時，具有創造精神的另一批物理學家卻在普朗克的腳印中看到並做出了令人矚目的發現：一九〇五年，愛因斯坦將普朗克的「能量子」成功地推廣到了一切發光物體，提出了「光量子」，成功地解釋了光電效應實驗；一九一一年，波爾又將「量子化」思想引入原子模型中，取得了巨大成就。可見向權威挑戰在創造中起了多麼大的作用啊！

最後，要分清創造和模仿。創造是能提出新見解，解決前人不曾解決

過的問題，或者解決問題是運用別人不曾用過的捷徑。而模仿卻是照著現成的樣子去摹擬或仿製。所以說，模仿絕不是創造。

宋朝著名的文學家歐陽修，非常喜歡唐朝文人韓愈的作品，並且反覆研讀他的作品竭力向他學習。結果，他的文章雖頗負盛名，而詩卻沒有什麼成就。清代學者袁枚在《隨園詩話》裡對歐陽修評價說：「歐公學韓文，而所作文全不似韓，此八家中所以獨樹一幟也。公學韓詩，而作詩頗似韓，此宋詩中所以不能獨成一家也。」這是因為歐陽修學韓愈文章時，有創新，有發展，所以成為後來八大家之一；而在學韓愈詩時卻採取了亦步亦趨，墨守成規的方法，一味的模仿，因此，毫無發展，毫無創新，當然在詩歌方面也就不能自成一家了。

由此可見對書本的知識盲目崇拜，一味模仿，很難有所創新。只有「採百家之長，走自己的路」，這樣才能另闢蹊徑，別開洞天，才能有所創造。

要想熟練的掌握創造讀書法。當然還需要很多條件，如：好奇心、遠大的抱負、對圖書的濃厚興趣、善於思考等等。這些都不是我們一朝一夕就能具備的，它需要我們不斷在讀書的實踐中摸索和總結。

如果書使我們不能、不敢去創造，那就失去了讀書的意義。

04 精誠所至，金石為開 —— 專一學習法

> 書富如海，百貨皆有。人之精力，不能兼收盡取，但得其所欲求者爾。
> 故願學者每次作一意求之。
>
> —— 蘇軾（宋代文學家）

「專一」是我們常說的一句俗語，意思是集中力量做一件事或只接觸

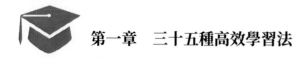

某一方面的事物，而不管其他方面。其實，這句普通的俗語還是一個很好的讀書方法。

很多人讀書時都可能有過這樣的壞習慣，看書一遇到困難，就不想再讀了。於是，又拿起另一本，遇到難題時又放下，結果沒有一本書能讀深讀透，弄的一知半解，知識殘缺不全。

有一位化學家剛開始學習的時候，就有過這樣的經歷。後來他請有經驗的長輩推薦了一本好書，下決心把它看懂學透，其後又找到其他書籍中有特色的章節來讀。這樣，他學透一本，再看其他，學習的效果大為提高。

著名科學家陳先生也有過同樣的經驗。他年輕時為了報考大學，決定突擊自修英語。這個主攻目標確定後，他就將房間裡其他書籍都封存起來，只剩下英文書一種，整天手不釋卷，捧著英文書啃讀，使自己完全進入英文的「境界」中，不受其他書的任何干擾。第一天，他只記住了八個單字，到第二天早晨複習時發現已忘掉了三個。第二天仍然沒有記住幾個。但他毫不氣餒，繼續埋頭攻讀，堅持了一個星期之後，開始掌握了英文記憶的規律，一天能記住二十多個單字。一個月後每天能記五十餘個，兩個月掌握了四五千個單字，基本能閱讀英文版的《讀者文摘》（*Reader's Digest*）了。

陳先生在掌握了一定數量的單字後，他又用了一個星期的時間，專攻英文語法和英文寫作練習。接著，又專門用了一段時間強行背誦了五百句英語範文。結果，他總共只用了三個月的時間，就基本把英文攻讀下來了，並能用英文寫出漂亮的文章。此後，陳先生又用這種讀書方法，攻下德、法、日、俄四門外語，還攻克了代數、三角和解析幾何等難關。

這樣，每一個時期集中學一門學問，每一門裡都有精讀重點書，便給進一步深入研究打下基礎，為知識的系統化創造了條件。

　　張先生經過多年的刻苦自學，以優異的成績考上英國文學研究所，畢業後在外國文學研究領域中成績顯著。張先生在讀書時，曾碰到一個問題：從建立知識結構的需要來看，學習重點不止一個。那麼，是在同一個時期左右開弓、四面開花好呢？還是一個時期一個中心，各個擊破更好？

　　經過反覆嘗試、比較，張先生採取了抓住中心，逐個擊破的「專一」的方法。比如：他在一個時期裡集中讀西方文學史，就把有關各種書籍盡可能借到，進行比較、挑選。從中選出有價值的書進行精讀。在閱讀中碰到要進一步了解的新問題，就再去選一些書，由此步步深入。「專一」讀書方法，多半應用於應急性質的讀書學習。譬如：在期中、期末考試接近或者某一學科學得較差的情況下，可以適當地應用。其最大效能就是有利於單科累積，保持知識的系統性和連貫性。但是，我們並不提倡任何學科都運用「專一」的讀書方法。

　　兵法講究集中優勢兵力打殲滅戰。「專一」讀書方法也是這個道理，就是集中精力打一次圖書的「殲滅戰」。

05　儲存、比較、批判 ── 三步學習法

> 蜜蜂，辛勤地盤旋在知識的百花叢中，擇其芳香濃郁的花朵，一點點地吸吮，一點點地累積，然後，經過自己的咀嚼，消化，來它個去蕪存菁，去偽存真，最後釀成濃香醇甜、營養豐富的蜂蜜。
>
> ── 郁達夫（現代作家）

　　在現實生活中，常常看到這樣的現象：在同樣的學習時間環境中，甚至在同一老師的指導、閱讀同樣書籍的條件下，不同的人，卻有不同的收穫，有的人學到知識，增進才能，促成了工作；有的人卻一無所獲，或效

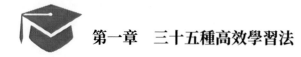

果甚微，根本談不上對工作有所裨益。原因十分明顯，前者掌握了科學的讀書方法，後者卻正相反。

　　古往今來，眾多名人、學者在讀書、治學的過程中，創造了許許多多的讀書方法，至今還值得我們學習和借鑑。

　　十八世紀法國著名的資產階級啟蒙思想家、文學家、哲學家和教育家尚‐雅克‧盧梭（Jean-Jacques Rousseau），這個一生寫下了《民約論》（*Du contrat social ou Principes du droit politique*）、《論人類不平等的起源及基礎》（*Discours sur l'origine et les fondements de l'inégalité*）、《懺悔錄》（*Confessions*）、《愛彌兒》（*Émile: ou De l'éducation*）等不朽著作的人，他是怎樣讀書的呢？他把自己的讀書過程總結為三個步驟：儲存 ── 比較 ── 批判，經過這樣三個步驟，盧梭既能全面掌握每本書的思想，又能站出來給予正確的評價，這就使他獲取知識具有主動性、批判性和創造性。

　　儲存，即廣泛閱讀。你先完全接受所讀的每本書的觀點，不掺入自己的觀點，也不和作者爭論，主要目的是累積知識。

　　古今有學問的人、有成就的人，總是十分注意累積。對什麼事都不應該像過眼雲煙，要從無到有，從少到多，一點一滴的累積起來。

　　著名歷史學家吳先生，知識淵博，他有一條重要的治學經驗：親手作讀書卡片。一生中親自動手累積的卡片幾萬張。

　　著名科學家愛迪生從事科學研究六十多年，發明創造了一千多項。他的成功祕訣之一就是隨身帶個小本子，記錄生活的素材、自己的一見一得。他說：「這就等於儲蓄，日積月累，腦子裡儲蓄多了，就能應付自如。」

　　以上事實說明，任何一門學問的研究，任何一種成就的取得，都需要有廣泛的資料累積。這也是三步讀書法的第一步，只有透過這第一步，即

掌握了大量的知識，才能進入第二步，對儲存的知識加以分析和比較。

比較，即比較從書中學到的知識，用理智的天平仔細衡量各種書的不同觀點。把論述同一問題的書都找出來，看哪本書論述新穎、獨到、準確、全面、深刻、生動、有說服力。透過比較，可以博採眾家之長，集大成於一身，從而取得真才實學。

有一個美國學者露絲．潘乃德（Ruth Benedict），長期研究日本社會，他把日本報刊上有關風俗民情的資料剪下來，累積成卡片，進行分析比較，由此而出版了一本《菊與刀》（*The Chrysanthemum and the Sword*），真實地描述了日本社會生活，轟動一時。這本書一度成為美國政府對日政策的參考書之一。

比較的優點是不同的作者對同一問題的論述有深有淺，透過比較，有助於我們加深對這一問題的理解；同時，不同作者對同一問題的論述的方法也不可能完全一樣，透過比較，還可以集思廣益，避免片面化、簡單化；有些作品由於作者的局限，難免有各式各樣的疏忽和失誤；透過比較，可以發現問題、明辨是非、揚長避短；各類書的文筆有優劣之分，資料有詳簡之別，水準有高低之異，透過比較閱讀，可以採其所長，為我所用，避其所短，少走彎路。

在用比較的方法對自己儲存的知識進行鑑別後，第三步就是批判，即找出書中的謬誤並加以批判，從而只吸收書中的精華，吸取對自己有用的、有益的知識，拋棄那些無益的東西。掌握批判的方法，就是理論連繫實際。一方面，在讀書時，要善於分析和綜合，克服盲目性，提倡獨創性，把書讀活，用探索的精神去讀書。另一方面，透過批判，把認知推到一個嶄新的境界，才是讀書學習的目的。

經過這樣三個步驟，你既能全面掌握每本書的思想，又有「採其精

華」、「正其謬誤」，使之「是非有歸」，從而為你今後的學習和深入的研究打下一個扎實的基礎。

儲存大量的知識，善於反覆的比較，去偽存真的批判，掌握這樣三步讀書法，你將成為博學多才之士。

06 圍繞自己所瞄準的問題讀書 —— 目標學習法

漫無目標，無書不讀的人，他們的知識很難是非常精湛的。
—— 亞瑟‧柯南‧道爾（Arthur Ignatius Conan Doyle，英國作家）

明確讀書的具體目的，往往直接關係到讀書的成效。

有的人讀書無具體目的，也沒有具體要求，東翻翻西翻翻，沒有緊迫感，沒有壓力，收穫自然甚微。有了明確目的，就有緊迫感，思想集中，積極思維，收穫自然顯著。

古往今來，有不少人主張有目的地讀書。因為，人的精力不僅是有限的，而且一個人一生中所有能達到、實現的目標也是有限的，因此，只有把有限的精力集中到一個目標上，才能易於取得成就，這與放大鏡聚光點火的道理相同，只有把分散的陽光集中起來，才能燃起熊熊的火焰。

蘇東坡曾經說過：「書富如海，百貨皆有。人之精力，不能兼收盡取，但得其所欲求者爾。故願學者每次作一意求之。」這裡的「一意求之」，就是要有一個明確的目的。圍繞著自己所瞄準的問題讀書。

蘇聯著名教育家蘇霍姆林斯基（Sukhomlinskii, Vasilii Aleksandrovich）善於瞄準教育領域人們所普遍關心的問題，追蹤它的來龍去脈，潛心研究探索其中的規律。他每天都圍繞這些問題讀書，孜孜不倦地讀教育學、心理學、教育史以及各種教育方法專著，寫了大量有創見的論文。他的著述被

譽為「學校的百科全書」。

　　他還經常告誡他的學生們說：「你的周圍有一個浩瀚的書刊的海洋，要非常嚴格慎重地選擇閱讀的書籍和雜誌。求知旺盛的人總是想博覽一切，然而這是做不到的。要善於限制閱讀範圍，從中排除那些可能會破壞學習制度的書刊。」可見，要有明確目標，才能在較短的時間內掌握較多的知識。

　　當然，為了達到目標，必須有內在力量去實現。這種力量就是追求。追求的目標有大有小。大目標是在沒有明顯外在壓力的情況下，由於自己的內心要求，如理想、求知欲、審美情趣等而產生的讀書動機，屬「內在的力量」。當你從內心裡意識到讀書學習是自己本身的需要時，就會爆發出無窮的「內動力」，就會毫無顧忌地全身心地投入。

　　古代學者歷來主張「自得」、「自勉」、「樂為」等具有內心要求的閱讀。如果缺少這種內在力量，目標就無法實現。而這種內在力量應該是為著某一目的而產生，沒有這一目的，這種力量既不能自覺，也不能持久。

　　小目標是在外部壓力下形成的閱讀願望，如為考試、競賽、逃避人們的責罰等而讀書。具體的、切近的目標是最能激勵我們奮力前進的直接動力。一個具體的小目標的實現，也最能堅定實現自我大目標的信心。弗拉迪米爾·列寧（Vladimir Lenin）說過：「要向大目標走去，就得從小目標開始。」

　　當你透過努力，實現了很多小目標以後，你的大目標也就實現了。我們也可以把大目標分成許多小目標，靠日積月累，不可操之過急。小目標的實現有利於激發自己的興趣與熱情。比如說，你要在一個月內記熟三百個英語單字，可以安排每天記熟十個。這樣把大目標分解成若干小目標以

後，每天小目標就不難實現了。只要天天努力堅持下去，一個月以後，你的大目標自然就實現了。

這就好比蓋房子，要從地基開始，一磚一磚往上砌，一層一層向上發展，基礎如果打得不牢，房子遲早有倒塌的危險。讀書學習也是同樣的道理，圍繞自己所瞄準的問題，選擇一些較淺顯的書來讀。由淺到深，由簡單到複雜，一步一步地進行。不能用囫圇吞棗的方法，把自己所瞄準的目標範圍的書一下都讀完。也不可唯讀皮毛，不入骨髓，只解大意，不求規律；應該向書籍裡鑽，鑽的越深，獲得的知識就越豐富。讀書要深鑽，才能把書讀透，融會貫通，把學過的知識融入到腦子裡。

每次讀書後，還要反覆思考，把前面的讀懂、記住、掌握，然後再往下讀。這樣才能擊中目標，捕捉到自己所需要的東西，打下扎實的基礎。應繞過與目標無關的內容和章節，直接瞄準與目標有關的實際內容的書來讀，這樣就會取得事半功倍的效果。同時還要經常檢查自己的讀書目標的進度與方向，需要勤奮不懈的努力，以及持久耐心和頑強的毅力。

不論是為了大目標還是小目標的實現，都要有勤奮和吃苦的精神，還要有毅力，克服各種困難，才能有希望達到光輝的頂點。如果沒有毅力，沒有頑強吃苦的精神，那麼就等於沒有目標，設定的目標如同虛設。勤奮是講究讀書方法的前提。勤奮讀書又必然要求有目標，兩者結合便能夠達到理想的效果，反過來又推動我們勤奮讀書。所以說，勤奮讀書與講究目標讀書方法又是相輔相成、相得益彰的。

古今，絕大多數總結過學習經驗的教育家、思想家等，沒有一個不把訂立目標和發揚勤奮讀書精神作為重要經驗之一的。

唐代學者韓愈說得好：「業精於勤，荒於嬉。」也就是說，學業因為勤奮而精良，因為貪玩而荒廢，主張勤奮學習。

古希臘教育家蘇格拉底（Socrates）也說過：「學習無坦途。」他們都十分重視勤奮學習，而對這點，認知最深刻，論述最透澈的要數馬克思了。請看他的名言：在科學道路上沒有平坦的大道，只有不畏勞苦沿著陡峭山路攀登的人，才有希望到達光輝的頂點。

如果你對讀書學習有了明確的目的和強烈的願望，而現在基礎又差，讀書學習比較困難，可根據自己的實際情況，制定好切合自己實際的目標，也就是在定目標時要與自己的興趣、愛好相結合。

大家想一想，修路為什麼要順著山勢去修呢？攀登高峰為什麼要從山底順著山勢一步一步地往上爬呢？你要想順利地達到頂峰，就要做好各方面的準備，充分考慮會遇到哪些困難和如何解決這些困難，只要有頑強的毅力，堅持下去，形成良性循環，有了良好的結果，當然會變成力量。堅定不達到目標絕不終止，那我們都能夠心想事成。

可能每個人都有過這樣的體驗：對於你高興學的東西，你總是願意多下功夫，甚至學習起來不感到疲倦；同時，對所學的東西，越是下了功夫，你就越感到興趣濃厚，可以說是越學越有味。這就是目標、勤奮與興趣相互結合，相輔相成的結果。

可以說，興趣是勤奮的一種內在的力量，而勤奮是興趣的結果。如果沒有興趣，就不能勉勵人去努力、去勤奮學習；反過來，如果只定目標，不去努力、不去勤奮學習，那麼，對學習的興趣很快消失。只有經過勤奮刻苦的努力，最初的學習興趣才能保持長久，讀書的興趣會更加自覺，才能取得進步。

目標讀書就是好，瞄準問題去圍繞，勤奮學習收實效，確定目標能達到。

07 八面受敵，各個擊破 ── 八面受敵學習法

> 先集中精力，打破一個缺口，建立一塊或幾塊根據地，然後乘勝追擊，逐步擴大研究領域，這種學習方法，對於研究自然科學的人也是行之有效的。
>
> ── 佚名

自唐宋以來文學史上，「韓柳歐蘇」享譽文壇。這「蘇」就是蘇軾。蘇軾與其父蘇洵、其弟蘇轍世稱「三蘇」，為唐宋八大家之三家，而蘇軾位居「三蘇」之首。

蘇軾的文章涵渾奔放，詩也清疏雋逸，又善書法、工畫。著有《易書傳》、《論語說》、《仇池筆記》、《東坡志林》、《東坡詞》、《東坡全集》等。其中《東坡全集》一百多卷，遺詩二千七百多首，詞三百多首和大量優秀的散文作品。

文學史上，蘇軾是顆璀璨的巨星。他之所以能取得如此大的成就，首先與其終生勤於讀書密不可分。他自幼苦讀，曾三抄《漢書》、《史記》等。他反對「一目十行、不加思索」的讀書方法。其次，是他善於讀書，講究讀書方法。

勤奮而又科學地讀書，使蘇軾才華橫溢，學識淵博，通古達今。向他請教治學經驗者甚多。他的侄女婿王庠就是其中一位，向蘇軾請教「求學」的「捷徑」。

蘇軾在《又答王庠書》中回答說：「實無捷徑必得之術」，但提出讀書要講求方法。

蘇軾說：「卑意欲少年為學者，每一書皆作數過盡之。書富如海，百貨皆有。人之精力，不能兼收盡取，但得其所欲求者爾。故願學者每次作一意求之。如欲求古今興亡治亂聖賢作用，但作此意求之，勿生餘念。又

別作一次，求事蹟故實，典章文物之類，亦如之。他皆仿此。此雖愚鈍，而他日學成，八面受敵，與涉獵者不可同日而語也。」

他的意思是：一本書的內容很豐富，讀一次是不能全部吸收的。因此，願意讀書的人，每次最好集中注意一個問題，這個問題解開後，再注意另一個問題。比如想探究歷代興亡治亂和賢者的影響，那麼就只從這個角度讀。若再要探究史實，或者典章制度，那就再讀一遍。這個辦法雖然笨拙，但各方面學得扎實，與泛泛涉獵者大不一樣。

因蘇軾的原文中有「八面受敵」一語，後人便稱蘇軾的這種讀書方法為「八面受敵」法。

「八面受敵」一詞，是蘇東坡借用《孫子兵法》中的軍事術語來講讀書的，就是說讀書如用兵，要做到「我專而敵分」。如果八面受敵，則不應八面出擊，而要集中自己的全部精銳部隊擊敵一面，以眾擊寡，一次一次地分割包圍，各個擊破敵人。

一本書的內容是很豐富的，如果把各方面的知識比作「敵人」，可以說是「八面受敵」。

人的精力不可能「八面出擊」，一下子全都吸收。蘇軾在攻讀《漢書》時，每抄讀一遍，都帶有一個明確的目的：讀第一遍，他從中學習「治世之道」；讀第二遍，是為了學用兵之法；讀第三遍，則是專門研究人物和官制。讀過數遍之後，他對《漢書》中多方面的內容，便由生而熟、由熟而精通。就是對文學一類的書，蘇軾也是一遍一遍不停地去讀；每讀一遍，目的也不盡相同。

蘇軾的這個方法，用現代術語來說，叫做「專題讀書法」。也就是說，把一本書化整為零，每次從一個角度去讀，逐個解剖研究。這種方法的特點是研究得深細，能獲得單項較系統的知識。心理學的實驗也表明，

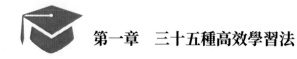

大腦同時輸入多方面的雜亂的知識，不如每次只記憶單一的、有系統的知識效果好。

　　按現代科學理論來說，「八面受敵」包含著「運籌學」的內容，即如何科學地運用自己的力量，使智慧達到高峰。

　　蘇軾曾經說過：「舊書不厭百回讀，熟讀深思子自知。」由此可見，蘇軾提倡的「八面受敵」讀書法，基礎在於「精讀」。

　　掌握運用「八面受敵」法的要領是「每次作一意求之」，集中注意書裡的一個問題，這樣，讀了幾遍之後對書裡講的主要精髓理解了，再在這基礎上「綜合」搞清楚全書甚至「書外之意」。

　　寫到這裡，不禁使我所想起一九五八年諾貝爾生理學和醫學獎獲得者約書亞‧雷德伯格（Joshua Lederberg）的讀書方法。雷德伯格由於耳聞目睹第二次世界大戰中死傷者的悲慘情景，決心立志去當一名救死扶傷的醫生。因此，大學畢業後就轉入本校的醫學院學習。大戰結束後，許多物理學家改行從事遺傳學研究，掀起了一股「到遺傳學裡去發現其他物理定律」的熱潮，雷德伯格對此產生強烈興趣，決定到遺傳學領域裡去闖一闖。

　　雷德伯格透過兩次「衝刺」取得了偉大的成果。第一次「衝刺」花了一年時間，雷德伯格把整個遺傳學領域的歷史和現狀鑽研了一遍。他看到從孟德爾（Gregor Mendel）開始的經典遺傳學到一九三八年已經達到了它的全盛時期，可是遺傳研究的根本問題 ── 「基因是什麼？」仍未解決。

　　當雷德伯格提出查明細菌只有基因組合性機制的實驗方案，他的老師完全贊同，並答應全方位搞實驗，後來取得了成功。接著，他就開始第二次「衝刺」，這次他在改變細菌基因的第一種方式 ── 「接合」之後，

又發現了具有更重大意義的第二種方式 ——「轉導」。雷德伯格這個「半路出家」者，「因其有關細菌的基因重組和遺傳物質結構方面的發現」而獲得了諾貝爾生理學和醫學獎。

綜上所述，雷德伯格發現遺傳學的開拓「空間」，都可以說「每次作一意求之」。而他的廣博學識和技能，卻是進入創造之境的基礎和蘇軾相比，實有異曲同工之妙。看來，蘇軾所提倡的「八面受敵」法，是具有普遍意義的。

當今資訊激增，「書富如海」，「一意求之」，一次一得，各個擊破，實為絕妙的讀書之法。

08 持之以恆，記述心得 —— 劄記學習法

> 新想法常常瞬間即逝，必須努力集中注意，牢記在心，方能捕獲。一貫普遍使用的好方法是養成隨身攜帶紙和筆的習慣，記下閃過腦際獨到之見的念頭。
> —— 威廉·伊恩·比爾德莫爾·貝弗里奇（William Ian Beardmore-Beveridge，澳大利亞動物病理學家）

善於讀書的人，讀書時總是離不開筆的。因為，劄記之功不可少，如不劄記，「則無窮妙者皆如雨珠落大海矣」。

清末的學者李慈銘，從十二歲起就以日記形式記述了他每天的讀書劄記，直到晚年，他一共寫了六十四冊，幾百萬字。在他日記中，保存了不少當時社會的重要歷史資料和他在閱讀經學、史學、音韻、金石、詩文、風俗、評論書人書事等方面的心得體會，結集為《越漫堂日記》。它在學術上很有價值，受到學者的重視。

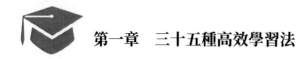

那麼，何謂劄記？用簡練的文字把讀書看報時的心得、體會、隨想、偶感、試析、初評、疑點、問題等思維火花或一閃而過的感想、看法、觀點、思想等及時記下來，就成為劄記。寫劄記在各種讀書筆記中難度較大，創造成分多，價值也比較大。很多有名的著作，其實都是由劄記整理而成的。如康德（Immanuel Kant）的《純粹理性批判》、恩格斯（Friedrich Engels）的《家庭、所有制和國家的起源》、列寧的《哲學筆記》、顧炎武的《日知錄》等等。

寫好劄記，能加強我們讀書的記憶力，促進我們在讀書時積極思考，開動智慧的機器，把那些一隅之得、一閃之念用筆及時記錄下來，便於我們整理出書中的要點和線索，為進一步研究提供方便。

明末清初的思想家、歷史學家、考據學家顧炎武讀書時，運用的就是「劄記法」。他邊讀書邊作劄記筆記，讀完書後，再對劄記筆記進行摘錄和提煉，做出總結，寫下自己的認知體會、偶得和見解。他的歷史學名著《日知錄》就是集他大半生劄記筆記的結晶。這本書為後代的歷史學、地理學尤其是對地方史和地方誌的研究提供了寶貴的資料。

寫好劄記，又是一個資料儲存的極有效手段。經常做劄記筆記，可以累積大量的研究和創作資料，時間長了，這就是一筆極可寶貴的知識財富。

有一位大學教授，在他讀書尤其是讀外文小說時，不論遇到妙處還是敗筆，他都要寫上幾個字的評語。待到書讀完了，他再把當時瞬間記下的東西做一番加工，同時趁自己對全憶猶新時，寫幾點隨想式的讀後感，並記下情節。由於是打鐵趁熱，又不講究文采布局，也不必考慮內容全面與否，有幾點就寫幾點，所以費時不多，卻受益匪淺。

後來，這位教授在教學中涉及到此類外國文學作品時，只要翻查一下

所寫的資料就心中有底了。在他編寫全面反映澳大利亞文學的選讀本時，由於時間緊迫，要求數月內即完稿。顯然，如果將一本書從頭看到底再選出滿意的片斷來，那是無論如何也來不及的，但幸好平時教授有把自己的隨想記在卡片上的習慣，所以他記劄記的讀書方法此時幫了他的大忙，很快就根據劄記，整理出了一個滿意的選讀本。

劄記的寫法比較靈活，形式上可零可整；內容上可多可少；篇幅上可長可短。

怎樣才能記好劄記呢？

首先，要養成隨時記錄思想「閃念」的習慣。我們讀書的過程是累積思維的過程，在這個過程中經常會閃出一些思想火花。這些火花可以是片斷的，也可以是系統的，雖然是「一得之見」，但它們卻是我們深入思考的起點和契機。許多人正是從這種不起眼的「一隅之得」中逐漸深入，開拓發展，以致最後形成一種較完整的思想的。若把這些零散的資料加工補充、整理拓展，很可能就是一篇好文章。

著名學者李先生在讀書時，一有心得體會即取紙片記下投到盒子裡。他記錄的小紙片內容豐富，凡屬社會科學幾乎無所不及。每隔一段時間，他便將其整理、歸納、研究，寫成文章。他的著作及文章，就是這樣整理而成的。

當然，運用劄記讀書法要做到恰到好處，不宜過於頻繁地放下書本去寫評點，否則就難以對作品形成完整印象，有捨本逐末之弊。

其次，在記錄自己的心得體會時，要在對讀物內容融會貫通的基礎上寫，寫出自己的想法很重要，落筆前要經過反覆醞釀，認真考慮，有所思才有所得，有所得才有所寫。不能心血來潮，信手塗鴉，亂發不著邊際的議論。這樣，才能培養我們的思考力、啟發創造力。要勤於思索，勇於探

求，最主要多問幾個為什麼，不要人云亦云。內容上要精粹，文字要簡練，以質為本，這樣方便整理。

另外，所記的劄記不應是為做而做，不能做完撇在一邊了事，要注意加工整理。這些零散的資料經過補充、加工，很可能就是一篇好文章。

總之，養成讀書作劄記的良好習慣並掌握其方法技巧，是提高讀書效益、加快知識累積的一個不容忽視的讀書手段。這種方法看似笨拙，做起來也似乎慢些、苦些，但是其效果將會更好些。「好記性不如做筆記」，瞬間的火花，也能燃成熊熊大火。

09 沒有比較就沒有鑑別 —— 互比學習法

> 任何東西，凡是我們拿來和別的東西比較時顯得高出許多的，便是偉大。
>
> —— 車爾尼雪夫斯基（Nikolay Gavrilovich Chernyshevsky，俄國作家）

俗話說「沒有規矩不成方圓」。說的是方法的重要性。法國的生理學家克洛德‧貝爾納（Claude Bernard）也說：「良好的方法能使我們更好地發揮運用天賦的才能，而拙劣的方法則能阻礙才能的發揮。」所以，讀書也必須十分講究方法。

東晉時有一位傑出的女詩人謝道韞，據說有一年冬天，第一場雪紛紛揚揚落了下來，宰相謝安便問謝道韞道：「白雪紛紛何所擬。」謝道韞吟道：「未若柳絮因風起。」謝安聽了拍手稱絕，謝道韞因此被後人譽為「詠絮才」，她的這個雅號就是互比得來的結果。互比是決定優劣的最佳方法。同樣是詠雪花，與「撒鹽空中差可擬」相比，足見「未若柳絮因風起」的高超和絕妙！

一次，詩人李白遊至黃鶴樓，憑欄遠眺，熱情滿懷，詩興大發，但抬頭看見唐朝詩人崔顥的題詩「黃鶴樓」，自愧不如，便寫了「眼前有景道不得，崔顥題詩在上頭」的千古名句，輟筆而去。正像戲劇家梅蘭芳先生所言，好和壞是比出來的，眼界狹隘的人自然不可能知道好的之上更有好的，不看壞的也感覺不出好的可貴。常言道「不見高山怎顯平川」，正是如此道理。

詩書也是要進行比較的，只有透過比較，才能分辨優劣高低，才能鑑別良莠差異。正如古人云，「獨學而無友，則孤陋寡聞」。「善學者，假人之長補其短」。透過比較，我們可以有以下收穫。

其一，用互比方法讀書，有益於我們對同一問題加深了解，做更為深入的分析和探討。

例如你看了清人彭遵泗的《蜀碧》後，相信了書中描寫的張獻忠在四川如何殘暴，便特別的痛恨他。後來，你若又讀了《皇朝典故》賦本《立齋困錄》中永樂皇帝的上諭，逐漸了解了張獻忠是一位農夫起義領袖，帶領窮苦的農夫起來反抗封建統治者。這樣在對照比較讀書中，使自己加深了對這一問題的了解，去偽存真，識別謬誤，了解到殘暴的不是張獻忠，而是永樂皇帝這樣的封建統治者。

其二，用互比方法讀書，有利於我們發現差距，取長補短。這也是快速掌握知識的有效方法。

例如有劇作家夏老師學寫劇本，是先拜銀幕為師，以電影說明書作教材。每看一場電影，他就事先熟悉故事情節，再透過自己體會進一步豐富內容，賦予人物性格。一有時間，就在腦子裡放映自己的「影片」，最後再與銀幕上的影片對照，取長補短，從中學習電影語言，掌握電影技巧。

其三，用互比方法讀書，研究分析資料，能幫助我們抓住事物的共同

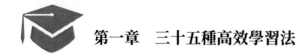

點、疑點、重點，從而有新發現，使自己的思維更具創造性。

英國天文學家愛德蒙·哈雷（Edmond Halley），為研究西元一八六二年天空中出現的一顆彗星，不斷地用天文望遠鏡仔細觀察。為了查閱過去的記錄，他翻閱了各種書刊，並把從西元一三三七年起三百年中有關彗星的記載製成表格，用微積分計算，然後把結果與西元一六○七年和西元一五一三年出現的彗星軌道資料作比較，終於發現他們的軌道非常接近，於是判斷出這三種彗星現象實際上是同一顆彗星出現了三次。後來，人們把這顆彗星命名為「哈雷彗星」。

用互比法讀書，使閱讀不再僅僅局限於接受性的思維活動，而是同時調動起回憶、對比分析、鑑別以至進行新的推理和新的想像等多種思維功能，是一種能動的讀書方式。事實上，在我們讀的書籍中，有不少其學科本身就是建立在互比方法基礎上的。如比較文學、比較心理學、比較哲學、仿生學等等。因此，在讀這類書籍時，更需要使用互比讀書法。

互比讀書法，從範圍上來看，有總體比較和個體比較。總體比較是多角度、多層次的綜合比較；個體比較是單項的局部比較。從形式上看，又可以分為縱向比較和橫向比較兩種。

縱向比較就是對某一專題不同時期的著作的比較，如對唐、宋、元、明、清不同時期詩詞的比較；對歐洲古代、中世紀、近代和現代哲學家著作的比較；對《黃帝內經》、《醫學正傳》、《本草綱目》等醫學著作的比較等等。透過對知識不同發展時期的比較，就能發現新舊知識的差異。尋找新舊知識之間的繼承、發展關係，從而解決舊知識未能解決的難題，促進科學的進步和繁榮。

橫向比較指在同一時期或同一標準下不同著作的比較。如對李白、杜甫、白居易的詩的比較；對現代文學作品的比較等等。橫向比較有助於我

們對一定歷史時期的某種知識作深入全面的了解，並從中了解個性，掌握共性，發現規律。

互比讀書法，從比較內容上看，有以下幾種形式：

- **題材比較法**：題材是作品中具體描寫、展現主題思想的一定社會、歷史的生活事件或現象。相同的題材，其主題可以不同。用「題材比較法」讀書，會更好地審題立意，寫出好的有特色的文章。

- **體裁比較法**：體裁即是作品的「樣式」。同一個題材，可以用不同體裁來表現。這種比較，可以錘煉我們根據不同的文體特點，確定寫作重點的能力。

- **主題比較法**：同一題材立意不同，中心也就不同。用主題比較法，能促進我們審清文章立意，加深理解。

- **人物比較法**：同一作品中的人物可以比較，不同作品中的人物也可以比較，這有助於我們在寫作時描寫刻畫人物。

- **特色比較法**：寫文章，都是從作品內容出發，採用與之相對的表現手法。如在人物刻畫上，或以肖像刻畫取勝，或以心理描寫見長；在線索安排上，有的明暗交錯，有的虛實相間。透過比較，總結出各自的特色，有利於啟迪讀者的思維。

- **分析比較法**：每個作家都有其個性，個性形成了作品的風格。分析比較，就能抓住特色，領會精髓，提高閱讀效率。

在應用互比讀書法時，我們應該注意以下問題。

其一，互比要有一個高水準的參考對象。一般來講，取法其上，僅得其中；取法其中，僅得其下。參照對象高，水準提高的就快；參照對象低，水準提高的就慢，達到的層次也就有高低之分。所謂「百川學海而至於海，丘陵學山而不至於山」就是這個道理。

其二，互比讀書法依據的是系統學習，沒有系統學習，比較就沒有意義。有些學者就非常強調系統學習的重要，並且要求人們在學習一門學科時也要學習其他學科，以達到對照比較，取長補短，相互促進，共同提高的目的。

其三，互比讀書法在應用中要做到具體情況具體分析。務必要切合自己的實際情況。有位現代作家，他堅持從比較中提升自己的讀書效果，透過比較篩選，選出自己所需要的東西，讀寫兼和，努力做到了學以致用。

法國傑出的數學家、哲學家和科學方法論者笛卡爾（Rene Descartes）說：「最有價值的知識是關於方法的知識。」讓我們掌握好互比讀書法這把讀書學習的鑰匙，去打開知識的寶庫吧！

與其不加比較地大量「囫圇吞書」，倒不如比較後認真地讀幾本好書。

⑩　沿波討源，雖幽必顯 —— 溯源學習法

生活的全部意義在於無窮地探索尚未知道的東西，在於不斷地增加更多的知識。

—— 埃米爾‧左拉（Emile Zola，法國作家）

南宋大學問家朱熹有句膾炙人口的詩句：「問渠哪得清如許，為有源頭活水來」，它深刻地揭示了世界萬物之間源與流的關係。

如此說來，讀書要不要弄清楚源與流的關係呢？答案顯然是肯定的。清代考據學家閻若璩曾說過：「讀書不尋源頭，雖得之殊可危。」意思就是說，如果獲得一種知識而不去追根溯源的話，那麼你對知識的掌握也是不牢固的。

　　清朝著名學者戴震，從小就養成勤學好問的讀書習慣。有一次，私塾的老師在課上給學生講授《大學章句》。在講完「大學之道」後，塾師解釋說：「這一章叫《經》，記載著孔夫子的話。是由孔子的學生曾子記述的；下一章叫《傳》，記載著曾子的見解，是由曾子的學生執筆寫的……」小戴震聽完，站起來問：「先生，你根據什麼說《經》是孔夫子的話，由曾子記述的呢？又根據什麼說《傳》是曾子的見解，由他的學生執筆寫下的呢？」

　　「這是朱老夫子朱熹注釋的呀！」塾師振振有辭地回答說。

　　「朱熹是什麼時代的人呢？」戴震接著又問。

　　「宋朝人。」塾師隨口便答。

　　「那孔子、曾子又是什麼時代的人呢？」戴震窮追不捨。

　　「春秋戰國時代人！」塾師沉下臉來，有些不高興了。可是戴震依然不慌不忙地說：「先生，春秋戰國時期與宋朝大約相距兩千年，朱熹又是怎麼知道兩千多年前的事呢？」

　　一連串的問題問得塾師啞口無言。他望著眼前這滿臉稚氣的小孩，一種敬佩之情不禁油然而生，讚不絕口地誇獎道：「這孩子肯動腦筋，可真不簡單啦！將來一定有大出息。」塾師的預言果然應驗了，戴震後來終於成為一位著名的思想家、大學者。

　　戴震這種讀書方法就是本篇所要介紹的「溯源讀書法」。所謂「溯源讀書法」就是指在閱讀過程中，對所接受的某項具體知識的出處或源泉進行認真的探索和追溯，從而掌握該知識的整個體系，特別是它產生、繼承和發展的線索。「溯源讀書法」也叫「尋流溯源讀書法」，是一種縱向挖掘式的讀書方法。

　　古今許多學者都非常重視溯源讀書法。

古代著名文藝理論家劉勰在《文心雕龍》中說，讀書「沿波討源，雖幽必顯。」意思是說，讀書就要像沿著流脈去探討大河的源頭一樣，即使文義幽深，也一定會明白的。現代史學家潘先生在談到他的治學經驗時也說：「讀書、科學研究絕不能偷懶，對任何有價值的材料，每一條都應該追蹤不放，查到原著，絕不能滿足於第二手材料，因為一轉手，會受作者的觀點影響，往往有誤，或漏掉許多有趣的東西。」俄國作家亞歷山大‧伊萬諾維奇‧赫爾岑（Aleksandr Ivanovich Herzen）說：「書，這是這一代人對另一代精神上的遺言；這是將去的老人對剛剛開始生活的年輕人的忠告；這是準備去休息的哨兵向前來代替他職位的哨兵的命令。」英國哲學家法蘭西斯‧培根（Francis Bacon）也說過：「書籍是在時代的波濤中航行的思想之船，它小心翼翼地把最珍貴的貨物運給一代又一代……」

⑪ 多管窺豹，可見全斑 ── 歸納學習法

該精讀細看，把書本上學到的和未掌握的知識全部記錄下來，再把這些內容慢慢研讀一遍。這是一件嚴肅而又重要的工作。

── 法格（法國史學家）

有一個成語叫做「管中窺豹」。意思是說如果從一個細管子裡看豹身，其後果是可以預見的，即「可見一斑」。但是如果你的「管」不僅是一個，而是多個呢？那就不僅可以看到許多個「斑」，而且可以看到豹眼、豹鼻乃至整個豹身。我們讀書時，也可以採用「多管窺豹」的方法，也就是歸納讀書法。

在二次世界大戰前夕，英國作家雅各出版了一本震驚世界的小冊子。他將阿道夫‧希特勒（Adolf Hitler）軍隊的各種情況公布於眾，希特勒為

此大發其火，將雅各綁了起來，審問他是如何竊得情報。雅各回答：「全部來自德國報紙。」原來，雅各一直精心閱讀德國報紙，凡是有關德軍情況的消息，哪怕幾個字也不放過。他對這些零散的資訊加以摘錄、分類，就把德軍的「斑」拼了出來，終於「合成」了「豹」的全貌，獲得了德國軍事部署的系統情報。

　　雅各的成就就是使用歸納讀書法的一個典型實例。當我們讀一本書或一篇文章時，都想要把所要研究的問題搜集、整理、分析、歸納到一起，獲得自己有用的資訊以便更好地掌握。這時，就不妨運用「歸納讀書法」。

　　比如說學習歷史這個學科吧！學習歷史要掌握歷史線索，講究學習方法。歷史學科的特點是：歷史人物眾多，歷史事件繁雜，年代、背景紛紜繁複，極易混為一團。如果不講究方法，一味地死記硬背，就不會獲得很好的效果。

　　學習歷史要根據時間上的縱向序列和同年代發生的歷史事件的縱向序列 —— 空間關係，進行列表歸納和分析。這樣便於記憶基本史實，也便於掌握眾多的歷史事件之間的內在連繫，同時還能提高分析歸納問題的能力。不是把知識學死，而是把知識學活。

　　「歸納讀書法」中有一個非常實用的形式 —— 列表歸納。

　　列表歸納法可以從兩個角度去歸納。

　　縱向列表。這是從時間順序上，對歷史事件做縱的梳理、歸納，然後逐一比較其異同。比如：「土地制度」，可按時序，一個朝代一個朝代地逐一清理。理出一條線後，就能看清土地制度的來龍去脈，掌握其沿革情況。這樣也十分便於比較，在比較中，每個朝代土地制度的特點就看得很清楚。其異、其同，涇渭分明。就拿「中央集權制」這一專題來說吧，梳理過後再對

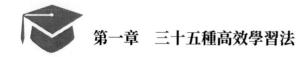

歷代情況加以比較，就可以看清封建社會中央集權制的強化過程。

這種縱向列表，適於一個專題一個專題，一個方面一個方面地進行梳理和比較。如果將主要專題都比較過了，那麼社會發展變化的規律也就可以清楚地掌握了。

橫向列表。這不是以時間為序，而是以空間為序。在相同或不同的時間裡，將不同空間相同或相似的歷史事件排列在一起。這樣梳理過後再比較其異同效果頗佳。若不列表，不梳理時，魚龍混雜，眉目不清。經過梳理之後，具相同點與不同點，分外鮮明。各自特點水落石出，便於記憶。不僅如此，透過歸納，還可以深入一步，掌握歷史事件的共性與個性，這是一箭雙鵰的做法。

歸納法不只是一種，還要旁注歸納。所謂的旁注歸納讀書法，就是把書中某一章節、某一情節等等，經過思考、分析，用自己的語言，把其重點、基本精神歸納一下，了解其段落大意、內容提要、主題思想、寫作方法，而後以旁注的形式把所歸納的記下來。這是一種最常用的讀書方法。

人們在寫文章的時候，往往把文章分成許多段落，每個段落說明一個主要意思。讀書的人讀完一段就理解一段，一段一段的意思了解了，全篇文章的大意也就明白了。所以讀書時，注意分析段落，學會歸納段落大意，是學懂弄通一篇文章的前提。

如何歸納段落大意？主要是緊扣中心，這是很重要的方法。因為一段文字，要從不同的角度去閱讀，可能會產生不同的理解，所以只有將表示局部的段意放入全文中去歸納，段意才能正確。

要準確理解一個段落的意思不是一件很容易的事。首先要善於歸納和分析，透過段落所敘述的表面意思抓住實質；其次，要弄清每段之中句與句之間的關係，了解每個段落表達的層次；再次是要了解段落在全文重點

地位和作用，加深對每個段落含義的理解。

在閱讀中我們採取旁注歸納法，把對每個段落內容的理解歸納成段落大意、寫出段落提要，可以加深對整個文章的理解，增強和鞏固記憶。

作家高爾基（Maxim Gorky）曾說過：「每一本書都是全人類精神勞動的結晶，因為書就是人類透過集思廣益，再由個人寫下最精練的語言。」使用歸納讀書法，對讀書者系統地掌握書本中的智慧結晶，是大有裨益的。

越是善於歸納總結，頭腦中儲存的知識就越系統，越豐富。

12　思不廢學，學不廢思 —— 預測學習法

若無大膽放肆的猜測，一般是不可能有知識的進展的。

—— 卡爾・弗里德里希・高斯（Johann Carl Friedrich Gauss，德國數學家）

大千世界有各種各樣的書籍，有各種各樣的讀書人，同時也就有了各種各樣的讀書方法。大多數的讀書人是根據書來選擇閱讀方法的：讀唐詩宋詞，應逐字逐句地細細品味；讀歷史典籍，須縱橫連繫，古今聯想；讀哲學著作，必側重其內在規律、原理；而讀小說，則可迅速地快讀。

當然，並不是所有的讀者都必須遵循這樣的方法，每個人可根據自己的實際情況來設計或選擇讀書方法。在眾多的讀書方法中，有一種獨特的方法叫「預測讀書法」，這種方法頗新穎，具有創造力，而且別有一番情趣。因此，青年朋友在選擇閱讀方法時，對此名人名家所說的這些至理名言無非是在告訴我們這樣的道理：

書籍是知識的源泉，是智慧的結晶，是人類進步的階梯；任何書本知識都是長期累積的結果，都有它產生和發展的過程，都有其

時代的淵源和歷史繼承性。因此，我們要想真正了解和掌握書本知識，就應該不怕麻煩，不辭辛苦，深入探索書本知識的源泉，弄懂它究竟是從哪裡來的，又是怎樣繼承和發展的，這樣才能把書本知識徹底讀懂讀透讀活。

學問家既是這樣說，也是這樣做。清初經學家閻若璩讀《尚書》時，發現有些篇章好像與原作風格相異，就抓住「疑似之跡」，多方考究，最後證實《尚書》中有二十五篇是東晉人梅頤的偽作，澄清了千年疑案，轟動了清初學術界。

溯源的過程，實際上往往是從一本書到另一些（有時是好幾本）書的探討學習過程。這個過程越長，輻射面就越大，我們所得到的知識也就越多。如北宋文學家、著名的豪放派詞人蘇軾的作品，境界雄闊、氣勢豪邁、個性鮮明。我們經過溯源發現，他的文學創作受詩仙李白豪放不羈的風格影響很大，而李白又是繼屈原之後出現在詩壇上最偉大的浪漫主義詩人。這樣就可以大致歸納出從春秋戰國到唐宋浪漫主義文學發展的主要線索。從而使我們學到的知識更有廣度和深度。

運用溯源讀書法可以幫助我們尋根究底，辨明曲直，恢復事物的本來面目，尤其歷史學、考古學、訓詁學、文字學、資料鑑別等更離不開溯源法。溯源讀書法可以使我們跳出手中的書本，走向更加遼闊的神祕世界。那麼，展現在我們面前的就是源遠流長的清波、奔騰不息的江河和無邊無垠的汪洋。當然，溯源讀書法也不是萬能的。溯源的目的絕不是讓讀者沉溺於故紙堆中，而是為了更好地掌握現在的知識，放眼於未來的創造。

在溯源讀書法的運用過程中，通常會遇到兩種情況：一種是對文章引文出處的追蹤考察（即它究竟是出自於哪裡）；另一種是對某項知識不同階段，特別是對它的最初形成情況的探索研究（即它到底從哪裡來又是怎

樣逐步發展的）。

　　我們在讀書時，不論是自然科學或是社會科學著作，往往都會發現一些精彩的引文。這時我們就可以運用溯源讀書法。

　　但是，有些文章引文的章節或詞句並不完全與原文一樣，而是經過作者的藝術再加工。如曹操的詩句「日月之行，若出其中；星漢燦爛，若出其裡」，出自楊雄的「出入日月，天與地逕」；王勃的詩句「海記憶體知己，天涯若比鄰」，出自曹植的「丈夫志四海，萬里猶比鄰」……透過溯源，前後比較，我們對所閱讀的作品肯定會有進一層的理解，在敬佩和讚嘆作者才華的同時，對自己今後的學習和創作也會達到借鑑和提升的作用。

　　對引文出處的溯源，還要考慮到引文的轉抄和演變的全過程，從而找到引文真正的出處即原始出處。如人們常引用的名言「一寸光陰一寸金」，《辭海》中「光陰」辭條下引的是元代同恕《送陳嘉會》詩：「盡歡菽水晨昏事，一寸光陰一寸金。」其實，最早的出處應該是唐末詩人王貞的《白鹿洞二首》之一：「讀書不覺已春深，一寸光陰一寸金。不是道人來引笑，周情孔思正追尋。」這樣步步深入地追根溯源，給我們帶來了多少樂趣，又增添了多少原來書本上學不到的知識啊！

　　既然溯源讀書法有這麼多的樂趣與優點，我們應該怎樣運用它呢？

　　首先，要做讀書的有心人。也就是說要善於「尋流」，善於抓住書中的疑點，即便是蛛絲馬跡也不要放過。

　　其次，要有堅韌不拔的意志。溯源是一種艱苦的勞動，即使發現了疑點，如果不付出巨大的努力，往往也是無法找到某項知識的源泉的。

　　再次，要有認真分析的精神。世間萬事萬物錯綜複雜，並不是所有書本知識都有很明顯的源頭，況且有些書本知識的源頭又是那麼撲朔迷離。如果我們不加分析，人云亦云，很可能就會造成不良的後果。可見，「溯

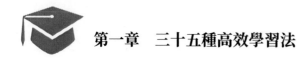

源讀書法」離開分析就寸步難行，只有分析才能幫助我們去偽存真，去蕪存菁，由表及裡，由淺入深，找到真正的知識源頭。

最後，要有不恥下問的態度。運用溯源讀書法，當然要查找大量的書籍資料，尤其是工具書。然而，我們另一方面還要提倡謙虛好學、不恥下問的態度。因為運用溯源讀書法，應該是有目的、有選擇、有側重的，並非所有的書本知識都要一味地妄加考證。如果那樣就要走許多冤枉路。當我們對書本知識的源頭不知所蹤、茫然無措時，不妨多向專家學者求教，這將省卻我們查閱書籍的大量時間，盡快獲得我們所需的知識。所以說，不恥下問不失為運用溯源讀書法的一個方便有效的捷徑。

只要我們有針對性地、靈活而巧妙地運用「溯源讀書法」，相信一定會把書本上的知識理解得更透澈、更系統、更全面。

如果你對知識究根追源，在你面前展現的將是更為廣闊的知識境界。大千世界有各種各樣的書籍，有各種各樣的讀書人，同時也就有了各種各樣的讀書方法 ── 預測讀書法。

對此種讀書方法不妨一試。

那麼，什麼叫預測讀書法呢？預測讀書法是指人們在科學研究和生產、生活實踐中，提出一個預測、假設或設想，然後為了解釋、說明、驗證它而找來有關的書籍資料進行閱讀。這就是預測讀書法。

生活中人們見到一本好書或是一篇好文章後，總是習慣於迫不及待地閱讀，尤其對盼望已久的書，更是如此。殊不知，此種毫無準備的情況下，你的思維已經不知不覺地跟著作者的思維移動，你的思想也在潛移默化中被書中的理論所左右了。這樣做固然可較快地掌握書中的內容，獲得資訊，然而對培養自己的創造性思維卻收效不大。這也是大多數人在閱讀過程中所存在的一種偏頗。

　　因此，為避免這一偏頗弊病，對於拿到手中的書或文章，先不要急於去看其內容，不妨先悉心研究一下題目，然後靜思設想一下：如果這個題目由自己來寫，將分幾章幾節？會組織怎樣的結構體系？對其中的重要觀點又將從哪方面入手？組織哪些材料來加以論述？……然後將自己的設想寫下來，再與原文進行對比，看哪些地方不謀而合，哪些地方意見相左，哪些地方自己不得其解，最後據此確定自己的讀書重點。

　　對於「不謀而合」之處，稍加瀏覽即可；對「見解相左」的，就要下一番功夫，探究一下，「左」在哪裡，原因何在。而對於正確的東西，不但要掌握其觀點，還要掌握作者的思路，學習他的思維方法。這樣既獲得了知識的「真經」，又鍛鍊了自己的思維創造力。

　　著名數學家羅老師為鍛鍊培養自己的思維能力，經常運用預測讀書法進行讀書。每當一本書拿到手中後，羅老師並不是迫不及待地把書打開，而是先對著書名思考片刻，然後熄燈躺在床上，開始閉目沉靜地「思書」。他首先回顧過去所讀的同類書籍的一般寫法和通常觀點，然後再預想：要是這個題目到了自己的手裡，自己應該怎樣來「做文章」。待這一切全部想好以後，再打開燈，起身翻閱。這一來，凡是其他書上已說過而且自己也熟知的內容，羅老師就不再看了，而專門去讀書中那些新穎獨到的觀點。如此以來，自然舉重若輕，使書讀得既快又好。

　　預測讀書法不僅在讀書之前可運用，即使在閱讀過程中也可進行。比如當你讀到某一章節處時，不妨停頓下來，掩卷而思，預測一下：下文如何，內容怎樣，然後在讀書中加以驗證。如果後邊作者的論述和安排，果然不出你之所料，就說明在這一點上你已接近作者的思路和水準。如果後面的作者的寫法出乎所料，就要想一想，為什麼作者要這樣寫。想通了，自己也就提高了一步。這樣，不僅可以對書中獨到的觀點留下明晰的印

象，而且更為重要的是，大大提高了自己思維能力和分析能力。

　　預測讀書作為一種研究性閱讀，被大量運用在科學研究、發明創造等活動中。因此，在運用此種方法時要注意掌握以下幾點。

- 預測讀書要有明確的目的，要善於尋找那些和預測有密切關係的書籍資料來閱讀和分析。
- 要對所閱讀的資料做定性和定量分析，從中找出規律，描繪出事物發展的軌跡。
- 要把書本上讀到的資訊與現實生活中的真實資訊結合起來，加以對比、檢驗，把理論預測和實際預測結合起來。

　　預測性讀書的意義是很大的。理智的預測可以使人看到光明，憧憬未來；可以愉快地學到知識；能夠激發我們的求知欲望，在學習上保持一股進取精神，進而達到科學上「有所發現，有所發明，有所創造，有所前進」的目的。

　　勇於對生活進行理智的大膽預測，並辛勤地去探索，將能得到新的發現和新的收穫。

⑬ 他人之心，予忖度之 —— 推測學習法

> 吾有知乎哉？無知也。也鄙夫問於我，空空如也。吾叩其兩端而竭焉。
> —— 孔子（古代教育家）

　　所謂推測讀書法，顧名思義是指由前文推想後文的一種閱讀方法。即在閱讀過程中，對所閱讀書籍或文章的某一關鍵之處有意識地停頓下來，暫時不讀，而是掩卷遐思，沿著作者的思維軌跡去追蹤和探索，然後進行合情合理的假設或聯想，去尋求未讀過的內容，進而再展卷續讀，對照、

檢驗自己的假設與作者是否一致。這就是推測讀書法。

由於推測讀書法是一種新穎獨特的讀書方式，因而，就一般青年朋友來說，恐怕不是十分熟悉。它有多大的益處，在我們沒有親身感受體驗的時候，大概也都心存疑問。但是，倘若看一看一些學者們用這種方法讀書的成功經驗，我們就可以知道，凡是運用推測讀書法讀書的人，都從中受益匪淺。

著名電影劇作家夏老師在初學寫電影劇本時，運用的就是推測讀書法。他拜銀幕為師，以電影說明書為教材，每當看一部電影時，先熟悉故事大概，再透過預測，自己構思電影情節，豐富其內容，賦予人物性格。然後一邊看銀幕上的影片，一邊和自己頭腦中構思的電影進行對照、比較，找出別人的長處，從中學習電影藝術的語言，掌握蒙太奇（Montage）結構手法。

透過這種別出心裁的讀書方法，使他的收穫特別大。他的影劇著作後來之所以那麼豐富，影劇理論之所以那麼精湛，與他長期地進行「推測讀書」實踐是分不開的。

有一位諾貝爾獎獲得者也是如此。他從年輕時就喜歡這種推測讀書法。他讀書時愛先看開頭和結尾，然後認真推測其中間內容是怎麼寫出來的。這樣想過之後，再看看書是怎麼寫的。他認為，這樣閱讀既能消化「別人」，又能讀出「自己」。

他利用已知條件 ── 標題、開頭和結尾，充分調動舊有的知識經驗，對中間部分的內容和形式做出假設，並將這種假設在此後的閱讀中不斷加以驗證，從而最終做出結論。假設 ── 驗證 ── 結論，是使用推測讀書法的必然程序，也是有所發明創造必經之路。他的創造思維能力正是得益於他正確恰當地使用了推測讀書法。

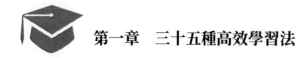

推測讀書法的運用在國外也受到普遍的重視。

據說，德國大作家歌德（Johann Wolfgang von Goethe）在年少時，曾受過專門的推讀訓練。他母親天天都給他講一段故事，就像報紙上每天刊登一段連載小說那樣，每講到關鍵之處，就「且聽下回分解」，停下來不講了，讓歌德自己推測一下以後的故事情節。第二天講故事之前，歌德的母親先讓歌德說說他對故事情節是怎樣設想的，然後她再按照故事的情節繼續講下去。歌德後來在創作實踐中所表現出來的卓越的想像和思考能力，與他從小受到的這種良好的推讀訓練是不無關係的。

有心理學家認為：「懸念能促進想像和思考力。」從以上事例可以看出，推測讀書法起碼有以下幾點益處：

首先，推測可以調動讀書的積極性，提高讀書效益。

推測讀書法是一種別開生面、饒有興趣、引人入勝的讀書法。它不是枯燥無味的純推理活動，而是一個既有推測的廣闊天地，又有一個較為準確的驗證標準的過程。這樣讀書，有時因與作者思路相同而欣喜；有時為作者別出心裁而拍案叫絕；有時又必須對於不得其解之處探究其正誤，因此別有一番情趣。這些都大大激發了讀者的求知欲望，從而保證了較佳的讀書效果。

其次，推測是聯想、創造的基石。

推測是一種由已知探索未知的特殊的思維活動。在這種活動中，必然要伴隨著豐富的聯想和想像，其結果也往往有益於創造發明。

一天晚上，美國傑出的科學家班傑明‧富蘭克林（Benjamin Franklin）從書中讀到摩擦生電的理論，便放下書找出一根琥珀棒，用羊皮猛烈摩擦。在黑暗的屋裡，伴隨著摩擦發出輕輕的「啪啪」聲，閃現出了微弱的火星。這種情景使富蘭克林聯想到他正在研究的雷聲和閃電。他想：天空中的雷鳴電閃是不是和摩擦生電時產生的聲音、火星相同呢？後來，富蘭克

林透過事實證明了自己推測的正確性。可見，推測伴隨著聯想和想像，它無疑是創造發明的一種不可缺少的前提。

　　讀書遇到關鍵處不妨停下來，想一想，構思一下再讀。這樣讀書，是一個推測、驗證和比較的過程，同時更充滿著聯想和創造，其效果比一般的讀書方式要好多了。

　　第三，推測讀書法可以提高閱讀速度，保證閱讀品質。

　　每一本書都有粗讀和精讀之處，運用推測讀書法可以幫助我們對此做出較為準確的判斷。當拿到一本書的時候，首先對照書目回顧一下，自己過去所讀過的書籍中是否有同類的觀點和內容，然後想一下，自己應該怎樣去構思和撰寫這本書。這樣一來，對書上凡是已讀過的內容和觀點，稍即瀏覽一下即可，而對於新穎獨到的不同觀點，就應該深入鑽研，反覆探討了。這樣讀，既節省了時間又提高了閱讀速度。另外，它還可以幫助我們掌握書中的要點，明晰作者的思路，並透過推測發現自己的不足，從而保證讀書的品質。

　　推測讀書法在具體運用過程中，其表現形式是多種多樣的。如，有文章篇名推測、文章頭尾推測。內容提要推測、前後文推測、讀全文推測等等。當然，對於各種推測方式的選擇，應根據不同的文體、不同的需要及讀者自身的性格來決定，無須固定某一形式，否則將會適得其反。

　　西漢著名文學家司馬相如曾說過：「明者遠見於未萌，而智者避免於無形；禍因多藏於隱微，而發於之所忽。」這句話對於有效地使用推測讀書法，是很有借鑑和指導意義的。但要真正做到見「風起於青萍之末」，便推測出是「大王之雄風」恐怕也不是很容易的。這就需要一個長期反覆的實踐過程。因此，青年朋友在使用推測讀書法時，一定要持之以恆，才能有所收穫，逐步提升。

科學的進步取決於科學家們的大膽推測和創造；敏銳的洞察力和豐富的想像力得益於使用推測讀書法。

14 抓其要點，探其妙義 ── 「提要鉤玄」學習法

善讀書者應該是：分其類，解其意，知其要，明其理。

—— 編者

一提起韓愈，許多人都知道他是唐代著名的文學家，因郡望昌黎，故稱韓昌黎。其「自知讀書，日記數千百言，比長，盡能通大經、百家學。」為文反對駢偶，為詩力求新奇。與柳宗元同為古文運動宣導者，被尊為「唐宋八大家」之首。但也許你還不知道，韓愈對讀書問題也有很深的研究，而且為後世留下了頗有見地的讀書方法。

韓愈在《進學解》裡說他的讀書方法是「口不絕吟於六藝之文，手不停披於百家之編。記事者必提其要，纂言者必鉤其玄，貪多務得，細大不捐」。後人將其概括為「提要鉤玄」讀書法。

韓愈的這種讀書方法，主要是強調讀書要勤奮博覽，多讀多記。在博覽百家之書時，首先得將書分門別類，然後按其性質類型的不同採用不同的讀法。對於那些記事類的書籍，閱讀時必須掌握它的要領寓意，也就是善於提綱挈領地抓住書中的重點；對於那些理論類的書籍，閱讀時必須探索出它的主旨妙義，也就是善於抓住它的精深部分。

這裡我們摘錄一篇韓愈的讀書筆記 ── 《讀〈冠子〉》，看看韓愈是怎樣「提要鉤玄」的。

《冠子》十有九篇，其詞雜黃老刑名。其《博選篇》，「四稽」、「五至」之說當矣。使其人遇時，授其道而施於國家，功德豈少哉！稱「賤

生於無所用，中流失舟，一壺千金」者，餘三讀其辭而悲之。文字脫謬，為之正三十有五字，乙者三，更者二十有二，注十有二字云。

他先寫明這部書有多少篇，其次指出這部書的內容是講什麼的。這部書屬於先秦諸子。黃老就是道家，講皇帝、老子的學說；刑名就是法家。這本書的內容是道家兼法家。再指出這本書的要點，有篇《博選篇》，裡面提出「四稽」、「五至」的學說，「四稽」是指從四個方面來考察，「五至」是要達到五個要求，都是為治理國家打算。

韓愈認為他的學說說法很恰當，假使他被國君任用，用書中的辦法來治理國家，功效是不小的。接著，他又引用了書中的話，說有的東西被看輕，是由於沒有利用它。比方一個大葫蘆，大家看不起它，要是在大河中船翻了，抱了大葫蘆就可以救命。這時候一個大葫蘆就價值千金了。韓愈反覆讀這些話，引起了悲哀。韓愈還改正書中的文字脫誤，把改正、顛倒、塗去和旁注的字一一記清。

從這篇讀書筆記我們看出，韓愈不是把一本書的要點記下來就算了，而是要先記下這本書的概況，在記下其中要點時，還要寫出自己對這些要點的看法、意見。並摘出其中精彩的話。這就是說，一本書讀過要思考，從全書的內容到精彩的篇章，到精彩的話都要考慮，直至對書中的錯字都不放過，這才能抓住重點，探其妙義，掌握菁英處。從這裡，我們既可以學習韓愈讀書是怎樣「提要鉤玄」，還可以學習他是怎樣寫提要式讀書筆記。

讀書若能做到「提要鉤玄」，效果必定會好。因為「提其綱要」，能使你對書中事件的發生發展過程及發生原因，一目了然，清清楚楚，從而可以進一步了解事件之間的相互連繫，透過現象，看到本質，吸取精華，剔除糟粕。「鉤其玄」，便於你掌握要點，吃透精神實質，對某些重要觀點進行深入的研究，從而開拓視野，啟迪思路，增長知識，有所創見。

怎樣運用「提要鉤玄」讀書法呢？

　　首先，要邊讀邊思，認真讀原文，避免浮光掠影，不求甚解。英國哲學家培根說得好：「我們不應該像螞蟻，單只收集；也不可像蜘蛛，只從自己肚中抽絲，而應該像蜜蜂，既採集，又整理，這樣才能釀出甜美的蜂蜜來。」這個比喻準確地表明瞭讀與思的關係。認真研讀原文，就要做到讀一遍不行，就再讀一遍。韓愈筆記中的「餘三讀……」的「三」字是虛數，表示反覆閱讀。書，讀熟了，其中的要點和妙義就會逐漸顯現出來。「讀書百遍，其義自見」，說的就是這個道理。

　　其次，要有意識地訓練和培養讀書的概括能力。有的人讀書雖能字斟句酌，而且頗下功夫，但往往只見芝麻不見西瓜。抓住了書的皮毛，拋掉了書的骨肉，缺乏概括能力。概括能力強，才善於抓綱帶目，善於提取書中要點。

　　有許多青年朋友，在學習某門學科時，常常感到內容繁雜，甚至有眼花繚亂之感。可是，假如你能將其中的基本原理抓住了，就不會再有這種感覺了。「提要鉤玄」讀書法，起的就是這樣的作用。

15 把精力集中到一個焦點上 —— 選擇學習法

閱讀一本不適合自己的書比不閱讀還要壞。我們必須學會這樣一種本領，選擇最有價值、適合自己需要的讀物。

　　—— 維薩里昂・格里戈里耶維奇・別林斯基（Vissarion Grigoryevich Belinsky，俄國文學家）

　　人生在世總是要讀書學習的。俗話說：「活到老學到老」。但讀書是要講究方法的。讀過俄國作家尼古拉・果戈里（Nikolai Vasilievich Gogol

Anovskii）小說《死魂靈》（*Dead Souls*）的人都知道，有個叫彼得爾希加的人，他嗜書如命，見書就讀，什麼文藝的、宗教的、哲學的，讀懂讀不懂的他都讀，就是一味地讀。至於從書裡可以得到什麼，連想都沒想過。他就是這樣辛辛苦苦地讀了一輩子書，其結果是一無所得。

莊子曾慨嘆地說過：「吾生也有涯，而知也無涯。」這句話的意思就是「我的生命是短暫的，而知識卻是無窮無盡的啊！」它深刻地揭示了知識無窮和生命有限之間的矛盾。

尤其在當今資訊密集時代，資訊和載體形式越來越多樣化。知識的激增給我們讀書帶來了危機。德國著名學者哈根·拜田豪爾說：今天，一個科學家即使夜以繼日地工作，也只能閱覽世界上有關本專業全部出版物的百分之五。

可見，兩千多年前莊子所說的生有涯而知無涯的矛盾，現在是充分展現出來了。人的生命是有限的，所以我們不提倡彼得爾希加那種盲目的讀書方法。那麼，如何解決生命和知識這一矛盾呢？那就是要有選擇地讀書。

外國曾流傳著一個叫「焦點」的故事。據說，有一個青年學者，在讀書時認真專研、勤奮刻苦。但是，效果總是不大。一天，他找到昆蟲專家尚-亨利·法布爾（Jean-Henri Fabre），苦惱萬分地說：「我不知疲倦地把自己的全部精力都花在我愛好的事情上，結果卻收效不大，這是怎麼回事？」法布爾聽罷讚許地說：「看起來你是一位有志氣的青年。」那位青年說：「是啊，我愛科學，可是我也愛文學和音樂以及美術，對它們我幾乎把全部的精力全用上了。」法布爾頓時明白了，他詼諧地從口袋中掏出一塊放大鏡，對準一個昆蟲說：「把你的全部精力集中在一個焦點上試試，就像把這個放大鏡對準昆蟲一樣。」於是，這個青年恍然大悟。

可見，我們在選擇讀書時，一定要像法布爾把放大鏡的焦點對準昆蟲

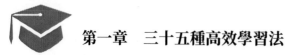

那樣集中。選擇一定的主攻方向，就會在有限的生命裡，將主要精力都集中在一個或幾個學科中，實現自己的志向。

選擇讀書的主攻方向首先應與本職工作相結合。做到學與用的統一，就能節省時間和精力，達到事半功倍的效果。事實證明，凡是能根據自己工作的特點來選擇主攻方向，既有益於提高業務水準，又能在學業上有所建樹，這是一舉兩得之事，我們又何樂而不為呢？

其次，還應兼顧自己的興趣、愛好和特長。

熱情是人們獲取知識、鑽研知識、運用知識過程中的一種特殊認知傾向。而這些熱情、痴情乃至不可遏制的願望又總是和讀者的興趣、愛好特長密不可分的。所以，當我們選擇讀書的主攻方向時，妥善地兼顧自己的興趣、愛好和特長是很重要的，也是很有好處的。

在確定了讀書的主攻方向後，還應該選擇好「入門書」。

「入門書」也是基礎書。對於初學者來說選擇入門書必須根據自己的水準，一開始不要去啃太深的書，不妨先從較淺顯的書籍讀起，由淺入深，由易到難，由廣入專，逐步提高。因此，最好從一些自學叢書、普及讀物、通俗讀物等基礎書讀起，這樣較易於入門，又有助於提起學習的興趣。俗話說萬事起頭難，讀入門書打好了基礎，穩固根基，才能步步向上。反之，如果入門書選得深奧難懂，想急於求成，是極不實際的，它容易使人喪失興趣，產生畏難情緒，就會影響學習效果，甚至半途而廢。

讀入門書，打好基礎，然後可以選擇有價值的書。

什麼樣的書才算最有價值的必讀書呢？

首先是名著。因為這些書往往是作者智慧的精華，也是人類共有的精神財富在某一方面的總結。這些書所包含的資訊量較一般的書豐富。讀這類書可以節省時間，是取得較好學習效果的捷徑。

　　其次是一流書。讀了第一流的書，就可以舉一反三，觸類旁通，擴大自己的視野。如果捨第一流書而取二三流，得到的只能是三四流的成果。因此，我們必須選擇一流的書來讀。達爾文（Charles Robert Darwin）小時候不願讀教會方面的書籍，被人罵作「遊手好閒」、「荒廢學業」。但當他得到英國地質學家賴爾的《地質學原理》這部傑作之後，卻從中得到極大的教益，寫出了有名的《考察日記》。回首成才之路，他深有感觸地寫到：「這本日記以及作者的其他著述，如果有任何價值，那麼這主要是由於讀了那本名著《地質學原理》。」所以，讀書要選好書，挑選有價值的第一流的書來讀。

　　可見，選擇名著、一流書來讀，對於入門和深造是多麼的重要。我們切不可等閒視之。那麼，怎樣才能在讀書選擇的過程中，根據自己的主客觀條件，加以具體的分析呢？

- **量體裁衣法**：實際上並不是每一本書包括名著、一流書對廣大讀者都一樣有用。每個讀者的實際情況是不同的，興趣、愛好、特長也都各不相同，所需要的書當然也是不相同的。只有適合於自己需要的書，才是被選中的對象，才是有用的書。
- **名師指點法**：一個人的精力是有限的，要想直接透過讀書受益，就應該虛心向老師、專家、學者請教，請他們開列出某門學科重點書的書目，然後再結合自己的實際情況加以選擇。
- **篩選法**：除了求名師指點選擇書目外，還可以用篩選方法選擇自己所需的書籍。

  - **粗選**：就是從大量的書中隨手翻翻，看看書的標題、目錄、內容簡介，或一目十行地掠過。適用者選，不適用者棄。

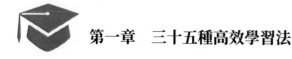

· **比較法**：平時在讀書時應該有意識地進行比較，比較各種書的優劣，比較各種書對自己的適用程度，重新認識自己所選的書籍，這樣透過反覆篩選，就可以確定所選的最佳書籍。

- **目錄搜尋法**：書目是人們漫步書林學海的顧問和嚮導。借助書目，能使你比較及時地獲得有關某一學科或某一課題的發展動向和概況，並且能幫助你從許多同類的圖書中選擇最好的書刊資料。

- **精讀法**：培根說過：「有些書可供一嘗，有些書可以吞下，有不多幾部書則應該咀嚼消化」。在這一階段，就需要對那些篩選後剩下的最重要的書籍或章節，逐字逐句細讀精思，邊讀邊作筆記，努力把書本知識真正消化吸收，變成自己的血肉。

然而，事物是不斷發展變化的，一個人的主客觀的條件也是不斷發展變化的。在讀書學習中，很可能讀書人自己某一方面的尚未發現的才能會脫穎而出，這時，也許就應該適度地調整自己的讀書方向，試探一下「新」才能是否具有發展潛力。說不定這種讀書方向的轉變就此給你生活的轉變帶來了新的契機。

另一方面，在讀書學習的過程中也可能發現某一方面是自己的劣勢、短處、弱點，如果沿著這方面再發展下去有「此路不通」的危險，這時就應該清醒地捨棄這方面的專研，將主攻方向轉到自己擅長的方向上來。

我們提倡選擇讀書法，根本的原則就是讀書人必須根據自己的具體情況選擇書，不要隨波逐流，趕「浪頭」，看別人讀什麼書，自己就讀什麼書。社會上時興什麼書就去追逐什麼書。如果這樣，不動腦筋地把別人的選擇作為自己的選擇，同樣達不到效果。

不要閱讀信手拈來的書，而要嚴格地加以挑選。

⑯　曲則全，枉則直 ── 逆轉學習法

> 會思考的人思想急速轉變，不會思考的人暈頭轉向。
> ── 瓦西里・奧西波維奇・克柳切夫斯基（Vasily Osipovich Kly-
> uchevsky，俄國歷史學家）

人們的思維方式是多種多樣的，有直覺思維，求異思維……使一般人的思維方式都有這樣的特點：對某種事情看多了、見慣了，就習以為常，不足為奇，並逐漸形成固定的思維邏輯 ── 喜歡順著想問題。這就是習慣性思維，又稱為「思維定勢」。

伽利略・伽利萊（Galileo Galilei）臨終前曾經說過這樣一句名言：「科學是在不斷改變思維角度的探索中前進的。」這句話也道出了學習的真諦。在我們日常的讀書生活中，難道不應善於調整和改變思維的方式，並由此去探索、去鑽研、去獲取有用的知識嗎？

「逆轉讀書法」能夠開拓讀者的思路，把書本上的知識讀活用活。它使我們不僅看到某項知識的正面，而且還可以看到它的反面。它又能促進我們解開疑難，走出迷津，獲得真知。它的最突出的優點是促進創造性思維。在讀書和科學實踐中，有時反其道而行之，自出機抒，卻能獨創一格，獲得意想不到的成功。

著名物理學家開耳芬（William Thomson, 1st Baron Kelvin）了解到路易・巴斯德（Louis Pasteur）已經成功地證明細菌可以在高溫下被殺死，食物可以透過煮沸後加以保存，欣喜之餘，開耳芬並沒有停止在這個剛剛發表的新理論上，而是從這個新理論出發，反想到：既然高溫可以殺菌，那麼低溫呢？低溫是否也可以使細菌停止活動呢？食物難道不可以透過冷卻過程來加以保存嗎？透過這一正一反的思索和探求，他終於在實踐中完

成了冷凍新工藝。

被譽為日本十大發明家之一的田熊常吉改進鍋爐吸熱方法又是生動一例。過去的鍋爐熱效率不高，田熊常吉想方設法加以改進。起初，他總是按照前人的傳統理論來考慮問題，即在如何熱鍋爐以提高熱效率上下功夫，結果毫無進展。後來，他從書本上跳出來，改變了思維方式，從鍋爐吸熱這一相反的角度去探討，找到了熱水上升，冷水下降，水流與蒸汽循環的方法，使鍋爐的熱效率顯著提高了。

「逆轉讀書法」運用的範圍是相當廣泛的，它不僅為許多艱難的科學實驗提供了奇特成功的鑰匙，在科學理論建樹上它也是神通廣大的。

以數學領域為例，平面幾何認為，過直線外的一點可以並且只能做一條直線與之平行。這似乎是不容置疑的定理，但年輕的數學家羅巴切斯基（Nikolai Ivanovich Lobachevsky）卻從反面提出挑戰：如果可做不止一條平行線呢？他所創立的非歐幾何即發端於此。又比如數學本來是與精確、嚴密緊緊地連繫在一起的，但是倒過來，卻偏偏出現一門不追求精確和嚴密而專門研究模糊的理論，結果使一門嶄新的學科 —— 模糊數學問世。

這些例子給我們的啟示是讀書，不要滿足於現成的結論，對書本上的知識以逆轉的方式加以處理，很可能導致新發現，因為「逆轉」採用的是反向思維，它的成就當然也是異乎尋常的了。某些科學家不乏獻身的精神，也有廣博的知識，但因擺脫不了習慣性思維的約束，創造力發揮不出來，以至終身成就不大。以上所列舉的科學家，他們不受傳統觀念的約束，採用了「逆轉讀書法」所以採擷到發明創造的累累碩果。

「逆轉讀書法」可以劃分為兩種：論點的逆轉和論證逆轉。

論點的逆轉是一種根本性的逆轉，新舊論點之間的關係經常是完全對立的。

　　如古希臘的托勒密認為地球處於宇宙中心不動，日月星辰都圍繞著地球運行。這就是地心學說理論，整整盛行了一千多年。到了中世紀後期，它又成為維護教會統治的重要精神工具。但是波蘭年輕的天文學家哥白尼（Nicolaus Copernicus）卻對這種傳統的神聖理論產生了懷疑。他仰望天空，心中想到：要是地球真的不動，遙遠的恆星不知要跑得多快才能每天繞地球一圈啊！反過來，假如是地球圍繞著太陽轉，那麼這個問題不就好解釋了嗎？

　　對舊理論的逆轉思維，使哥白尼心中茅塞頓開，豁然開朗。他經過近四十年時間的深入研究，反覆探討，終於完成了《天體運行論》（*On the Revolutions of Heavenly Spheres*）這部劃時代的巨著，科學地解釋了究竟是太陽圍繞著地球轉，還是地球圍繞著太陽轉的這兩個根本對立的問題。

　　當然，論點的逆轉並不總是呈絕對的相互排斥的狀態，也有兩者同時並存，相輔相成的論點逆轉。

　　丹麥的物理學家漢斯·奧斯特（Hans Christian Oersted）發現了電流磁效應，消息很快傳遍了歐洲，許多人競相投入了對電磁學的研究。英國物理學家法拉第（Michael Faraday）懷著極大的興趣讀完奧斯特的文章，但是他不像其他人那樣僅僅停留在電產生磁的現象上，而是進一步反過來考慮：電能生磁，磁是否能生電呢？

　　失敗的實驗接踵而來，但法拉第是毫不氣餒，他深信電和磁的關係絕不是單一的，自己從反面探討問題的思維方式是對的。最後，他終於試驗成功了 ── 由磁生電，造出了當時世界上第一臺發電機。這種逆轉就是兩者並存的。所以逆轉思維要注意客觀事物內在的規律，不能隨心所欲，故弄玄虛；也不能模稜兩可，含糊其辭。

　　論證逆轉是為論點的逆轉服務的，它應該是一個科學的詳盡的合乎邏

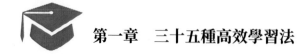

輯的反向說理過程。

三百多年前，人們已經發現人在生病時，體溫一般會升高，但是如何準確地測出體溫，當時尚無辦法。醫生們請久享盛名的伽利略解決這個難題。伽利略反覆試驗，均告失敗。有一天，伽利略給學生上實驗課。他一邊操作一邊講解，並向學生提問：「當水溫升高，特別是沸騰時，水為什麼會在容器內上升？」

學生們回答道：「因為水加熱，體積會膨脹；水冷卻，體積會縮小，所以會在容器內上升或下降。」答者無意，聽者有心，提問學生，同時也啟發了自己。伽利略心中一亮，不由得想到：水的溫度發生變化，體積也隨著變化；反過來，水體積的變化，不也就測出溫度的變化了嗎？把論證過程逆向思考，伽利略終於找到了解決問題的答案，成功地製造出世界上第一支溫度計。

論證過程的逆轉在文學創作中更是被廣泛地應用。如常用的倒敘手法，就是對順敘手法的逆轉；間接描寫，就是對直接描寫的逆轉。此外，像實寫與虛寫，誇大與縮小，直率與委婉，正語與反說，提高與貶低等等無不都是一對正逆關係，文學作品中幾乎少不了這些手法。

歐洲許多國家編有《逆引詞典》或《逆引語彙集》，也叫《逆序詞典》。這是一本別開生面的詞典。一般詞典字構成的同義或近義的詞，是散見於詞典各處的，使用起來往往不能滿足需要。現行的漢語詞典儘管是按形序、音序、義序等幾種順序編排的，卻無一不是以字頭作為詞頭（即以字頭帶詞頭）進行排列的。

以音序排列為例，如「愛」字下帶的詞，都是以首字「愛」構成的詞：愛好、愛護、愛惜等。但對表達愛的方式或程度的許多詞語，僅僅查「愛」字下面的詞語，顯然是不夠的。像以「愛」為末字構成的詞語，如

博愛、寵愛、慈愛等，在詞典「愛」字下面都不會出現這些詞語，只能散見於詞典全書各處。這樣，讀者在求助於詞典查找時，無異於大海撈針。如果能使讀者順利地查到所需要的詞語，就必須把這些同尾詞編排在一起，這樣就必須編輯以相同詞尾為順序的詞典，也就是「逆序詞典」。

「逆序詞典」也叫「倒序詞典」。它和現行的工序詞典編排的根本區別是，將尾字相同的漢語複合詞編排在一起，以複合詞的尾字作為帶詞的字頭，也就是將正序詞典以詞首作字頭改為以詞尾作字頭，把尾字相同的詞語從分散的語族中牽引彙集在一起，成為「逆序詞典」。這對教學和學生進行組詞都會有用處。尤其對寫文章或從事文字工作和翻譯工作的人，選用準確、恰當的詞彙表達語義，更是大有益處。

「逆轉讀書法」採用的是特殊的反向思維方式，所以要靈活自如而又準確無誤地使用它，必須遵循對立統一規律。特別是懂得矛盾的因果關係，矛盾的普遍性和特殊性關係。

其一，要掌握矛盾的因果關係。

矛盾就是對立統一，逆轉就是矛盾的雙方向自己的對立面轉化，很多情況下，又是原因與結果的轉化。恩格斯（Friedrich Engels）說過：「原因和結果這兩個觀念，只有在應用於個別場合時才有其本來的意義；可是只要我們把這種個別場合放在它和世界整體的總連繫中來考察，這兩個觀念就會合在一起，融化在普遍相互作用的觀念中，在這種相互作用中，原因和結果經常交換位置，在此時此地是結果，在彼時或彼地就成了原因。」了解因果關係的這種辯證性質，防止把因果關係對立絕對化，可以提高使用「逆轉讀書法」的預見性和自覺性。

其二，要注意矛盾普遍性與特殊性的關係。

「逆轉讀書法」是一種富於創造性的讀書法，但它畢竟是一種較為特

殊的方法。因此在運用這種方法讀書時，不能不注意矛盾的普遍性和特殊性的關係，不能把「逆轉讀書法」當做萬能的工具，到處生搬硬套，對於屬性關係比較明確而又相對連繫定型的知識，尤其不能亂用「逆轉讀書法」。比如「存在決定意識，物質決定精神」是一個正確命題，如果把它們倒過來說，就太荒謬了。又如「地球的自轉產生了白天黑夜」，不能倒過來說白天黑夜產生了地球的自轉。假如推導出以上這些違背事理，在邏輯上根本站不住腳的反推論，是荒唐可笑的。這就要求我們注意到矛盾普遍性和特殊性的關係，一方面要大膽開創，勇敢地向科學知識的禁區和盲點前進，另一方面又要有小心慎重，始終堅持嚴謹的治學態度。

「逆轉讀書法」用得好大有益處，用得不當很有害。如何避過暗礁，乘風破浪，只有靠自己在知識的海洋中搏擊。

17 學會逆向思考 —— 錯序學習法

為了能夠真實和正確地判斷，必須把自己的思想擺脫任何成見和偏執的束縛。

—— 米哈伊爾·瓦西里耶維奇·羅蒙諾索夫（Mikhail Vasilyevich Lo-monosov，俄國作家）

古希臘著名哲學家蘇格拉底（Socrates）和奧德賽（Odyssey）的一次問答頗有趣味。

蘇：「你知道什麼叫『公正』嗎？」

奧：「說謊、欺騙、搶劫之類都是不公正的。」

蘇：「對敵人做那些事，不都是公正的嗎？」

奧：「對朋友做那些事，就是不公正。」

蘇：「但有時對朋友做那些事，也是公正的。比如一個將軍為鼓勵他的軍隊，可以說謊。父親為了讓兒子吃藥治病，可以欺騙他。怕一個朋友自殺，可以搶奪他的武器。」

蘇格拉底的話是有一定哲理性的。在某些特定情況下，如果我們能夠自覺地打破常規，擺脫習慣性思維程序的束縛，應用反向思維方式，就可能在「山重水複疑無路」的情況下，出現「柳暗花明又一村」的局面。

錯序閱讀法就是不按正常的順序來閱讀的一種讀書方法。我們都習慣於從正面去思考問題，但是，如果正面想不出什麼結果，我們就繞道去想，從反面去思考問題這樣往往會出奇制勝，馬到成功。

一般的閱讀，都是按頁碼順序來閱讀的。但是，從現代學習的要求來看，單單掌握作者的思路和文理是不夠的，還要讀出作者想表達，但礙於書本身的章節局限而未能充分表達的意思，還可以利用書中的資訊和思路構想新的觀點。

錯序閱讀法的讀取順序因人而異，各人可以自由地進行創造。一般錯序閱讀可分三種。

第一種，楔入式閱讀法。拿到一本書後，前後隨意翻讀，找到感興趣或有價值的段落，首先讀進去。那麼先讀的這一部分，就成為閱讀其他部分的動機和參照點。待有了一定的印象或體會，再逐漸擴讀至全書。在讀物陌生、讀者閱讀動機不強或有特殊閱讀目的的情況下，這種讀書法就可以獲得良好的效果。在順讀時，當閱讀至半思路中斷、概念或事件變得模糊不清時，也可以追溯過去，或翻讀以後的章節，作為順讀的補充。

第二種，無規則閱讀法 —— 隨意前後交叉閱讀，無需一定之規。

由於每個人的學習方法、欣賞習慣和閱讀水準不盡相同，有時，本書作者認為可以作為讀書入門參考材料的某些書籍，讀者讀起來卻感到困

難。針對這種情況，讀者在隨意翻讀過程中，如果選自己看得懂的看，然後擴大至較深的內容，反而容易讀出作者的意思來。此外，在無規則閱讀中，很容易激發出新的思想，成為創造性的閱讀。

第三種，逆讀和倒讀──由後往前讀，或採用正常閱讀過程中的複讀。

在全書讀完之後，用逆讀法回溯一下，看作者的結論是如何得出的，推理是如何展開的，往往會加深對原書的理解，並容易看出破綻。對有些書來說，例如繁瑣論證後而得出結論的著作，先把結論讀了，然後倒讀回去，反而容易理解前面的意思。倒讀還可以用局部倒讀，即以一章一節為單元的倒讀，其原理與上述是一樣的。

錯序讀書法的各種長處來源於「兩個思路」原理，即由於作者思路和讀者思路的錯開而產生新的思路和新的見解。因此，錯序閱讀法的缺點是讀者過度「主動」，有時會造成對原作的曲解，或未能領會原作的精神。

勿作書蠹，勿為書痴，勿拘泥之，勿盡信之。天道多變，有陰有晴。登山涉水，遇雨遇風，物有聚散，時損時增，不以為累，是高水準。

18 「由薄到厚」與「由厚到薄」 ── 薄厚互返學習法

> 在所閱讀的書本中找出可以把自己引到深處的東西，並把它的一切統統拋掉，就是拋掉使頭腦負擔過重和會把自己誘離到不良之處的一切。
>
> ── 愛因斯坦（美籍德國物理學家）

古往今來，凡是學有所成者都重視讀書之道與學習方法。其中有些學霸不僅善於學習，而且在實踐中還總結歸納出一套符合讀書規律的讀書學

習方法，這就是「薄厚互返」讀書法。

「薄厚互返」讀書法，即「由薄到厚」再「由厚到薄」，其實質就是讀書學習時所要經過的兩個過程。第一個過程，「由薄到厚」，是指打好基礎，累積知識。對於基本的東西要學深、學透，弄明白概念、定理以及相關問題。這樣，一本不太厚的書無形中就增加了許多內容而變「厚」。第二個過程，是「由厚到薄」，也是讀書學習的重要一步，是指將「由薄到厚」而得的基礎知識積極消化、提煉，從而「厚積而薄發」並有所突破。

當我們打開一本書的時候，實際上也就是接受新知識、學習累積的開始。因此，面對新知識，就要求我們對於每一個概念，每一個章節都要搞清楚，弄得明明白白。例如某一個定理，其已知條件是什麼？結論是什麼？在證明中是否涉及到其他概念和結論等等。如果又遇到別的概念和結論，還應該把它的來龍去脈弄清楚，斟字酌句，深思熟慮，並追根求源。對不懂的環節或問題，更應該注上標記，加上注解。這樣一來，就會覺得學了許多東西，使本來一本不厚的書，讀完之後，內容不知道增加了多少，書也因而變得更厚了。

清代著名學者顧炎武從十一歲開始，用整整四十五年的時間，讀完了一部《資治通鑑》。他在讀書時不僅僅是抄寫，而且在讀的同時再加上釋解批註，補充參考材料。這樣，不僅從外觀上書變厚了，更重要的是從內容的充實上使書越讀越厚了。因此，世人稱讚他「越讀越厚不嫌多」。從顧炎武的讀書過程來看，「由薄到厚」不僅是指形式上的加「厚」，而且是指讀書內容實質上的加「厚」，是基礎知識累積的加「厚」。透過這個加「厚」的過程，使基礎更穩固，累積更豐富。

當然，在讀書過程中，雖然「由薄到厚」，基礎的「厚」很重要，

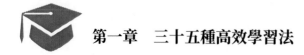

也是十分必要的，但僅限於此是遠遠不夠的。「雄厚」的基礎知識還不是我們所要達到的最後目的。如果讀書僅僅停留在這個階段，那麼學習上是不會有長足的進步和提高的。要真正的學會、學懂，還必須經過「由厚到薄」的過程。即在「由薄到厚」的基礎上再返回來「由厚到薄」。

那麼如何將「厚」書讀到「薄」呢？

對此，著名物理學家愛因斯坦根據自己讀書的實踐體會曾說過：「在所閱讀的書本中找出可以把自己引到深處的東西，並把它的一切統統拋掉，就是拋掉使頭腦負擔過重和會把自己誘離到不良之處的一切。」這樣邊讀邊拋，不斷去蕪存菁，就會使書本越讀越薄，從而達到掌握要點，領會精髓，吸取其有益的知識核心的目的。

有一次，愛因斯坦讀完一本幾何教科書，立即清楚地講出了書中的要點。有人驚訝地問他是怎樣讀這本書的？他說：抓住書的骨肉，拋掉書的皮毛，這不就是把一本厚厚的書讀「薄」了嗎？

凡是一本書，無論是學術著作，還是文藝作品以及其他方面的書籍，都有一個中心課題。圍繞這個中心，透過文學的表述，將段落有機地結合起來，就成為一本書。但一本書往往結構完整，篇章銜接，不可避免地會重複一些你已經掌握的知識，或是一些對你來說可有可無的「水分」。如果在讀的過程中，有意識地排掉這些「水分」，那麼書不就會「由厚變薄」了嗎？

「由厚到薄」其實是一個消化、吸收、提煉的過程。在這個過程中，有三個關鍵環節：一是消化——從讀書到有效儲存的第一步。二是簡化——在消化材料的基礎上借助思維，加以概括抽象，如圖表、中心句、關鍵字。經過這些重要的融會貫通的環節，就可以把一本厚書讀薄了。三是序列化——把新汲收的知識，嵌入已經儲存的體系，不僅蘊含

著潛在功效，同時也把許多部加在一起很厚的書讀「薄」了。

其實，「由厚到薄」的讀書過程就是要求讀書者不僅要把個別的概念、個別的定理弄明白，更重要的是應該把其中的精髓咀嚼、消化、吸收、簡約化、系統化。只要抓住書中主要的本質的東西，組織整理，反覆推敲，透過自己的分析，提出關鍵性問題，形成對問題的看法，並融會貫通，就能達到將書讀到「薄」的效果。到那個時候，先前「由薄到厚」累積的豐富的知識儲備才算是真正鞏固，那些「薄」而「精」的知識精華，最終會成為你受用終生的一筆寶貴精神財富。

正如數學家羅老師所說：「一本書，當未讀之前，你感到就是那麼厚；在讀的過程中，如果你對各章各節作深入的探討，在每頁上加添注解補充參考資料，那就會覺得更厚了。但是，當我們對書的內容真正有了透澈的了解，抓住了全書的要點，掌握了全書的精神實質以後，就會感到書本變薄了。越是懂得透澈，就越有薄的感覺，這是每個科學家都要經歷的過程。這樣，並不是學的知識變少了，而是把知識消化了。」

在這裡，數學家羅老師將「由薄到厚」與「由厚到薄」的互返作了精闢的闡述，強調了只有掌握住書中精神實質，抓住要點，經過消化、提煉，才能將書讀「薄」，使知識昇華。同時，科學家的精闢闡述也說明了一個道理，並給人以啟迪，即：你讀到「薄」的書越多，你的知識領域就越廣，你的學識水準也就越高。

「由薄到厚」與「由厚到薄」是相輔相成的，兩者的關係是辯證統一的。前者是後者的基礎，後者能為前者的釋放創造條件。沒有前者「由薄到厚」的第一步，就不能有「由厚到薄」的進一步。如果只做到前者的第一步，而不能達到後者「由厚到薄」的第二步，就只能做個儲存知識「倉庫」，而不能認為真正學懂了。

也許按照上述這樣薄厚互返的方法讀書，有人讀書會覺得慢了一些，其實不然。開始的時候可能慢些，但如果真正掌握好、運用好，在同一類書中只要集中精力攻讀一本。再看其餘的幾本書，就會感覺到：原來「這」一部分自己已經明白，而「那」一部分實際和第一本讀的書相同。這樣，其他同類書中真正需要你去學習掌握的東西就剩下那麼一點點了，所以讀起來也就快多了。

　　「由薄到厚」與「由厚到薄」的互返學習，是數學家羅老師在讀書實踐中總結歸納出的符合規律的一種讀書方法。它對於有志成才的青年朋友們來說，不失為一個行之有效的讀書方法和學習手段。

　　以「由薄到厚」之累積，求「由厚到薄」之精髓，得「事半功倍」之成效。

19　合理安排，突出重點 —— 30 － 3 － 30 學習法

> 必須記住我們學習的時間是有限的。時間有限，不只由於人生短促，更由於人事紛繁。我們應該力求把我們所有的時間用去做最有益的事情。
> —— 史賓賽（Herbert Spencer，英國教育家、哲學家）

　　讀書需要時間，沒有時間不能讀書，這是盡人皆知的道理。目前，美國有一種叫做「30 － 3 － 30」的閱讀方法。這種閱讀法的含義是把文章分為三類：分別用 30 秒、3 分鐘、30 分鐘時間讀完。

　　我們都知道，時間具有不可往返性。因此，時間顯得特別的寶貴，所以我們讀書時要善於利用時間。以讀報紙為例吧，首先用 30 秒的時間去看報紙的標題，如果認為文章對自己無價值或不感興趣，那麼就算讀完了，要想稍微深入一點了解文章內容，就再用三分鐘的時間看內容提要，

或粗讀、略讀全文；若還需要進一步了解文章詳細內容，則再用 30 分鐘時間通讀全文，或精讀重點段落。

這種讀書方法帶有較強的讀書意識，要求每個人閱讀時根據自己興趣愛好，知識水準和知識結構與背景，科學地安排時間，有選擇地進行閱讀。

比如學生在讀書的時候，一本書拿過來，裡邊的內容不一定都必須你去精讀一遍，這就需要你用「30 秒、3 分鐘、30 分鐘讀書法」合理安排、有步驟地閱讀有關書籍。先用 30 秒的時間把書的目錄大概看一遍；再用 3 分鐘挑選出你想要了解的標題；最後，把需要你去深入理解、斟酌的內容再用 30 分鐘或更長一點的時間精讀一遍。在當今書籍、報刊、網路文章眾多的情況下，這種閱讀方法尤其顯得重要。凡在事業上有所成就的人無一不是利用時間的能手。合理安排時間，就等於節省時間。

30 秒－ 3 分鐘－ 30 分鐘這種讀書方法和泛讀法關係較為密切。泛讀法通常指為了概括地了解文章或片斷的主要內容而進行的一種快速讀書法。它與略讀法一樣，常常與精讀法相對而言。

泛讀法它只要求從文章整體著眼，在跳躍式的閱讀中掌握表達中心思想的主要句子，不必依次去讀每一個句子，更用不著咬文嚼字，這時就可以用 3 分鐘的時間去讀，一旦對文章或片斷有了一個概括的了解之後，就可以進一步確定是否有必要、有興趣或仔細地閱讀全篇，這時再用 30 分鐘的時間。這種時間分配的閱讀方法，注意力必須要高度集中。只有注意力集中才能在大量的文字資訊中捕捉到必要的資訊。

中學生讀書看報，往往不分良莠，不考慮知識的價值，一律從頭至尾看下去，得來的知識是雜亂無章的。譬如看報，各個版面的內容不同，哪些是自己急需的，哪些是自己暫時還不需要的，哪些是自己不需要的，首先要用最快的時間 30 秒掃讀一番；再以標題、重點語、圖表等為主要閱

讀對象用 3 分鐘的時間閱讀找出是否有必要精讀的、有必要詳細了解的，再用 30 分鐘去詳細閱讀一遍，挑選出值得你去深入研究的重要資訊。這種讀書法不至於為一些無關緊要的資訊、內容費時太多。因此運用 30 － 3 － 30 閱讀法，對於我們每個讀書看報的人，無疑是有很大幫助的。

合理安排時間，就等於節約時間。

20　陸游遊蜀悟詩意 ── 實踐學習法

讀書而不能運用，則所讀書等於廢紙。
　　── 喬治・華盛頓（George Washington，美國第一任總統）

宋代大詩人陸游，讀書時曾遇到過這樣一件事，有一回，他讀了蘇東坡的《牡丹詩》，見其中一句是「一朵妖紅翠欲流」。起初他弄不懂「翠欲流」是什麼意思，後來他來到成都，經過木行街時，發現市場上有一個「郭家鮮翠紅紫鋪」。經過請教當地人，才曉得四川話「鮮翠」就是「鮮明」的意思。陸游恍然大悟，原來「翠欲流」用的是四川話啊！陸游還了解到，四川人把湖窗叫「泥窗」。花蕊夫人《宮詞》中有一句「紅錦泥窗繞四廊」。不曾去過四川的人就不易明白。

實際上，陸游這次遊蜀的過程，就好像讀了一本大自然中的「無字書」。清代文學家廖燕說過：「無字書者，天地萬物是也。」天地萬物，日月星辰、山川草木、蟲魚鳥獸以及人類社會的各種社會現象，都是一本本無字的書。而且內容極為豐富，非常值得研究和學習。所以，所謂的讀「無字書」，就是人們參加社會實踐，透過實踐來學習或加深那些書本上學不到的知識，也就是本文所要提到的「實踐讀書法」。

有人會這樣以為，書上的東西都是前人或哲人總結出來的經驗，放著

現成的東西不要，反倒去自己實踐，那不是浪費嗎？誠然，書是前人智慧的結晶，是他們留給我們的一筆寶貴的精神財富和豐富的文化遺產，但他們的話就是準確無誤的嗎？答案是不盡然。

古人有句話，「盡信書，則不如無書。」受到認知和客觀條件的限制，書中的有些觀點也存在錯誤。南朝病理學家、文學家陶弘景曾把《神農本草經》和《名醫別錄》的七百三十種藥物進一步分類。注釋、編成《本草經集注》。後世編纂本草書籍時，據為藍本。

陶弘景曾有一次讀到《詩經·小宛》的「螟蛉有子，蜾蠃負之」句，《詩經》的舊注說，蜾蠃有雄無雌，牠偷把螟蛉子幼蟲銜到自己窩裡，然後對牠反覆說「像我，像我」，不多久螟蛉就會變得同蜾蠃一模一樣，成為蜾蠃的後代。陶氏讀書後頓生懷疑，於是決定親自到庭院裡看個究竟？

他找到一窩蜾蠃，小心地用竹籤把窩推開，看到窩裡不但有蜾蠃銜來的螟蛉，還有一條一條的小肉蟲。發現蜾蠃有雄雌之別，還成雙成對，並進並出。第二天去看時，見一條小肉蟲正在咬一條螟蛉，那條螟蛉已被吃掉一半。第三天，他再去觀察，窩裡的螟蛉已經全部被吃掉，肉蟲躺在那裡一動不動，已快變成蛹了。再過幾天，蛹便變成了小蜾蠃。由此，陶弘景得知書本上的記載是錯誤的，蜾蠃也有牠自己的後代，螟蛉不過是牠銜來給自己後代當糧食的，沒有「螟蛉義子」這回事。陶弘景的讀書方法說明，讀書不能人云亦云，要多思多考，注重實踐，以培養識鑑能力。

古希臘著名的哲學家、思想家亞里斯多德（Aristotle）在當時具有絕對權威的地位。他說的許多話被當時乃至千年以後的人當做真理，不敢有絲毫懷疑，其中他認為，當兩個重量不同的物體從不同高度下落時，總是重量大的物體先落地，這一想當然的論斷，被後來的著名物理學家伽利略透過在比薩斜塔上一大一小兩個異重鐵球同時落地的事實所推翻。所以說

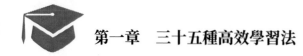

實踐是檢驗真理的唯一標準。我們應該學習的是那些被事實證明是正確的東西，而不是脫離實際的空談。

其實，歷史上的大學者、大科學家，大半都是透過讀無字書來豐富自己的見聞，充實自己的著述的。例如大史學家司馬遷所以取得偉大成功，一方面固然具備了「天下遺聞之事，靡不畢集太史公」的特殊條件，對書本上的知識累積了不少，而另一方面，更得益於曾一度大規模的旅行。足跡由東南、中原遍歷西南邊境，透過實地調查收集掌握了大量翔實的資料，充實了自己的著作，這一切自然有無字書的功勞。

相似的例子還有大科學家李時珍所著的《本草綱目》，幾十年的研究讀無字書的經歷，是他取得如此成就的根本原因。這個道理其實很簡單，知識都是從日常生活、自然現象提煉、概括、總結、綜合出來的，只有那些源於實踐，昇華於實踐的東西，才是真正對我們有益的。讀書的同時，要進行相對的實踐，這個道理曾經被無數的人、無數的事所證明。像紙上談兵的趙括，從小愛學兵法，也曾讀過大量的兵書，談起用兵之道，連其父名將趙奢也難不倒他，就是這樣一位看似優秀的將領，在實際用兵的戰場上，卻成了一個死讀書的書呆子，置實際情況於不顧，照搬書上「兵益速決」，「倍則戰之」的條條指揮作戰，被秦兵殺得片甲不留，白白斷送了趙國四十萬將士的性命，這就是理論與實踐脫離的巨大危害。

三國時失街亭的蜀將馬謖，只知死讀兵書，食古不化，在強大敵軍的進攻面前，只背得「置之死地而後生」這句教條，不懂得如何把書本上的理論與當時的具體情況結合在一起去處理複雜的情況，結果把軍營紮在前無屏障，後無退路的死地，最後營寨被破，大敗而歸，落了個被斬首的下場。

所以說，讀書切記要同時在實踐中加以運用，因為現實中的事件是複

雜的多變的。要具體情況具體分析，透過實踐來吸收、消化書中的精華。讀書是為了運用，為了實踐，知識只有運用到實踐中才會看出是有益的，還是無用的。

如何運用實踐讀書法來獲取更多正確有益的知識呢？下面是給您的幾點建議。

第一，留心觀察身邊的事物，做生活的有心人。

巴夫洛夫（Ivan Pavlov）曾說過：「應該先學會觀察，不學會觀察，你就永遠當不了科學家。」之所以這樣說是因為很多科學家知識本身就是從觀察中得來。宋朝著名的科學家沈括，為了觀察和測定北極星的正確位置，每天夜晚對著渾儀的窺管，一連三個月沒有睡好覺。並分別畫了前半夜、半夜和後半夜北極星在空中的位置。

同樣，留心觀察可以使你發現，認識自然界的某種規律。眾所周知，萬有引力定律不就是英國科學家牛頓從一個蘋果掉在地上這一平常現象中得到啟發，透過研究、論證後得來的嗎？正因為如此，我們才把留心觀察放在實踐讀書法的首位，因為生活是一個人最好的老師。世上最普通，最有意義的真理，其實就寓於生活之中。

第二，邊讀邊驗證，從自己或別人的實踐中檢驗知識的真偽，衡量知識的價值。

我們在讀書的過程中，應該同時想辦法加以驗證，這樣不但可以檢驗書上說的在實際生活中到底行不行得通，也可以加深知識在腦海中的印象。若自己沒有條件進行實踐，也最好能透過現今社會多快迅捷的資訊管道，如廣播電視、報紙雜誌來了解其他人的實踐情況，從另一個側面來實踐。陸游說得好：「紙上得來終覺淺，絕知此事要躬行」。書本上的知識，離開實踐的核對與檢驗是寸步難行的。

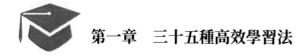

　　第三，對書本上的知識力求熟練掌握，以達到運用自如的目的。

　　讀書不可淺嘗輒止，而要讀熟讀透，實踐的過程也應是如此。讀者要想把知識做到靈活運用，就需要對它進行大量的、多次的實踐。這一論斷是根據人類自身的生活結構而得出的。

　　人的大腦與專管運動的小腦同時活動，反覆配合完成一件事。就可以對這件事的每一個細小過程都記得清清楚楚。可以維持相當長的時間不會忘記，這就是熟練掌握的妙處。同時，許多人就是透過對知識的多次實踐，才達到掌握甚至創新的目的。像愛迪生發明電燈的時候，為了尋找燈絲合適的材料，不停地進行實踐，失敗了八千多次，先後試驗了七千六百多種材料，才獲得成功。所以說只有不斷實踐才能達到對知識熟練掌握的目的。

　　第四，靈活運用知識，不可照本宣科，死背教條。

　　所謂的靈活運用，就是透過實踐將自己本職工作或業餘愛好緊密地結合起來，從而提高認知和工作能力。在當今市場經濟大潮中搏擊的人，除了要學習豐富的書本知識之外，在實踐中能夠靈活地運用，是他們成功的關鍵。因為市場雖然瞬息萬變，但也有規律可循。要想面對不同的情況都可以應付自如，靈活運用是最重要的。

　　第五，在讀書實踐中，不要僅僅局限於書裡的內容，而要對書本知識加以補充和擴展。

　　世界是多樣的，生活也由不同的層面和內容所構成，一本書的內容總是有限的，深度也是如此，而世界是在不斷發展和變化的。所以說，如果能在讀書的過程中將其內容加深或豐富，對自身是一種提高，對社會也是一種貢獻。

　　歌德（Johann Wolfgang von Goethe）曾說過這樣一句話：「理論是灰

色的，而生活之樹常青。」如果把書本知識比作一條龍的話，實踐就是祂的眼睛。願你能夠用生活的畫筆來使知識這條巨龍騰飛。

㉑　從「知識的導遊圖」起步 ── 目錄學習法

目錄之學，學中第一要緊事，必以此問途，方能得其門而入。

── 王鳴盛（清代學者）

不少讀者，只要拿到愛慕已久的書，就如飢似渴地從正文第一頁到最後一頁連續讀起來，常常把一本書的簡介、說明、主旨、目錄、索引等部分都給忽略掉了。這些「性急」的讀者從不事先想一想：這本書的主要內容和特點是什麼？編寫的格式和文章組織形式又是什麼？讀這本書的主要目的是什麼？

一本書的正文固然重要，但為了讀好正文，節省時間，獲取更多的有用資訊，在讀書開始時，我們不妨在書的前言、簡介、序文、主旨上花些時間，採用閱讀目錄的讀書方法，這就是本文要闡述的「目錄」讀書法。

「目錄讀書法」，顧名思義就是按照目錄去讀書的方法。它主要包括三種形式。

- **目錄法**：這種方法主要在閱讀某一種書時使用。目錄是一部書的綱要，透過它可以看出該書的梗概。認真閱讀目錄可以對該書的全貌有所了解，可以指導讀好這部書。

- **索引法**：這種方法既適用於讀某一種書，也適用於閱讀內容相關的多種書。具體做法是：對於同一種書，閱讀時，將書的具體內容作成索引式目錄，按一定規則排列起來，以便於讀者以後使用時查檢。對於內容相關的多種圖書，則要視其數量的多少。數量多者，只需對所有

的圖書的書名做一個明確的書目索引；數量少而且內容重要者，則要針對書中的具體內容做出較為精練的內容索引。

目錄和索引兩者之間連繫是極其密切的。目錄比較概括系統，但比較粗。透過閱讀目錄可以了解該書論述的主要內容和系統，得到一個全貌的了解；書末索引可以將書籍內分散的、零碎的、孤立的，但是具有實質性的一些事實、概念、資料抽出來，按一定規則編排成一定的次序，使讀者便於查找。目錄和索引指引讀書的目的是一致的，只不過編排角度及方法不同，兩者是相輔相成，彼此配合，互為補充，只要充分利用目錄和索引就可更加完備，達到讀書指導作用。

- **書目法**：書目就是把圖書以不同的編排方式（按作者、書名、主題等），透過卡片或書籤乃至電腦形式編排起來，讀者以此檢索或查找圖書，此種方法，即為書目法。清代學者王鳴盛稱此種讀書方法為「撒網而漁」法。就是把知識比作「魚」，把書目比作「漁網」。「撒網而漁」，就是把「書目」這個「漁網」，在書海中全面搜索，在同類著作中，辨別何者優，何者次，何者先讀，何者後讀。按照選其優者先讀、精讀的原則去讀書，就能做到「書山攀捷徑，學海蕩快舟」了。

有歷史學家談治學經歷時說：「雖然我少年時代求知欲很強，但以前不知道什麼書應該去讀，更不知研究學問應從如何入門。十五歲那年在報紙上看到梁啟超的〈中學入門書要目及其讀書法〉，才引導我走向讀書治學的路。」

歷史上許多學者的讀書成才之路是從目錄學起步的。目錄學對於學者的重要，就猶如我們第一次瀏覽著名風景區，總喜歡先買張導遊圖，看看哪裡是最值得觀賞的景緻，走哪條路線最合適一樣，治學也要先看看知識的導遊圖 —— 目錄學，摸清可以捷足先登的門徑。

由此可見，目錄讀書法，是讀者讀書較為快捷的一種讀書方法，它使讀書者既節省了時間，又能準確獲取知識。

「凡讀書須識貨，方不用錯功夫」。一句話道出了目錄讀書法的絕妙之處。

㉒ 工欲善其事，必先利其器 ── 工具書學習法

一切書都不會告訴你現成的公式或是什麼祕訣……

── 佚名

當你認真地研讀一本書時，你往往感到需要查檢另一些書來配合著讀，這些書籍即為工具書，這種讀書方法即工具書讀書法。

工具書，顧名思義就是在學習中能當做工具的書。與普通書籍比較，它具有收錄廣泛、編排特殊、專供查閱、使用方便等特點。如果我們能夠熟練地運用工具書，那麼在讀書時就如同插上了智慧的翅膀，可以在知識的海洋中自由翱翔。

工具書讀書法真的有這麼神奇嗎？

首先，工具書能幫助我們找到學習的門徑。

清朝官員張之洞曾主持四川的科舉考試，當他看到有些人鬍子都白了還考不中秀才，就批評他們「不知讀書」。當有些人問他應該讀些什麼書，他就寫了一本《書目問答》，列舉了經史子集各類書兩千兩百種。

當然，一百多年前的《書目問答》已不能滿足今天的需要了。近年來出版了許多適合我們使用的這類書籍。靠這類工具書，就能使讀者獲得學習某一學科必讀圖書的資訊，從而以最快的速度跨入該學科的大門。

其次，工具書能幫助我們解答讀書中遇到的問題。

第一章　三十五種高效學習法

　　如果在讀書時遇到生僻的字詞，你需要查字典；如果不知道古代的
年、月、日如何換算成西元，你需翻翻曆書或是網路查詢。這是讀書中常
碰到的問題，雖是小事，但如處理不好，對讀書的效率影響很大。你可能
為了解決某一問題，花費了大量時間，翻查了許多書籍，始終不得其解。
這時，就展現出工具書的妙用了。所以善於讀書的人都要結交一位「好
友」── 工具書。

　　工具書分哪些類別呢？一般來說，可分十大類：

- **書目**：是記錄圖書名稱、作者、卷冊、版本的工具書。
- **索引**：是將書報中的內容編為條目排列，供人們查找的工具書。
- **字典辭典**：是解釋字詞的形、聲、義幾種用法的工具書。
- **年鑒**：是彙集一年內重要事實文集和統計資料的工具書。
- **手冊**：是彙集某一方面需要查閱的文獻資料的工具書，包括某一專業
  的基礎知識及一些基本公式資料規律條例。
- **年表**：是按年代順序用表格形式編制的查考時間或大事記的工具書。
- **圖錄**：是用圖片表現事物的工具書。
- **政書**：是彙編歷代或某一朝代政治經濟文化制度方面資料的工具書。
  如《文獻通考》等。
- **類書**：是輯錄古代群書中各門類或某一門類資料的工具書。如《太平
  御覽》等。
- **百科全書**：是綜合或專科性的科學文化知識的彙編。

　　既然有這麼多種類的工具書，那麼如何使用呢？

　　首先，我們要熟悉並掌握工具書的各種排檢方法，例如「部首檢字
法」、「注音檢字法」等等，使自己拿到工具書，便能迅速找到需要的材

料或答案。除了書本，也可以下載相關辭典的 APP，查詢迅速方便。

　　如果我們全面學會使用「工具書讀書法」，便可大大提高學習效率，開拓思想視野，逐步培養起獨立研究的能力。

　　「工欲善其事，必先利其器」。對於讀者來說，工具書就是讀書治學的「利器」。

23　活化知識的酶 ── 聯想學習法

> 智慧和幻想對於我們的知識是同樣必要的，它們在科學上也具有同等地位。
> ── 尤斯圖斯·馮·李比希（Justus von Liebig，德國化學家）

　　我們每個人在閱讀時，會時常出現一種思維跳躍的現象：就是由我們讀到的知識突然想到另一種相關事物或表面並不相關而又有內在連繫的事物。如：看到諸葛亮，我們就會想到小說《三國演義》裡的借東風、三顧茅廬；看到李奧納多·達文西（Leonardo di ser Piero da Vinci），我們會自然的想到名畫《蒙娜麗莎》（Mona Lisa）……這種讀書就是聯想。

　　會讀書的人常常讀到一定的地方停下來，連繫書中的內容展開聯想。這種讀書方法不但可以讓我們靈活運用學過的東西，又可以把我們學過的知識連繫起來打破學科的界限。

　　《孫子兵法》是古代軍事學中一部經典性的權威著作。很多人，包括一些專家學者只偏重於為此書作解注釋，甚至為某條解釋而長期爭執不休。而國外的很多人卻在閱讀時運用了聯想的讀書方法，把它應用到實際當中去。如：美國的軍事學家們從中汲取合理核心，悟出了「核威懾戰略」。日本許多企業家更把它移植應用到企業管理中去，結果取得了很大

的成功。

《三國演義》也是一部優秀的古典小說，它本屬於文學範疇的，但日本的一些有識之士卻透過運用聯想讀書法，把它的內涵推廣到其他領域。像專門研究兵法的大橋武夫認為：「《三國演義》是一本探討如何分析形勢，調動有利因素，戰勝對手，壯大自己的書，值得日本企業家好好研讀。」著名的松下電器公司老闆松下幸之助就善於應用諸葛亮的戰略戰術，使該企業成為日本大企業之一。日本的牛尾電氣公司會長、社會工學研究所所長尼治朗還主張：日本的企業家要增強競爭能力，就得學《三國演義》的合縱連橫思想，最好還要讀點《論語》、《水滸傳》、《十八史略》，才能立於不敗之地。可見合理的運用聯想讀書法不但可以把書本上的知識展開，使學到的知識在實際生活中得以發揮作用，還可能在某點上產生創造性的突破。

我們讀書時免不了要對某章某節或整篇文章背誦，如果只是死記硬背，就非常困難，而且又容易忘記。運用聯想讀書法記憶那情況就不一樣了。比如：問美國和日本國土是什麼形狀？能馬上答出的只有很內行的地理通。一般人不知道是不足為怪的。而如果問義大利國土的形狀，則大多數人都知道。這是為什麼呢？因為像我們非常熟悉的靴子。把它與義大利的形狀聯想起來記憶就不容易忘記了。

曾經有一位名人說過：「記憶的基本規律，就是把新的資訊和已知的事物進行聯想。「聯想」是世界上公認的「記憶祕訣」，也是一種記憶的訣竅。

聯想自然離不開連繫和想像。所以在運用聯想讀書法時一定要廣泛連繫充分想像。

聯想不是無緣無故產生的，它需要一定的條件和基礎。大千世界裡，

各種客觀事物雖然形態各異，性質、成因、用途都不相同，但它們之間總是存在著直接的、間接的、這樣的或那樣的連繫，或多或少潛在著程度不同的共性，這就是聯想的基礎。

例如：朱自清的散文《荷塘月色》中有這樣一段：「塘中的月色並不均勻，但光與影有著和諧的旋律，如梵婀玲（小提琴）上奏著的名曲。」這裡月色和小提琴之間並沒有什麼連繫。但作者卻憑藉靈活、敏捷的思維將「月色」與「小提琴」連繫起來。當我們閱讀到這一段時，讀者就可以充分發揮自己的聯想能力了。

又如，明代的東林書院有這樣一副對聯：「風聲雨聲讀書聲聲聲入耳；國事家事天下事事事關心」。進步的東林黨人把讀書和當時的家事、國事、天下事連繫起來，創造了一種良好讀書環境。

古希臘哲學家阿波羅尼斯（Apollonius）說過：「摹仿只能創造所見到的事物，而想像連它所沒見過的事物也能創造。」對讀書而言，想像是一種特殊的聯想，它能使我們用別人的眼睛看到我們沒見過的東西，和別人一起體驗那些我們沒有親身體驗過的東西。想像可以為我們插上一雙翅膀，使我們可以振翅起飛，進入幸福而美好的構思的旅程，或者到島嶼的偏僻一角，或者在樹葉的颯颯聲中環繞地球一周。人人都可以在閱讀書籍時用自己「靈魂的精細的蛛絲」布滿美麗的迂迴線路，紡織出一幅「充滿象徵的供心靈漫遊的空中掛毯」。

當我們讀到列夫‧托爾斯泰（Leo Tolstoy）的作品時我們就可以在自己的家裡，既感受到旅行，又感受到暴風雨；看到閃電的光輝，感到陣陣疾風。體會到主人公的全部印象。當想像涉及到小說中所描寫的人物時，他們將變得有血有肉，栩栩如生。

聯想能帶給讀者一個可以自由翱翔的天空，但絕對不是隨意的胡思

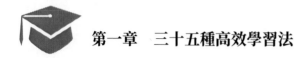

亂想。

聯想首先是建立在充分理解基礎上的。要想展開聯想，就必須認真閱讀和仔細體會文章的意思，一旦領悟，想像就接踵而來了。

唐代著名詩人李白的《秋浦歌》裡寫到：「爐火照天地，紅星亂紫煙。赧郎明月夜，歌曲動寒川。」如果我們知道這是一首描寫秋浦冶煉、工人勞動場面的詩，並弄懂了每一句的大意，那麼我們就想像出詩歌所描繪的情景：通紅的爐火照亮了天地，紫色的煙霧裡飛舞著紅色的火花，被爐火映紅了臉頰的工人們在月夜裡一邊勞動一邊唱歌，豪邁的歌聲在寒冷的水面上震盪著傳向遠方。如果我們不理解詩的意思，那就很難聯想到上面提到的生動情景。

其次，聯想還要有一定的知識累積和積極向上的態度。唐朝詩人王之渙曾寫下一首膾炙人口的《涼州詞》：「黃河遠上白雲間，一片孤城萬仞山。羌笛何須怨楊柳，春風不度玉門關」。這首詩流傳千年無人疑異，然而，有自然科學家的教授卻認為，詩中「黃河」應是「黃沙」之誤。因為，若指黃河，則地理位置講不通，而黃沙直衝雲霄符合涼州以西玉門關一帶春天的氣候，況且玉門關是古代通往西域絲綢之路的必經之道，唐代開元年間的邊塞詩人又多有親身生活的體驗，一般是不會寫錯的，很可能是印刷排版時搞錯了。這樣短短的一首詩，教授的聯想就涉及到了天文、地理、歷史、文化等諸多方面的知識，如果沒有一定的知識累積是絕對做不到的。

最後，聯想不能脫離社會實踐。要保證聯想沿著正確的軌道前進，就必須保證它們基礎和起點的正確性，也就是必須重視社會實踐的作用。如果脫離了社會實踐，聯想就成了無源之水、無本之木。反之，社會實踐累積的越多、越廣，聯想的空間也越寬、越廣。

唐朝畫家戴嵩曾畫過一幅《鬥牛圖》，這幅畫被宋代一位收藏家珍

藏。這位收藏家經常炫耀說：「戴嵩的《鬥牛圖》，形神兼備，不失大家手筆。」一次偶然的機會，這幅畫被一位牧童看見了，他搖著頭說：「這幅畫畫得不像，兩頭牛相鬥時，力氣都用在牛角上，尾巴夾在兩腿中間，畫上的兩頭牛，卻把尾巴翹得高高的。」這位收藏家不信，便親自跑去觀看兩牛相鬥的情景，這才相信牧童說的。由此可見，如果脫離社會實踐，再出名的畫家也會出錯。書籍是一座宏偉壯觀，蘊藏豐富的殿堂，而聯想則是打開殿堂的鑰匙，一經掌握，將像變魔術一樣：藝術作品活靈活現，人物形象有聲有色，以前從未察覺到的萬紫千紅，百花爭豔的場面將出現在你的面前。

聯想就像神話故事裡的飛毯一樣，只要學會駕馭它，就能隨時隨地的飛往任何地方。

㉔ 忘卻是為了更好的記憶 —— 忘書學習法

記憶的目的是為了便於思索、緩解和運用。有條理的「忘記」也是這樣。

—— 編者

德國物理學家愛因斯坦從小就迷戀物理學，在創立了著名的相對論後，聲譽鵲起，一躍而被視為當時最偉大的科學家。按說，這位物理學界的泰斗對不鏽鋼的成分這種簡單的知識應該是瞭若指掌的吧。然而，當有人問他這一問題時，他居然建議人家說：「你去查查《冶金手冊》吧。」又有人問他從紐約到芝加哥有多少英里，愛因斯坦聳聳肩，坦率而又俏皮地說：「實在對不起，我記不住，你可以去查《鐵路交通》。」

對這樣簡單的問題，難道愛因斯坦真的不知道嗎？回答當然是否定的。對這件事，愛因斯坦是這樣解釋的：「我從來不記在辭典上已經印有的

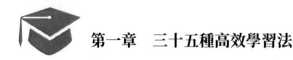

東西,我的記憶是用來記書本上還沒有的東西。」愛因斯坦的讀書方法是:在閱讀過程中找出可以把自己引向深處的東西。而拋棄使頭腦負擔過重和會把自己遠離重點的一切東西。透過這種方法,去蕪存菁,掌握要點,吸取有益的核心知識。愛因斯坦的這種讀書方法就是「忘書讀書法」。

提到忘書讀書法,一定會有人問:「如果把讀過的書都忘了,那不是失去了讀書的意義嗎?」其實不然,我們這裡所說的忘記,並不是要把我們讀到的知識從大腦中徹底抹掉,而是透過另一種方式儲存在大腦中。

在當前資訊社會裡,人們的大腦每天要承受來自各個方面的大量資訊,要想把讀過的書每句話都記住,對大腦無疑是個沉重的負擔,實際上也是辦不到的。更何況有些書根本就不值得背。

當然這並不是說我們看書就可以走馬看花,不求甚解。對一些需要我們記憶的東西我們還是要記住的。比如:幾何學的定理、公式,化學裡元素的分子量等等。雖然有一些書籍的詳細內容不需要我們記憶,但我們卻要記住它們的「門牌號碼」,以後用到時,就可以按號查找了。像愛因斯坦,他顯然是瀏覽過《冶金手冊》、《鐵路交通》這類書籍。因此,人們讀書後,對一般的材料只要記住「門牌號碼」,知道什麼材料到什麼地方去找就不必再費力背誦了。這就可以把記憶的任務讓書籍為我們分擔一部分,而把主要精力用來記住最重要的和經常要用的知識。

知識的儲存有外儲與內儲兩種。外儲就是儲存在大腦之外的知識,如作筆記、記卡片、編索引還有工具書、電腦等。內儲,是指把所需的知識儲存在自己的大腦這一資訊庫裡。兩者不可偏廢,忽視知識內儲的人,會導致思想遲鈍;忽視知識外儲的人,不是記憶負擔過重,就是累積太少,供不應求。理想的讀書境界,應該是使自己的記憶體知識和外存知識形成一個有機的知識體系,造成一個溝通創造性思維道路的知識之網。

記憶的目的是為了便於思索、理解和運用，有條理的「忘記」也是這樣。

如果忘記可以解放一部分腦力來發展創造，那麼，讀書時不妨適當的忘記。

㉕　憑個人的愛好讀書 —— 興趣學習法

真正有興趣的學習都有幾分遊戲的快樂。

—— 羅蘭（臺灣作家）

長期以來，一提起讀書，很多人都認為讀書一定要有明確的目的。例如：學生要為學習而讀書；作家要為創作而讀書；老師要為教學而讀書。其實，在工作或學習之餘利用閒暇時間，憑藉自己的興趣，輕鬆自在地讀一些自己喜歡的書，雖然目的不十分明確，但也不能不稱之為一種很好的讀書方法。

柏拉圖曾說：「強迫學習的東西是不會保存在心裡的。」讀書也是這樣，拿起一本自己一點都不感興趣的書，是無論如何也讀不下去的，即使強迫自己讀了，那也是走馬看花。

英國小說家毛姆（William Somerset Maugham）就非常贊成興趣讀書法。他說「不論學者們對一本書如何評價，縱然他們異口同聲地大加讚揚，若是它不能引起你的興趣，對你來說，這本書仍然沒有多少味道」。而 —— 旦對一本書有了興趣，養成了閱讀的習慣，「就等於為自己築起了一個避難所，生命中有任何災難降臨的時候，往書本裡一鑽，是個好辦法」。毛姆接著又風趣地說：「不過，我指的災難，並不包括飢餓的痛苦和失戀的悲哀，這兩者光靠讀書是緩解不了的。然而，身邊放五六本精彩的偵

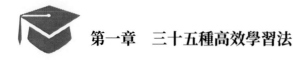

探小說，手捧一個熱水袋，卻能使人不在乎患了重感冒。」

　　興趣讀書法往往可以使我們憑興趣去選擇讀物；憑興趣去閱讀文章的某些章節而跳過不感興趣的部分；憑興趣決定閱讀的數量和時間。我們透過這種看似無目的的閱讀，不但可以尋求娛樂和心理的滿足，而且還受到情感陶冶，獲得精神上的享受。

　　有作家在介紹讀書經驗時說：「我這個人讀書全憑興趣，雜亂而散碎。」他在談到自己憑興趣來讀文學作品的經歷時，有過一番精彩而直白的陳述。他說：「讀《論語》我討厭《鄉黨》，讀《詩經》我只愛風、雅。佩服荀子的觀點，卻喜歡孟子的大氣磅礴。讚美莊子的文章寫的漂亮，卻膩味莊子遊戲人生，念他的文章也就不努力。因酷愛《史記》，便冷淡了《漢書》。三曹父子，死活看不上曹丕。兩晉名家雖多，只因憎惡兩晉風氣，連對陶淵明的敬意都很勉強。我熱愛唐代詩文，偏對元（元稹）、白（白居易）心存芥蒂……

　　有一位鄧姓作家在談到讀書方法時也說：「當一個人接受了文學理論的正規訓練後，讀書往往受到束縛，再沒有以前讀書那種完全投入、如醉如痴的快感了！」只有「興趣所至」地閱讀，「才重又享受到了讀書的樂趣」。他說「倒是那些隨意而讀、興趣極濃、全心投入、不抱什麼學習借鑑目的而讀的『閒書』，久久不忘，在我寫作時有形無形得到了幫助。」

　　鄧姓作家還在文章中提出：「讀小說、雜書、閒書，大可不必給自己定太多規矩，哪本有興趣讀哪本。法國的西蒙得過諾貝爾獎，可是我不懂，讀起來自然沒有興趣，略翻翻知道個大概算完。某個作家雖然名氣不如西蒙大，但我讀了入迷，就多讀兩遍。……讀托爾斯泰、歐諾黑·德·巴爾札克（Honore de Balzac）自然高尚，讀梁羽生、瓊瑤也沒什麼不應該。文學的欣賞水準是逐步提高的，只要內容健康，管它是通俗文學還是純文

學,是世界水準還是不夠水準,哪本讀來有興趣讀哪本,自己滿意就好。」

　　當然,興趣閱讀也有它負面的影響。健康、高尚的興趣閱讀,可以在娛樂中受到美的教育,並獲得有關社會、生活、自然等多方面的有益知識。而缺乏選擇的興趣閱讀卻為一些內容消極、趣味低級、愚昧落後的書刊提供了傳播的機會。尤其是青少年,會給他們帶來很多不利的影響。所以家長和學校一定要給予正確的引導。此外,興趣閱讀容易導致一種懶散盲目的閱讀傾向,所以,讀書時不能把這種讀書方法作為主導,應把它作為其他讀書方法的輔助方法。

　　不論做任何事情,只要在感興趣的基礎上,就能發揮人的最大潛能。

26　充分發揮自己的優勢 —— 個性學習法

> 一個人不論賦有什麼樣的才能,他如果不知道自己有這種才能,並且不
> 形成適合於自己才能的計畫,那種才能對他便完全無用。
> 　　　　　—— 大衛・休謨(David Hume,英國哲學家)

　　俗話說:「駿馬能歷險,耕田不如牛;大車能載重,渡河不如舟。」「舍己以就短,智者難為謀。生才貴適用,慎勿多苟求。」意思是說,事物有長短,如果揚長避短,自能事半功倍。那麼,什麼是個性讀書法呢?我們說,人的性格、才能、基礎、興趣、氣質、潛力各不相同。如果能夠正確地認識與解剖自己,根據自身的情況和特點,最大限度地發揮自己的才能和潛力,就能達到高速度、高品質的讀書。這就是個性讀書法。

　　讀書要取得成果,就必須清醒地評價自己、估量自己、揚己之長、避己之短,充分發揮自己的優勢和潛力。

　　不知讀者是否知道現代文學家郁達夫棄醫從文的故事呢?郁達夫祖上

世代行醫，他到日本留學，也是學醫。當時學醫必須學德語，郁達夫經過努力學習懂得德語後，讀了大量歌德、海因里希・海涅（Christian Johann Heinrich Heine）、席勒（Friedrich Schiller）等人的作品。文學作品吸引了他，並對文學創作產生了濃厚的興趣和欲望。這時，他了解到自己從文比學醫更為合適，便棄醫從文。數年後，蜚聲文壇。

　　古代一些思想家早就十分重視對人的性格的研究，並留下許多寶貴的見解。隨著科學的進步和發展，對人的性格的分類更為科學了。一些專家從生理特徵、心理特徵來劃分不同類型的人。了解這種類型的劃分對讀書學習是十分重要的。青年朋友可根據自己屬哪種類型的人，來確定自己的讀書方法。

　　從人的生理特徵上來分，可以把人分為「貓頭鷹」型、「百靈鳥」型和混合型三種。

- 「貓頭鷹」型：這類人一到夜晚，腦細胞隨之轉入興奮狀態，思路敏捷，精力旺盛，文思泉湧，讀書效率極高。法國作家福樓拜（Gustave Flaubert）喜歡挑燈夜戰，由於他的房間坐落在賽納河畔，所以人們都習慣地把他視窗的明燈稱之為賽納河上航行的「燈塔」。

- 「百靈鳥」型：這類人在金雞報曉之時，大腦細胞呈現出異常活躍的狀態。因此，在白天特別是清晨讀書效率較高。德國哲學家康德更是三十年如一日，早晨五時起床讀書和寫作。

- 混合型：這類人不如「貓頭鷹」、「百靈鳥」型腦細胞興奮期受時間控制的現象明顯。只要在充足的時間休息後，就能夠高效率地讀書學習。屬於混合型的人，只要利用最有利的時間讀書學習，一定可以取得較好的讀書效果。

從人的心理特徵來分，可以把人分為混合型、經驗型和探索型三種。

- **混合型**：這類人勤於探索，但又時有傳統思維的束縛。這類人，就要正確掌握自己，根據自己的需要來選擇最佳的讀書方法。

- **經驗型**：這類人在讀書時，基本上是循序漸進地閱讀學習。這種類型的人善於思索、推理。在讀書過程中，他們對前人的觀點、結論善於認真研究，以便更好地吸收為己所用。但是，這類型的人，最大的弱點，就是缺乏創造性。因此，在讀書時，必須克服畏懼的心理，充分發揮自己的聰明才智，增強創造因素，使讀書更加扎實、牢固。

- **探索型**：這類人才思敏捷，不畏風險，勇於探索和向權威挑戰。他們對自己的理想和信念，堅定不移，並有著豐富的想像力和創造力。例如亞里斯多德（Aristotle），他先在柏拉圖（Plato）門下學習，後來，他不肯盲從，勇於探索，終於擺脫了柏拉圖學說的束縛，而成為世界上第一個卓有成就的生物學家。

每個人應充分了解本身的特殊性格，並要善於發揮，如美國前總統亞伯拉罕·林肯（Abraham Lincoln）有個習慣，每當他坐在椅子上讀書時，總是把腳放在桌子或窗臺上，並使身體向後仰。他這個習慣是年輕時在雜貨鋪工作時養成的，一直延續下來。據說換一種方式讀書，效果就會明顯下降。還有湯川秀樹習慣於夜間躺在床上產生靈感，他關於傳遞核力的介子的預言，就是這樣產生的。

從上述實例可以看出讀書有不同的最佳效率時間，也就是最佳用腦時間。在這個時間裡，人的腦細胞處於高度興奮狀態，富有創造力和想像力，大腦接受資訊、整理資訊和儲存資訊的效率，比其他時間要高。在自己一天中最佳效率時間用腦堅持下去，就容易獲得比較顯著的效果。

就多數人的感受而言，清晨是用腦的黃金時刻，那就應該普遍利用，不可輕易拋棄。

我們生命的節奏，竟是這樣隨著晝夜的交替而有規律地波動。那麼，怎樣才能充分利用一天中最顯效的時間呢？

- **摸清規律**：就是透過平時讀書的觀察和體驗，摸清自己用腦的最佳時間。那麼，一個人一天中哪個時間用腦效率最高？很難做出固定不變的答案。這要因人而異，即便是同一個人，隨著身體、環境和年齡的變化，也會有所不同，全憑自己在平時的讀書學習時，去感受、揣摩、發現和總結。可見，摸清自己用腦的最佳時間，是充分利用它的前提。

- **恰當安排**：就是把艱深的學習內容和創造性的腦力勞動，盡可能安排在每天的最佳用腦時間去做。而在其他時間裡，學習一些相對輕鬆的東西。總之，透過恰當的安排使不同精力狀況下的時間都得到合理充分的利用。

- **堅持經常**：就是把每天在最佳時間用腦堅持下去，養成習慣。堅持長期利用最顯效的時間學習，就像條件反射一樣，每到這段時間，頭腦就異常活躍起來，從而產生強烈的求知欲和創作欲。正如一位從事新聞工作多年的老同事所說：「習慣的力量比理智更加有恆，一旦自己利用最佳時間讀書和寫作形成習慣，到了時間不學不寫，就像早起不刷牙不洗臉那樣難以熬過。」

莫要擾亂自己身上的「生理時鐘」，要充分利用它所鳴報的最佳時間去讀書和創造！只有這樣，個性讀書之花，才能結出豐碩的知識之果。

27　知識和智慧在群體中閃光 —— 群體學習法

個人如果單靠自己，置身於群體的關係之外，顯身於任何團體民眾的偉大思想的範圍之外，就會變成怠惰的、保守的、與生活發展相敵對的人。

—— 高爾基（蘇聯文學家）

在知識經濟時代，如何在有限的時間內努力跟上時代的步伐，增長知識與世界同行？這裡向青年朋友介紹一種簡便易行的讀書方法 —— 群體讀書法。它將對你的讀書學習大有裨益，將伴你在知識大潮中，做時代的勇者！

什麼是群體讀書法呢？顧名思義就是和大家在一起學習、討論，以達取長補短共同提高之目的。

我們都生活在一個社會群體中，年齡有老有少，知識和學識不盡相同，知識水準也各有高低。但由於求知欲、上進心和興趣以及環境等主客觀因素，人們便有機地組合在一起，進行讀書學習，發明與創造，共闖難關。因而，我們稱之為群體讀書。群體讀書法具有以下五大特點：

- **自覺性高**：由於學習群體志願組成，又志同道合，興趣相近，有一定的凝聚力，因此都有較高的主動性、積極性和自覺性。在這樣的群體中一定能取得較好的讀書效果。

- **學以致用**：一般來講，讀書都有一定的目的，概括地說學是手段，用才是目的。反過來，應用又會促進更深入的學習，並鞏固以往所學的知識。群體讀書法是一種學用結合的方法，可將自己的疑難問題交大家一起討論，重大疑難問題還可以組織起來，聯合攻關，以達釋疑解難的目的。

- **發揮特長**：在這個群體中，每個人的智力、實踐和閱歷都是有限的，

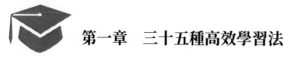

有的人學識淵博，但實踐經驗不足；有的人踏實肯做，但基礎很弱。總之是「寸有所長，尺有所短」，各有千秋。取眾人之長，補己之短可說是群體讀書法的顯著特徵。

一般來說，年輕人雖然缺乏經驗，但身體好，精力充沛，思想活躍，敢想敢做，並有一定的創造性；中年人年富力強，也有一定的經驗；老年人雖有些保守，但經驗豐富，處事謹慎。可以說，在這個群體中，每個人的特長，可充分發揮，因此能取得較好的效果。

- **開闊思路**：群體讀書法運用大家的鑑別能力，可以排除個人思維的負面影響和偏激，從而保證每個成員調整思路。同時，不同的認知和見解，透過充分討論，不但對問題有了更深的理解，而且使每個成員的思路開闊，拓寬自身的知識面。

- **克服自卑，樹立自信**：自卑往往是由於自身的知識水準較低，經驗不足，技能不高，以及客觀條件不好等諸多因素引起的。產生自卑感後，往往是妄自菲薄，自己看不起自己。在學習群體中，大家平等相待，沒有高低貴賤之分，誰都有長處，人人都是學生，同時人人又都是老師，誰都有機會為別人講解知識，這就有利於調整人的自卑心態，重新樹立自信心，正確認識自己。

讀書群體的組成以志願為原則，志願參加，自由組合。興趣相投的人組合在一起，這樣就會有較高的主動性和積極性，能增強大家的參與意識和活躍程度。

一般來說，群體讀書法以下述兩種較為典型和實用：一種是集中讀書，提出問題，一起討論，然後每個人根據問題的分工，分頭去查閱資料，進一步理解和消化，再集中討論，每個人暢談查閱資料後的體會和理解。另一種是提出課題，各人分頭學習，再集中討論，提出見解，最後是

綜合。通常，前者多用於學習新知識，後者多用於應用提高。

　　在群體學習中，雖然都是志願的，學習的氛圍和環境較好，但要堅持以下幾項原則：

- 第一，在學習中應謙虛好學，不恥下問，知之為知之，不知為不知，不要不懂裝懂。
- 第二，在群體內人與人之間是平等的，沒有任何學歷、職務、資歷的等級之分，所有人都應一視同仁。
- 第三，共同維護討論的自由氣氛，不要搞「一言堂」，更不能輕易地否定別人或嘲諷別人。
- 第四，不要保守，不要有嫉妒心理，要互相幫助，共同提高。

　　一個人，只有把自己融入群體中，他的聰明和才智，才能像火山一樣迸發出來。

28　為用而學未為晚 ── 用而求學學習法

> 要培養自己在書籍的幫助下，進行工作的本領和技能。
> ── 尼古拉・魯巴金（Nikolay Alexandrovich Rubakin，俄國作家）

　　在眾多的讀書方法中，有一種目的最明確、收效最直接的方法 ── 用而求學讀書法。馮英子在談到他的讀書經驗時曾說：「人說學以致用，我倒是用而求學，倘說我的讀書生活，其實就是一面工作，一面學習的過程。書到用時方恨少，我是為了用而逼著自己去學的。這種用而求學的學習方法，可以獲得立竿見影的效果。」

　　俗話說，為學而學，煙雲飄過，為用而學，人心揣摩。單純地為學而學，讀過的東西像過眼雲煙，很難留下印象。為用而學就會細心揣摩讀過

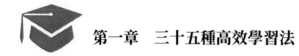

的東西，以資借鑑，在頭腦中留下深刻的烙印。現在許多進入職場後在學習事業上有所成就的人，幾乎都走過這條路。

既然用而求學的讀書方法能給我們帶來豐厚的收穫。我們怎樣利用它呢？

首先，是邊想邊讀。這裡的「想」，即指創作的欲望，創作的構思過程。我們讀書的目的，不是為了讀書而讀書，應學以致用，學用結合。就寫作來說，你要寫哪一種體裁、風格、流派的文章，你就去讀這種體裁、風格、流派的作品，反覆地閱讀，讀懂、讀通，仔細地推敲，靈活運用書上的一切。當然，對於自己想寫的東西，則必須意由己出，形隨意變，不能因襲別人的觀點，死記別人的句子。這種閱讀方法吸收量極大，效能極高。

蘇聯作家尼古拉·奧斯特洛夫斯基（Nikolai Alexeevich Ostrovsky）青年時參加革命，軍旅生涯經歷很豐富。後來他身患重病，行動不便，就想把自己的經歷寫成小說。有了這個願望，他開始閱讀別人的作品，如醉如痴。經過兩年的累積和學習，他再也按捺不住創作的欲望。幾經周折後，著名的《鋼鐵是怎樣煉成的》（*The Making of a Hero*）終於問世並獲得了巨大的成功 —— 主人公保爾是年輕人的偶像，保爾的精神激勵了整整一代人！奧斯特洛夫斯基讀活了別人的書，更讀活了自己的經歷和自己想寫的書。

其次，是邊寫邊讀。寫是對自己讀書效果的鑒定，讀是補救知識不足的措施。邊寫邊讀，可以推動讀書向深入發展，逼著你更專心地讀書，更全面地收集參考書籍和資料，更深刻地領會書籍的含義，進一步提高思考能力和創造能力。

我們每個人都會有這樣的經歷和體會：當接受一項新的工作任務時，儘管自以為有一定的知識累積，但一動手就暴露了自己的無知，發現了學

習上的漏洞。正是書到用時方恨少。

　　重新學習使我們又獲得了能量。因為知識是前人生活工作經驗的結晶。不斷地讀書學習，知識的累積就越豐富，我們遇到的難題和困難就不難解決了。只有這樣不斷地實踐、學習，再實踐、再學習，我們才能不斷地進取。正如一位作者所言：常嫌不足，學海無邊，茅塞頓開，得宜匪淺。

　　書到用時方恨少，急來臨時「抱佛腳」。為用而學未為晚，立竿見影有成效。

29 無書仍可讀書 ── 回憶學習法

思想之流持續不斷，但它的大部分內容卻失落在遺忘的無底深淵，有一些是當下就立即被遺忘了，另一些在記憶中保持了幾分鐘、幾小時或幾天，再有一些則在記憶中留下了不可磨滅的烙印，由此可以終生被回憶起來。

── 威廉・詹姆斯（William　James）（美國心理學家）

　　巴金曾在《讀書》雜誌上撰寫的一篇文章裡談到這樣一件事：「我第二次住院治療，每天午睡不到一小時，就下床坐在小沙發上，等候護士同事兩點鐘來量體溫。我坐著一動也不動，但並沒有打瞌睡。我的腦子不肯休息，它在回憶我過去讀過的一些書、一些作品，好像它想在我的記憶力完全衰退之前，保留下一點美好的東西。」這就是著名作家巴金的一種讀書方法 ── 回憶法。

　　所謂「回憶讀書法」，就是靜坐在那裡，回憶曾經讀過的書。這是一種奇特的讀書方法，因為它是在沒有書的情況下進行的。

　　「回憶讀書法」有什麼好處呢？

　　首先，使用回憶讀書法不受條件限制，可以充分利用時間，在沒有書

的情況下，仍可讀書。漢末女詩人蔡文姬，博學多才，精通音律。漢末戰亂時流落匈奴十二年。曹操當丞相後，顧念她父親的著作在戰亂中散失，需要能人整理，於是以重金將蔡文姬贖回歸漢。曹操命她整理父親的著作，蔡文姬憑記憶，透過回憶將父親已散失的書籍文稿整理、默寫出來四百餘篇，為繼承和發揚民族文化做出了重要貢獻。

其次，使用回憶讀書法，溫故而知新。

將過去讀過的書一點點地進行咀嚼，就像牛反芻一樣，能使我們進一步的消化吸收。我們每回憶一次，都會有新的理解，新的認知，新的收穫。人們在學習寫作的時候，就是透過反覆回憶曾經讀過的書，加以分析、構思，最後形成我們新的作品的。

另外，透過回憶讀書法，我們還能夠不斷地從讀過的書中吸取精神力量。當我們遇到困難、和疾病做鬥爭時，就會從讀過的各種作品中得到鼓舞，戰勝困難和病痛。史蒂芬·霍金（Stephen William Hawking）不就是不斷地從讀過的書中得到力量，得到知識，戰勝病痛，取得成功的嗎？

回憶讀書法有多種形式。我們怎樣利用此法幫助我們學習呢？

- **用嘗試回憶法幫助我們記憶學習過的知識**：我們將看過的書、學過的知識，看一點，記一點，寫一點，循環往復。每記一段一節一部分內容時，就合上書本回憶一下，再用筆寫出來。透過這樣有意識的記憶和想像，再把它回憶出來，有助於我們牢記學過的知識。

  具體做法是，第一次記內容 A，二十分鐘後複習 A，兩天後憶 A 記 B，想不起來的 A 再和 B 一起記，二十分鐘後再複習沒有記住的 A 和新記的 B，兩天後再回憶 AB。這樣反覆進行下去，看似費時，其實是事半功倍。

- **用聯想回憶法「牽引」而回憶起有關聯的另一事物，一步步地把我們所需的材料回憶出來**：這種方法在我們閱讀學習中有很大作用。如回憶一些記得不牢固的歷史事件、文學形象、數學公式、物理化學公式、考試中的問答題、填空題等等，都需要我們運用聯想進行回憶。聯想回憶法可分為接近聯想回憶法、類似聯想回憶法、對比聯想回憶法三種基本類型，所以運用此法選擇何種類型很主要。在同一聯想類型中，選擇何種聯想仲介物又是十分關鍵的。選擇的好就會豁然開朗，一下子回憶起來某種材料或解題方法；選擇的不好，有時十分簡單的問題也會卡彈，百思不得其解。

- **用推算回憶法幫助我們記憶有關數字和歷史年代**：推算回憶法就是運用各種運算方法，從已經記住的數位，推算出需要記憶的數位。比如有些事件本無因果關係，但相隔時間恰好是十年。所以就有規律可循。

運用回憶法應注意以下問題。

首先，我們要有毅力和判斷力。當急需某種材料而又由於種種原因回憶不起來時，要有毅力克服困難，努力尋找有關線索。對回憶起來的材料，要分析判斷，去偽存真，從多方面驗證回憶的結果。

其次，回憶中要注意排除干擾。有時相似材料的混淆，某種材料的反覆重現，都會阻礙所需材料的重現；過度的疲勞，環境不適、情緒緊張，也會造成大腦抑制，妨礙回憶。這時，不妨中斷回憶，轉移注意力，放鬆鎮靜一下，解除大腦的抑制狀態後再進行回憶。

回憶可以打開記憶的閘門，讓所學的知識，滔滔汩汩地流淌出來。

30 善於利用時間的邊角餘料 —— 二十五分鐘學習法

普通人耗神於如何打發時間，精幹的人卻耗神於如何有效利用時間。
—— 叔本華（Arthur Schopenhauer）（德國哲學家）

當今社會生活節奏加快，資訊瞬息萬變。時間對於每個人來說，是那樣的重要和寶貴！在激烈的競爭中，人們逐漸懂得：如果不掌握時間讀書來盡量充實自己，掌握更多的資訊，就會被迅速發展、日益變化的社會所淘汰。

凡在事業上有所成就的人，無一不是利用時間的能手。

毋庸置疑，讀書貴在堅持。歷史上的名人，許多是堅持每天讀書的。愛迪生給自己規定，每天要讀書。史達林（Joseph Jughashvili Stalin）每天日理萬機，但他的桌子上總是放著很多書刊。別人問他：「您有時間讀這些書嗎？」史達林笑著說：「無論如何，我每天要讀五百頁書……這是我的規定」，「這是我在監獄裡和流放中學會的」。

每天能有大量的時間來讀書固然不錯，然而，對於整天忙於繁雜工作事務的上班族或被繁重的功課壓得喘不過氣來的學生們來說，要每天拿出兩三個小時的時間來讀書，幾乎是無法實現的奢望。在這種情況下，如果能堅持每天用零碎時間讀一點書，久而久之，也會積少成多，見到成效。這就是本篇將要介紹的「25 分鐘讀書法」。

根據美國某位心理學家和效率研究專家的研究，人能夠集中精力的限度是 25 分鐘，如果超過 25 分鐘，就要分散精力。所以，每天拿出 25 分鐘的業餘時間集中精力讀書，這種方法就叫做 25 分鐘讀書法。

心理學實驗證明，人們在 25 分鐘的時間裡，一般的書可以讀 20 頁，

約 15,000 字。如果每天堅持，一個月就是 600 頁，一年的閱讀量就相當於讀 24 本 300 頁的書。

每天 25 分鐘從哪裡來？如果安排合理，這點時間並不難擠出。除去睡眠時間不宜壓縮外，其餘如吃飯、做菜、採購、娛樂、家務等等都是可以壓縮的。在這方面，前人給我們做出了很好的榜樣。歐陽修利用「三上」時間（馬上、枕上、廁上）讀書；阿爾弗雷德・魏格納（Alfred Lothar Wegener）在生病臥床時，仍不忘讀書，於是對南美大陸東海岸與非洲大陸西海岸的形狀相似產生了疑問，因而開始研究「大陸漂移」理論。除此之外，蘇聯著名昆蟲學家亞歷山大・亞歷山德羅維奇・柳比歇夫（Alexander Alexandrovich Lyubishchev）利用零碎時間學習的事例，不僅十分感人，而且更具有說服力。

柳比歇夫說：「我在植物保護研究所工作的時候，常常出差。一般我要帶一定數量的書上火車。如果是長期出差，我就把書打成郵件，寄到工作的地點。」

「在路上看書有什麼好處？第一，路途的不便你感覺不到，很容易將就。第二，神經系統的狀況比在其他條件下良好。」

「坐電車，我看的不是一種書，有三種書。如果是從起點站坐起，那就可以有位子坐，因而不僅可以看書，還可以寫字。如果電車很擠，有時候只能把著扶手杆勉強站住，那就需要小冊子而且要比較輕鬆的。」

柳比歇夫在其短促的一生中，發表了 70 餘部學術著作，寫了 12,500 多張打字稿的論文專著。他取得這麼多令人吃驚的學術成就，顯然是與他善於利用「零碎時間」來讀書學習分不開的。

蘇聯歷史學家鮑里斯・亞歷山德羅維奇・雷巴科夫（Boris Alexandrovich Rybakov）說：「時間是個常數，但對勤奮者來說，是個變數。用

『分』來計算時間的人，時間要多 59 倍。」無論是科學研究還是前人經驗都雄辯地證明，每日堅持讀一點書，哪怕只有 25 分鐘，只要能堅持下去，必有好處。

但是要切實施行 25 分鐘讀書法，並不是毫無問題。萊利博士曾說，雖然實行了 25 分鐘讀書法，但是確實做好的只有最初的幾個月，以後就停止了。要想等待以後有 25 分鐘的時間再繼續做下去，結果是「明日復明日，明日何其多」。過了一週，甚至於過了一個月，也無法再開始。

英國教育家赫伯特‧史賓賽（Herbert Spencer）在《教育論》(*Education: Intellectual, Moral and Physical*) 中說：「必須記住我們學習的時間是有限的。時間有限，不只由於人生短促，更是由於人事紛繁。我們應力求把我們所有的時間用去做最有益的事情。」因此，要想改變拖延的惡習，必須下決心在每天早上開始工作前，就爭取二十五分鐘的時間來讀書。必須養成習慣，每天切實堅持掌握住 25 分鐘來讀書。那些成就卓著的歷史名人尚能在百忙中擠出零碎時間來讀書，對我們普通人來說，每天擠出 25 分鐘來，就更應該不成問題了。

對於普通人來說，每天利用 25 分鐘的零碎時間來讀書，不僅可以增長知識，而且好處多多，樂趣多多：煮飯的時候，可以聽聽音樂；欣賞音樂的時候，可以翻閱雜誌報紙；打毛線的時候，可以互相「吹牛」、聊天，交換資訊，讀「無字書」；坐火車、乘輪船的旅途空閒中，可以追劇、學英文、看看書報……

也許就在這精力集中的 25 分鐘裡，你的思維插上了聯想的翅膀，天馬行空，無邊無涯；也許一些奇特閃光的思想、才華橫溢的文章、富有靈感的科研設計之類的才情火花，便奇蹟般地迸濺出來了。生命在於運動，情思在於動腦。寧靜固然利於創作，但乘車坐船時的晃動，似乎更可以達

到歐陽修寫《醉翁亭記》時的飄然境界，這也許是車船兩邊不斷閃動變化的自然景觀所觸發的產物。這種「人閒心不閒」的內在活動，填補了人身運動中的時間空白。

如果我們在一天的開始，即使心中很厭煩也耐心地找出時間來讀書，當充分享受到上述「零敲碎打」的讀書樂趣並逐漸養成讀書習慣以後，恐怕「假如有時間再說」之類的藉口就不會再脫口而出了。

捷克人文主義思想家、教育家柯美紐斯（Johann Amos Comenius）在其著作《大教學論》（*Great Didactic of Comenius*）中指出：「時間應分配得精密，使每月、每天、每小時和每分鐘都有它特殊的任務。」其實，我們所說的 25 分鐘讀書法，就是要求使用這種讀書方法的讀書者珍惜時間的每分每秒，充分利用所有零碎時間來讀書。如果實在擠不出 25 分鐘，那麼 20 分鐘、15 分鐘甚至 10 分鐘也未嘗不可。只要能堅持，同樣能達到殊途同歸、異曲同工之效。

威廉・奧斯羅爵士（Sir William Osler）是德國當代最傑出的病理學家。當今許多著名的醫生都是他的門生，他編寫的醫學教科書培養了許多醫學人才。

奧斯羅的成就不僅僅是由於他有著淵博的醫學知識，而且因為他具有豐富的各科知識。他是一位文化素養很高的人，他對人類歷代的成就和思想成果很感興趣，他很清楚地告訴人們，要了解人類最傑出成就的唯一方法就是讀前人寫下的東西。但是，奧斯羅有著一般人都存在的關於讀書的困難：工作繁忙，在醫學院任教，除了吃飯、睡覺、上廁所的幾個小時以外，他很少有其他時間。

為此，奧斯羅很早就想出了解決這個問題的辦法。他把睡前 15 分鐘用來讀書。如果就寢時間為晚上 11 點，他就從 11 點讀到 11 點 15 分。如

果研究工作進行到凌晨 2 點，那麼他就從兩點讀到 2 點 15 分。他一旦規定這麼做，在整個一生中就再不破例。有證據說明，在一段時間之後，如果他不讀上 15 分鐘的書就簡直無法入睡。

其實，解決的辦法並非一定是就寢前 15 分鐘，這 15 分鐘或許是一天的其他什麼時間，即使是在排得最滿的時間表中，大概也會有不止 15 分鐘的空餘時間在什麼地方藏著。

在第一次世界大戰的最後一年，奧斯羅正在軍隊服役。服役期間他的讀書量簡直大得驚人。每天，士兵們都要進行一個小時的佇列操練，在這一小時當中，起碼要有一段比較長的休息時間。「稍息」令下達後，他就換個角度去鑽研問題，把所學的知識豐富、完備。這樣一來，那些當初困擾我們的難題，很可能已不稱其為難題，頭腦中的疑問也就會迎刃而解，所有的困難更是不攻自破。

奧斯羅在醫學之外的博學多聞足以與其職業專長相媲美，這正是依賴於他在每天 15 分鐘裡讀書獲得的業餘修養。在英國文學方面，他被稱為研究十七世紀散文大師湯瑪斯‧布朗（Thomas Browne）的權威，他所收藏的布朗著作也是最完整的。奧斯羅在醫學教育和研究上有許多改革，在臨床醫學上有許多創新，均為人所稱道。

在一個人的一生中，如果不間斷地每天利用時間的零碎時間來讀書，可以培養多麼廣泛的興趣，可以涉及到多麼豐富的學科知識！

31 東方不亮西方亮 —— 迂迴學習法

學者讀書，先於易曉處沉涵熟複，切己致思，則他難曉者，渙然冰釋矣。先看難曉處，終不能達。

—— 陸九淵（南宋哲學家）

李副教授，是一個由普通工人而自學成才的成功者。當初她自學時，沒有老師的輔導和指點，在學習過程中遇到了許多難以想像的困難。有一年，她用僅有的薪資千辛萬苦買了一套五卷十一冊的高等數學課程。可是，打開這套書的第一冊，李女士不由得愣住了：艱澀的術語，複雜的公式，簡直像「天書」一般令人頭暈目眩。

碰到一本難懂的書，怎麼讀下去呢？

對此，李女士採取了一種迂迴讀書法，這本書鑽不通，就找來另一本內容相近而寫法不同的書，藉此打開通往第一本書的道路。如果還打不開，就再借助另一本……這種方法有點像在海灘礁石中拍照：你想到前面的一塊礁石上去，如果一步跨不上去，可以左一跳、右一跳地過去。讀書也是如此。透過語彙穿插，步步逼近，難懂的書就可以讀下去了。當初，僅這部高等數學課程的第一卷，李女士就讀了四年時間，其中不少時間就是花在「跳礁石」上的。

難題，是我們在讀書時經常遇到的。有時碰到個障礙，十天半個月也攻不下來，使許多人為此急得寢食難安，但仍然於事無補。因此，人們把難題叫做讀書的「阻礙」。對付這些難題，強攻當然是一法，然而，也有另一妙策可供一試。當我們碰到難啃的書時，不妨採用「迂迴讀書法」來尋找一下難題的突破點。

對於「迂迴讀書法」，科學家錢偉長有一段形象精闢的論述：「碰到小問題，不是關鍵的問題，我們為什麼不能繞過去、跨過去？比如走馬路，會有很多障礙，有溝、石塊什麼的。有的人碰到溝、石塊，他非得把溝填滿，把石塊搬掉才肯過去，把時間和精力泡進小問題裡去了。其實，只要你跨過去、繞過去就行。學習要學習那些關鍵的東西，要大踏步往前走，走遠了再回頭來看，原來的東西就不見了。原來那些礙手礙腳的阻礙

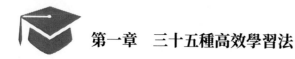

都不成問題了。如果你被一些小問題纏住，那你就一輩子也學不成。千萬不要為這些小困難停下來，那樣是捨本逐末。」

法國思想家、作家、懷疑論研究者米歇爾・德・蒙田（Michel de Montaigne）讀書也有他自己的一套經驗：「如果在閱讀中碰到什麼難懂的地方，試一兩次之後，我就不再去費心思了……要是我不小心就沉迷在一個問題上，那就不但浪費了時間，而且也使自己無所適從地迷失於其中了。」所以他就「暫時退出，另起爐灶，就像鑒賞一件鮮紅色織品的材質一樣，要把眼睛在上面多看幾次，而在每次很快地瞄過時抓住它的要點。」

由此可見，古今無數成功者的經驗都告訴我們，迂迴讀書法是一種行之有效的讀書方法。當讀書遇到一些難題時，不要讓它們成為阻礙我們讀書進程的「絆腳石」。每當這時，我們不妨採取迂迴的方法，或者從一個新的視角開闢解決問題的途徑，或者乾脆先來個「不求甚解」，暫時把它們放在一邊，繞開這些難題，繼續讀我們的書。

年輕人讀書，是為了求知，是為建設未來面積蓄才能。讀書本身應是一種充滿樂趣的活動。書是「死」的，人是「活」的。讀書不應該有什麼固定的模式或框框，讀書者更不能讓書限制死。試想，如果我們抓住某一個小小不然的問題死纏不放，花費大量時間為之苦思冥想卻不得其解，會耽誤多少寶貴的讀書時光，會剝奪多少讀書的樂趣，會失去多少博覽群書、擴大知識面的機會！

特別是在知識更新相當迅速的網路世界，也許當你費了九牛二虎之力好不容易弄清楚一個問題後，卻發現你剛剛獲得的知識在網路上幾年前就有解答，已經是陳舊知識，大量新的更多的問題又擺在你面前。如此下去，你將始終處於一種被動的位置，總要「氣喘吁吁」、疲憊不堪地忙於「掃除」讀書路上的「阻礙」，哪裡還有更多的精力和時間去讀新書，去

學習新知識呢？

　　因此，年輕人讀書切不可鑽牛角尖，要學會「迂迴讀書」：不懂的艱深問題換個角度去鑽研；暫時阻礙我們讀書的小問題先擱置一邊。

　　當然，我們給大家介紹的「迂迴讀書法」只不過是讀書方法海洋中的一朵小「浪花」，而不是「放諸四海而皆準」的「靈丹妙藥」。青年朋友在讀書實踐中，千萬不要對所有的疑問和困難都採用「迂迴讀書法」，遇到問題就繞著走。那樣，對知識總是一知半解，淺嘗輒止，終究會導致一事無成。

　　有時需要離開常走的大道，潛入森林，你就肯定會發現前所未見的東西。

32　兼學並蓄，收穫頗豐 ── 一箭雙鵰學習法

> 創造性的一個最好的標誌就在於選擇題材之後，能把它加以充分的發揮，
> 從而使得大家承認壓根兒想不到會在這個題材裡發現那麼多的東西。
> ── 歌德（德國詩人）

　　南北朝時期，有個大將名叫長孫晟，他聰明能幹，長於軍事，善於射箭。有一次，他奉周宣帝的命令，護送趙王之女千金公主到突厥國去成婚。突厥國王攝圖很看重他，佩服他騎馬、射箭的本領。當地的人聽見他猛烈開弓之聲，都驚異地稱他「霹靂」；看見他飛馬快跑的姿勢，又稱他「電閃」。攝圖挽留他在突厥住了一年，才讓他回國。

　　長孫晟在突厥期間，有一天和國王一道外出打獵。忽見空中有兩隻鵰，國王隨手給長孫晟兩支箭，請他把鵰射下來。長孫晟跑過去一看，兩隻鵰正在爭奪一塊肉，於是拉弓搭箭一射，兩隻鵰都被這一箭射中了。

　　這就是「一箭雙鵰」這個成語的來歷。後來，「一箭雙鵰」就被人們

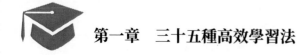

用來比喻做一件事情能同時達到兩種目的。這種事半功倍、一舉兩得的靈活方法，被許多古今學者廣泛應用於讀書學習的實踐中，形成一種獨特的讀書方法 —— 一箭雙鵰讀書法。

其實，早在宋朝，就有人採用「一箭雙鵰」讀書法來進行讀書學習了。

南宋哲學家、文學家呂祖謙，字伯恭，人稱東萊先生。著有《東萊集》、《呂氏家塾讀》等，編有《宋文鑒》、《古文關鍵》等。他曾經談到過一種讀書學文法，即透過閱讀著名文學家的範文，來學習和掌握文章的寫作方法，這也可以算做是「一箭雙鵰讀書法」的變通形式。

他說：「學問須看韓（韓愈）、柳（柳宗元）、歐（歐陽修）、蘇（蘇軾）。先見文字體式，然後便考古人用意下句處。第一看大概主張；第二看文勢規模；第三看綱目關鍵，如何是主意首尾相應，如何是一篇鋪敘次第，如何是抑揚開合處；第四看警策句法，如何是一篇警策，如何是下句下字有力處，如何是起頭換頭佳處，如何是繳結有力處，如何是溶化屈折，如何是實體貼題目處。」（《古文關鍵‧總論看文字法》）

一般的人讀書通常只抱著一種單一的目的，或為了欣賞，或為了消遣，或為了學習掌握某種知識。而呂祖謙卻使用「讀書學文法」獲得了一舉兩得的功效。他透過讀書過程中的「一箭雙鵰」，不僅欣賞到文章的精美，得到一種美的享受，而且領會了名著的精華，摸清了文章的奧妙。可以說是既讀了書，又學習了寫作。

由此可見，「一箭雙鵰讀書法」是一種應用性很強的讀書方法。使用這種讀書法的最大好處，就是能夠享受到擴大知識之樂，可以取得事半功倍、一舉兩得（乃至「數得」）的讀書效果。那麼，在什麼情況下應該使用「一箭雙鵰讀書法」呢？

其一，讀書者抱著一種明確的讀書目的，要掌握或鑽研某一學科的內

容。當他精讀一種圖書遇到阻礙，百思不得其解時，就應該使用「一箭雙鵰讀書法」，閱讀各種形式的同類書籍，如其他語言的、其他載體的甚至圖解方式的同種書籍；甚至還可以擴展到閱讀與其鑽研的學科相關的其他學科的書籍。經過這種「一箭雙鵰」的閱讀，必定會輔助、加深、擴展讀書者對該項學科的理解和研究，同時還掌握了其他的語言工具，對相關學科又有了一定的了解。

其二，如果讀書者在閱讀之前，就抱著兩種截然不同的讀書目的，那麼，在其讀書過程中，就會自覺地為實現這兩種目的引導自己的思維去解決問題。這種讀書活動，由於開始就抱著「一箭雙鵰」的目的，經過讀書過程中有意識地支配自己的讀書行為，必然也會導致「一箭雙鵰」的讀書效果。宋代的呂祖謙的「讀書學文」，便是這種情況的最佳詮釋。

其三，讀書者沒有明確的針對某項專門學科的讀書目的，只是為了掌握某種技能，比如學習一門外語，學習電腦的開發及應用等等。在這種情況下，為了讓讀書學習不至於枯燥無味，也應該使用「一箭雙鵰讀書法」。

在當前的資訊社會，人們越來越重視外語學習。許多外語學到一定程度的年輕人會遇到這樣一個情況：整天學習外語，背誦那些枯燥的單字，硬記那些生硬的語法，卻又派不上用場，並且耽誤了其他知識的學習。那麼，能否找到一種以學習外語為主，以增加各種學科知識為輔的學習方法呢？這時就用到了「一箭雙鵰讀書法」。

外語學習者可以採取翻譯外語原文文章的辦法，既能學習外語，又能掌握翻譯文章所涉及的知識，一舉兩得。例如：翻譯一篇鹽湖發電的文章，因為文中涉及鹽湖的形式、溫差發電的原理、鹽湖的分布等一系列問題，所以只有在涉及到的問題得到解答後，譯文才能通順、準確，品質才有保證。

由於所翻譯的外文文章都含有一定的資訊含量和知識內容，譯者在翻

譯這些文章時，不管其願意與否，都必須首先了解這些知識。所以，在一些故事情節或科學知識等內容「摻雜其間」之後，採用翻譯形式進行的外語學習便不再枯燥無味，反而妙趣橫生了。在翻譯文章的過程中，激發了學習外語的積極性，翻譯者潛移默化地學習理解並掌握了相對的外文單字及語法知識。不僅如此，透過「一箭雙鵰讀書法」讀書，還使外語學習者學到了外語之外的更多知識，擴大了知識面。這也可以說是外語學習的「副產品」，是一種「意外」的收穫！

當然，不論在哪種情況下使用「一箭雙鵰讀書法」，都應分清主次，時刻注意不要偏離了自己的主攻方向。比如在第一種情況下，即使閱讀學科以外的知識，也只是為加深對所學知識的理解。作為一種參考，瀏覽大概即可，絕不能鑽進牛角尖，死摳不放，使讀書時的思維逐漸游離於主要內容之外，反而偏離了主攻方向。

農夫在種植糧食時，期待的只是秋天的收穫。到秋天時卻發現秸稈也可用以作燃料、漚肥料、編制工藝品……

33 條條道路通羅馬 —— 異想天開學習法

> 越是受到壓抑的東西，就越是拐彎抹角地尋找出路。
> —— 亞歷山大‧亞歷山德羅維奇‧瓦西列夫（Alexander Alexandrovich Vasiliev，保加利亞作家）

「異想天開」這個成語，本意是指奇特的想法從天外啟發出。據考證，它最早起源於宋朝文學家蘇軾的作品。在蘇軾《次韻秦少章和錢蒙仲》（《詩集》三一）中有「鑒裡移舟天外思，地中鳴角古來聲」的詩句。詩中「天外思」，就是指來自意想不到之處想法，意即離奇的想法。

後來人們常常習慣於用「異想天開」來形容想法不切實際，非常離奇。

通常人們使用「異想天開」這個詞，大都帶有貶義。當我們把「異想天開」作為一種原則運用到讀書實踐中時，卻發現，這種讀書方法不僅已脫離了原詞所具有的貶義，而且還能為讀書帶來意想不到的效果。

英國詩人、畫家威廉‧布萊克（William Blake）說：「我必須另造一個系統；要不然，得當別人的系統的奴隸了。」而運用「異想天開讀書法」就是要讀書者擯棄循規蹈矩、墨守成規的思維定勢，採用常人所意想不到的方法，將與讀書毫無必然連繫，甚至非常離奇的事物與讀書行為巧妙地結合起來，異想天開，獨闢蹊徑，創造出一種奇特的讀書式。

看來，這裡說的「異想」，是指要想出別人想不到的各種方法，調動主觀和客觀的一切積極因素，加快讀書的進度。這樣，往往能獲得「天開」的成功。

戰國時期的教育家荀子根據自己的讀書體會，打比方說：「吾嘗而望矣，不如登高之博見也。登高而招，臂非加長也，而見者遠；順風而呼，聲非加疾也，而聞者彰。假輿馬者，非利足也，而致千里；假舟楫者，非能水也，而絕江河。君子生（性）非異也，善假於物也。」

人們之所以能「看得廣」、「看得遠」、「聽得清楚」、「行致千里」、「橫渡江河」，皆因借助於「登高」、「順風」、「乘輿馬」和「使用舟楫」等條件。對此，荀子直截了當地說，人並非生來有什麼「特異功能」，而是善於利用一定的工具和事物的規律罷了。在這裡，荀子把「假物」作為一個重要的學習方法提出來。在他看來，大家的天資並沒有多大差別，只要善於充分利用客觀條件，就能縮短成才的時間，獲得意想不到的讀書效果。

眾所周知，美國資產階級革命時期的民主主義者富蘭克林，是世界

著名的政治家。在美國獨立戰爭時期，他參加反英鬥爭，並參加起草了《獨立宣言》（*The unanimous Declaration of the thirteen united States of America*）。不僅如此，他還是個博學多才的科學家。西元一七三一年，他在費城建立了美國第一個公共圖書館，還組織成立了美國哲學會，協助創辦了賓夕法尼亞大學。在研究大氣電方面，富蘭克林也做出過一定貢獻，發明了避雷針。

富蘭克林所有這些成就的取得，與他好讀書、愛學習並創造了自己獨特的學習方法是密不可分的。他年輕時十分重視外語學習，自學完法語後，接著又自學起了義大利語。

當時，富蘭克林有一個也在學義大利語的好朋友，酷愛下棋，常常在晚餐後硬拉著富蘭克林殺一盤，富蘭克林不好推辭，卻也因陪朋友下棋耽誤了許多學習義大利語的時間。為此，富蘭克林苦思冥想，找到了一個錦囊妙計。

他規定：每盤棋的勝利者有權懲罰對方，失敗者必須在下次下棋之前背誦或翻譯一段義大利語的文章，否則無權再戰。由於兩人在棋藝上互為伯仲，不相上下，各有輸贏，雙方就都不得不花很多時間溫習義大利語，準備應付輸棋時的背誦和翻譯。這樣，既下了棋，又相互促進了學習。一段時間後，兩人的義大利語水準竟都有了長足的進步。

澳大利亞動物病理學家貝弗里奇（William Ian Beardmore Beveridge）曾說過：「有重要的獨創性貢獻的科學家，常常是興趣廣泛的人，或是研究過他們專修學科之外科目的人。獨創性常常在於發現兩個或兩個以上研究對象或設想之間的連繫或相似之點，而原來以為這些對象或設想彼此沒有關係。」「異想天開讀書法」採用的正是這種原理。就像上述富蘭克林的事例。從客觀上講，下棋與學習義大利語根本風馬牛不相及，是毫無關

聯的兩件事。而富蘭克林卻將這兩者巧妙地結合在了一起，使讀書學外語像下棋一樣充滿了樂趣。

　　人們有許多娛樂活動，只要安排得好，都可以幫助讀書。有位學者曾說過：「認真讀書可沒必要發瘋。當讀書成為一種生命的享受時，才有不可遏制的吸引力與創造力。」這正是「異想天開讀書法」要達到的一種讀書境界。事實也確實如此，使用「異想天開讀書法」讀書，帶給我們的最大益處就是「寓讀於樂」，在個人的興趣愛好「驅使」下進行讀書，苦讀不就變為一種樂趣與享受了嗎？

　　所以說，讀書時的「異想天開」最好與個人的興趣愛好相結合。一個人的興趣可以是多方面的，除了讀書之外，還有人喜歡郊遊、游泳、歌唱、看電視、追劇、IG、FB 等等。興趣多了，處理不當，就可能與讀書產生衝突與矛盾。但如果抓住個人愛好的興奮點，異想天開地把個人最感興趣的其他愛好與讀書巧妙地相結合在一起，就能煥發出讀書者極大的主觀能動性：在其他興趣中可以學到書本上沒有的知識，書本上的知識推動其他愛好，其他愛好推動讀書，這樣讀書就不是令人頭痛的苦差事，而成為一種樂趣了。

　　古人云「詩中有畫」。古代的著名詩篇中，吟詠祖國大好河山的名句為數不少。例如謝靈運寫會稽、永嘉山水；杜甫寫巴蜀山水；柳宗元寫永州山水；清人錢謙益寫黃山，姚燮寫普陀、四明，高心夔寫廬山，劉光第寫峨嵋……這些詩人所作的膾炙人口的詩句，是文化寶庫中珍貴的遺產。如果我們結伴遊覽名勝古蹟，就用得著「異想天開讀書法」了。面對壯麗的河山、如畫的美景，誰能不為之興奮、為之感動！當一種抒發對自然熱愛與讚美之情的強烈欲望從心底油然而生時，就可以與同伴相邀比賽吟誦描寫風景的古詩、名句。既可以激發熱愛祖國之情，使遊興大增，又從中

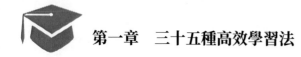

學到了許多特殊的旅遊知識，無形中完成了一次讀書學習的過程。

「異想天開」是我們讀書取得成功或有所發明創造的重要捷徑。在人類的發展史上，有許多學術成就和科學發明就是在異想天開的基礎上產生的。如果人類不心存有朝一日登上月球的「異想」，就不會產生「阿波羅號」征服月球的輝煌瞬間。而作為每日以讀書學習為必修功課的學生們，就更應該學好、使用好「異想天開讀書法」。

有的同學因為學習基礎差，老師講課根本聽不懂，更怕老師在課堂上提問，就編了這樣的順口溜：「上課猶如上刑場，見了老師心發慌。阿彌陀佛下了課，一會兒還有新課上。」對於這種學生來說，讀書已經成為了一種負擔和累贅。這時，就更需要應用「異想天開讀書法」，將苦讀變為樂讀。

比如：一些同學酷愛足球，對外國足球明星如數家珍、倒背如流，而對世界歷史上的一些事件或人物卻總是混淆不清。這時，不妨將你所熟悉的足球與相應國家的歷史事件或人物加以分析、比較。當你總結出原來足球與歷史也有一些奇妙的連繫與共性後，再讀歷史書時，就會驚奇地發現：原來自己憎惡異常、枯燥乏味的歷史，字裡行間蘊含著那麼多的有趣的知識。

對於「異想天開讀書法」來說，也許想法越怪異離奇，越別出心裁、越標新立異就越能取得出其不意的讀書效果。但是，我們所提倡的「異想天開」絕不是沒有目標，漫無邊際、收不到任何實效的「狂想」與「妄想」。只有閃現於頭腦中的「異想」與讀書有所連繫並對讀書大有裨益時，才能獲得「天開」的意外收穫。

書有多種讀法，有時那些荒誕離奇、不合邏輯的方法，會有更大的樂趣和創造力。

34　資訊時代科技進步的產物 ── 視聽學習法

> 書是隨時在近旁的顧問，隨時都可以供給你所需要的知識，而且可以按
> 照你的心願，重複這顧問的次數。
>
> ── 凱勒（Gottfried Keller）（瑞士作家）

　　一提起讀書，我們通常馬上想到的就是用眼睛去看書。從五官的生理作用和分工上來看，讀書的確主要是透過眼睛對書籍上文字的識別，然後傳送到大腦，再透過大腦進行記憶或分析思考的過程。其實，眼睛不一定只用來看書，還可以透過看其他東西來讀書。而且，如果眼睛正在做讀書以外的事情，我們用耳朵也照樣可以讀書。這兩種特殊的讀書方法，我們不妨稱之為「視聽讀書法」。

　　「視聽讀書法」實際上包括「聽讀法」與「視讀法」兩部分。「聽讀讀書法」，自古以來就存在。我們從許多古籍圖書中能發現這方面的記載。

　　據《北史》卷三十七所載，北魏武將楊大眼雖然從來不親自讀書，但他 ── 直都是派手下的人為他讀書，他則坐在旁邊聚精會神地傾聽。久而久之，許多書中的知識和章節，楊大眼都能背誦下來。後來，因為公務所需，楊大眼要起草一些布告。但楊大眼識字實在不多，還得把這件事做好，他就乾脆邊想邊說，同時讓手下人把他說的話記錄下來。由於多年聽書的累積，楊大眼竟能出口成章，不用絲毫改動。這也可謂是一個特殊的本領。

　　梁元帝蕭繹，年輕時常常像書痴一樣讀書，廢寢忘食，精神高度緊張，結果得了失眠症，導致視力極差，幾乎辨別不了書中的字體。但他又嗜書如命，就想了個辦法，經常讓左右侍者高聲念書給他聽。他用這種辦法一生所讀書籍達到了萬餘卷，成為歷代皇帝中的博學之人。古代也有因「聽讀」而成名的。如明末清初的唐汝詢，出身於書香之家，自幼非常喜

好讀書，但不幸的是，在他五歲時因患天花病，把眼睛弄瞎了。可是他身殘志不殘，每天都摸索著走到書房，聽他的哥哥讀書吟詩。俗話說，熟讀唐詩三百首，不會寫詩也能謅。日久天長，唐汝洵竟也成了寫詩的高手。他做詩時，如果有人在他身邊，他就請人將所做的詩記下；無人時，就採用上古結繩記事的辦法標識下來，然後再請人翻譯到紙上。所以他一生寫下上千首的詩歌，出了好幾本詩集，還給一些深奧的唐詩作了注釋，可謂「聽有所成」。

聽讀在古代，大多是由於聽讀者本身的原因，如不識字、視力差、眼睛失明等等。到了現代，對一些特殊的身心障礙者，仍然沿襲使用著聽讀讀書法。

但除了與古代相同的原因外，當代社會中許多健全人也樂於使用「聽讀讀書法」的有聲書。

我們經常會看到這樣的情景：一些人一邊騎自行車，一邊透過無線藍牙耳機聽讀；或者當家長的一邊走一邊幫他的孩子講故事；或者是一些正在自學外語或準備考試的人，將所要學的知識事先錄製成 MP3 放存在手機上，在做家事等其他事情的同時，不斷地重複播放這些錄音……。這就是在眼睛脫離不了其他更重要工作的情況下，利用耳朵的聽音功能，在掌握時間用「聽讀讀書法」來讀書。由此可見，如果你在做 —— 件必須做的事情無法利用眼睛的功能而耳朵卻在「放假」時，完全可以調動你的聽力來「值班」讀書，從而達到學習一種知識的目的。

「聽讀讀書法」還有另一種功能，就是進一步加深用眼睛讀書的印象，提高讀書效果。美國政治專欄作家喬治十分重視在讀書的同時大量地「聽書」，他每年的閱讀量有一半是靠聆聽租來的錄音書籍。他一面聽讀溫斯頓·邱吉爾（Winston Churchill）長達六卷的二次大戰史，一面隨手

記下要點，從中獲益匪淺。在談到聽讀的體會時，他說：「我一週聽一本書，利用的是坐車、剃鬍子或走路的時間。要是不聽書，時間也就白白浪費掉了。」

聽讀的載體中有一種叫「有聲書」，就是把書本的內容錄製在 MP3。在德國，出版「有聲書」的有德國留聲機公司，還有著名的洛華特出版社。「有聲書」所錄的內容豐富多彩，有世界名著《戰爭與和平》（War and Peace），也有大眾化的小說、詩歌。洋洋萬富的書，取其精華，濃縮成六十分鐘的故事。這為博覽群書創造了更好的條件。

「聽書」的種類，除了前文所提到的有聲書外，還有一種地地道道的印刷書籍，一般是供外語學習者使用的。它的設計者是南斯拉夫的科技人員。在書的每行文字下面嵌入一個大小如鋼筆差不多的特製裝置，當其沿著這行字下的粗線滑動時，讀者就能聽到聲音。這樣邊看、邊讀、邊聽，既有助於矯正發音，也可增強記憶，效果明顯。

其實，早在光碟產生之前。世界上就已經有了提供「視讀」的聲像讀物。美國紐約一家出版社曾經出版了一種科技百科全書，書中除了正文和插圖外，還有音響設備及電視錄影裝置，可供讀者用來更全面和有效迅速地了解該百科全書內的有關資訊和內容。然而，在科學技術突飛猛進、日新月異發展的今天，錄影帶式的視讀方法已經被光碟和線上影音所取而代之。而光碟的出現，確實為我們開闢了一片更為遼闊神奇的視讀天地。

「視聽讀書法」，除可消遣外，又能使讀者以最快速度獲得許多從書本中學不到的知識，可謂一舉兩得。它是適應時代發展趨勢的一種新興讀書方式。

在現今社會中，如果不會使用「視聽讀書法」，恐怕就會成為一個資訊閉塞、目光短淺的井底之蛙。

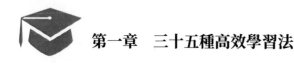

35　就是要跟自己過不去 ── 自督學習法

讀書要自己對自己過不去。

── 佚名

在讀書學習中，能科學地選定目標，只是提供了成長的可能性，而嚴格的自我管理 ── 自督，才能將這種可能性轉化為現實性。

自督，顧名思義，就是自己監督自己，自己督促自己。自督是自我管理的重要手段。利用自督讀書法，可在自學過程中掌握自己，不誤入歧途，最終到達目的地。

那麼，什麼是自督讀書法呢？

自督讀書法主要有三方面的內容，即數量監督、品質監督和情緒監督。

所謂數量監督，是指在自學中，要不斷地自己監督自己，按照預定計畫完成一定數量的學習內容。

品質監督，就是要學懂弄通所學的內容，真正掌握所學的基本理論和概念等，並具備相對的分析問題和解決問題的能力。

情緒監督，是指心理或精神狀態方面的自我監督，以高度的自覺性和積極的主動性去學習。始終保持一種既不驕又不餒的良好心理狀態。

在讀書過程中，利用自己監督自己，就能主動了解自己的進度和品質，充分調動自己的主觀能動性。同時，能進一步自覺地調節、控制自己的讀書活動，使之服從於一定的學習目的。自我監督是一種自我管理的過程，在這個過程中，不僅要對讀書的數量、品質、情緒進行自督，還要進行不斷的自查和調整。

眾所周知，讀書是一種非常艱苦的勞動，在這艱苦的勞動中，數量和

品質要達到一定的要求，而情緒控制是達到這種要求的重要保證。

　　一個人，如果認為讀書只是為了應付差事，那就會越讀越累，甚至半途而廢。只有那些有抱負、有理想、明確讀書目的的人，才會如蜂吸吮花蜜那樣執著，越讀越覺得有趣。他們讀書就像「飢餓」的人撲在麵包上一樣，來填充自己的「飢餓」。可以想像，以這種情緒去讀書，自然會帶來讀書的數量，保證讀書的品質。因此，自我管理的過程中，情緒監督是數量監督和品質監督的根本保證，它在讀書中有著決定性的作用。

　　在讀書中，為了達到既定的目標，需要有堅強的學習意志和堅持不懈的精神。它不靠外力的推動，不用等待別人的暗示和提醒，也不會屈從於周圍的壓力，而是懷著使命感、危機感和緊迫感，迫使自己按照一定計畫，自我管理，自我督促，持久地克服一切障礙，最終掌握一門知識，取得一定成果。

　　托爾斯泰（Leo Tolstoy）寫《戰爭與和平》（*War and Peace*）一書時，就是自己監督自己，曾七次修改其稿，用了三十七年的時間才完成。他晚年一部作品的序言修改了一百零五次。他這樣做，完全是自我督促，並無他人監督。

　　明末清初的思想家、著名學者顧炎武，在讀書過程中，也是利用自督讀書法。在讀書學習上總是跟自己過不去。

　　顧炎武六歲啟蒙，十歲開始讀兵書、史書和文學名著。十一歲時，他讀完了《資治通鑑》。他的祖父常告誡他說：「現在有的人圖省事，只瀏覽一下《綱目》之類的書便以為萬事皆了了，我認為這是不足取的。」

　　祖父的話對他一生的讀書生活都有著很大的影響。使他讀書做學問時，總保持著老老實實、認真對待的態度。即使在動亂的社會裡，也一邊從事愛國活動，一邊堅持讀書，一天也不放過。到了四十五歲時，家鄉已

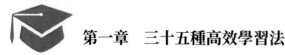

經找不到他沒讀過的書了。

為了讀到更多的書，他遊歷全國，每到一地，首先搜求當地的藏書閱讀。旅途中，還常常騎在馬背上默誦讀過的書。

顧炎武對自己的讀書總結到：「自少至老，未嘗一日廢書。」他以這種讀書方法，時刻鞭策自己，不斷讀書，不斷學習。

他在學習上總是自己過不去。每次讀書，都給自己規定每天必須讀完的卷數，規定自己每天把所讀的書抄寫一遍。這樣，他讀完的《資治通鑑》，一部書就變成了兩部書。同時，他給自己提出要求：每讀完一部書都要做筆記，寫心得體會。著名的《日知錄》一書就是由他的部分讀書筆記所匯成的。

不難看出，顧炎武讀書與自己過不去，每天規定一定的「量」，這個量，就是自督讀書法中的「數量監督」。

值得一提的是，他在每年春秋兩季，都要重新溫習前半年讀過的書籍，邊請人朗讀，邊自己默誦，一旦發現差異，便立即查對。這樣每天都能溫習兩百頁，溫習不完，絕不休息。

實際上，這種定期溫習的方法，能提高讀書的品質，使讀過的得更牢。

常言道，莫嫌海角天涯遠，但肯搖鞭有到時。讀書是一種艱苦的勞動，讀書的大敵是懶惰。「書籍對於懶惰的人是一堆廢紙，對於勤奮好學的人才是無價之寶」。要想成為常識淵博的人，就一定要克服惰性，樹立正確的學習目的，培養讀書的毅力，才能在事業上取得成功，到達很遠的目的地。

很多名家堅持讀書，都無人監督，無人檢查，全靠自覺。靠自己督促自己，自己檢查自己。這樣的讀書學習，自然能充實提高，增添智慧，學到真正的本領。

怎樣才能更好地利用自督讀書法呢？

一要充分利用時間。讀書有整塊時間當然好，但茶餘飯後、旅行途中等車之際等零星時間也不要白白浪費掉。有句話說得好，積沙能成堆，滴水可成河。

二是讀書做到不僅要讀，還要多動筆才會有效。許多文學家的手都能妙筆生花，左右逢源，就是因為他們讀書勤於筆耕，隨時記下之故。因此，讀書時督促自己多做些筆記。

三是自學要有耐心。自學往往不能立刻有所收穫，對於成績看不見，摸不著。因此，千萬不要急於求成，忽冷忽熱。要樹立信心，自己不斷督促自己，檢查自己，必要時，要和自己過不去，並持之以恆地學下去。

知識永遠浩如煙海，探求知識是無止境的。資訊社會、知識經濟的時代，自以為是的人絕不會為難自己。只有永不自滿，謙虛謹慎的人，才有可能懷著緊迫感與危機感。總跟自己過不去，才有可能讓知識昇華為自身的本領，不被迅猛發展的時代所淘汰。

「春種一粒粟，秋收萬顆籽」。農夫憧憬著碩果累累的秋天，無須別人監督，越做越有勁，越做越有希望。

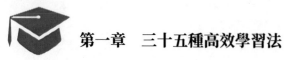

第二章
三十種低效學習法

01 少壯蹉跎

[解說]

漢樂府有首《長歌行》：

青春園中葵，朝露待日晞。

陽春布德澤，萬物生光輝。

常恐秋節至，焜黃華葉衰，

百川東到海，何時復西歸？少壯不努力，老大徒傷悲。

這首詩生動地表現了春秋代序，江河東去，歲月如梭，青春易逝的情景，認為一個人如不能及早有所作為，待到水流花落，必將一事無成。所以詩在最後以「少壯不努力，老大徒傷悲」勉勵人們少壯時及早努力，免得行年老大而徒生傷悲。這是一種真切的人生體驗，也是個體生命意識覺醒後發自肺腑的一種呼喊，給人以深刻的人生啟示。

因此，一些低效學習者，更不應該蹉跎歲月，虛擲光陰。

「人生易老天難老」，在人的生命歷程中最可寶貴的是青春年華。青春之所以寶貴，首先在於它的短暫，正如詩人寫道：「含著淚我一讀再讀／卻不得不承認／青春是一本太倉促的書」；其次在於它是生命的春天，一個錯過了生命春天的人，他就可能歉收一輩子。因為花有重開日，人無再少年。倘若青春時期蹉跎歲月，不學無術，就等於欠下了後半輩子償還不清的宿債。

歷史上雖有大器晚成之人，如「蘇老泉，二十七，始發憤，攻書籍」之說即是。但就人一生的學習策略來說，中年或晚年好學只能是亡羊補牢的萬不得已的下策。有志者千萬不要錯過學習的「黃金時期」，應及早立志，發憤讀書，為構建人生大廈打下扎實的基礎。

　　人生在世，好比一趟旅行，我們每個人買的是一張單程車票。知道時光轉瞬而不知珍惜，不能以只爭朝夕的精神去繪製人生的畫卷，在青春年華向自己交了白卷，往往釀成人生最大的遺憾。

［事例］

（1）學業上的失敗者

　　俄羅斯批判現實主義作家果戈里（Nikolai Vasilievich Gogol），他在其巨著《死魂靈》（*Dead Souls*）中刻畫了一個「高雅可愛」的紳士瑪尼祿夫，他外表溫文爾雅，心中空無一物，言行虛偽做作。作者說：「和他一交談，在最初的一會，誰都要喊出來道：『一個多麼可愛而出色的人啊！』但停一會，就什麼話也不能說了，再過一會，便心裡想：『呸，這是什麼東西呀！』於是離開了去；如果不離開，那就立刻覺得無聊得要命。」與他的精神空虛緊密相聯的是他的懶惰。他自認為是有教養的人，實則是個不讀書的不學無術之人。名義上他有一間書房。在他的書房老是放著一本書，而且在書的第十四頁總夾著一條書籤。而這本書卻是他兩年以前看起的。他也愛銜著菸斗沉思冥想，但浮現的都是庸俗的、不連貫的、不切實際的幻想。由於生性懶惰，他所有的計畫「總不過是一句空話」。他就在這些幻夢中自得其樂。生活對他來說，就像平靜的流水，不起漣漪、沒有波浪。

智慧小語

　　瑪尼祿夫既是學業上的失敗者，也是事業上的失敗者。他之所以在各方面失敗，並不是由於他天賦缺乏，能力很低，而是因為他沒有建立起生活的目標，毫無堅毅的勞動精神所致。

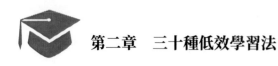

(2) 人生不允許出現如果

一九三〇年代是邱吉爾政治上失意的歲月。為了調劑愁悶，邱吉爾夫人克萊門汀（Clementine Ogilvy Spencer-Churchill）在一個星期特地安排了一次小型午聚餐。來客都是年輕人，其中有一位 A 先生首先向邱吉爾提問：「邱吉爾先生，你的經歷中充滿了冒險和成就，這是一種奇蹟。如果你重新開始生活，你願意把你做過的事都再做一遍嗎？」

「可能吧。但我試著用較少的時間去做我二十歲以前做的那些事。那時，我浪費的時間太多了。如能重新開始生活，我希望把全部時間和精力用來學習。」

「告訴我，你過去犯的錯誤和失去的機會是什麼？」

「二十二歲以前我不愛學習。我有效的教育幾乎完全是軍事方面的。後來我希望進牛津大學，卻沒有實現我的願望。」

智慧小語

邱吉爾是第二次世界大戰中抵禦德國法西斯的「三巨頭」之一，其懊悔應是真誠的，也是對年輕的學習者的善意啟迪。但人生不允許出現「如果從頭開始，我將……」的假設。許多蹉跎歲月、虛度光陰的人所缺少的恰恰是邱吉爾這種可貴的自知之明，仍然在自編自演無所事事、虛擲時光的悲劇。

(3) 老大徒傷悲

一位將近四十歲的 A 君，他一生中最大的憾事就是當初沒有學醫當醫生。他說，那年他十四歲，一方面少年心性，只求瀟灑快活，一方面覺得漫漫人生，來日方長，人應該總會來得及做任何自己真正想做的事情。有人問他，那你為什麼不就去做呢？他說：「因為那個時候我並不知道自己

適合做這個。」

　　後來，他在某公司上班，卻捲入應酬漩渦的苦惱。每當同事張羅下班後一塊去吃飯、喝酒、唱歌時，A君就陷入進退兩難的掙扎中。按個人意願，他一點也不想去，只希望回家好好休息，看看醫學方面的書，或聽聽音樂，靜靜地享受獨處省思的樂趣。但他擔心自己若將這些想法講出來作為婉言拒絕的理由，會遭同事取笑。於是，他壓下了自我意願，順從同事的模式，在喧鬧、放蕩的嬉笑中，度過了一個又一個吃喝玩樂的夜晚。結果是，他越來越不快樂，越來越痛恨自己，想改變這種令他厭惡的上班或友誼，想大聲向同事們說「不」，卻總是提不起勇氣。他覺得自己像頭豬，被人牽來牽去。這想法令他更生氣，更心煩，更恨自己，也更覺無力。

　　沒幾年，公司裁員，他什麼也不會做，只好拿兩千多元的失業補助維持生計，至今仍然孤身一人。

智慧小語

　　像A君這種人年少時也有豪情壯志，但他總是明日復明日，往往生活在別人的標準裡，不能掌握自己的生命，安排自己的生活，不懂得尊重生命、尊重自己，以致在人到中年時，收穫的則是空空的行囊。這正應了一句古話：「少壯不努力，老大徒傷悲。」

書後語 —— 少而好學，如日出之陽

　　青春時期是人生學習的黃金時代。這個時期、人的體力、精力、觀察力、記憶力、思維力等均處於最佳發展期，具有身體機能、神經機能和心理機能的多重優勢。據美國心理學家邁爾斯（David Guy Myers）測定，十八至二十五歲的年輕人記憶力分值為一百，並可持續幾年不衰；此時年輕人的邏輯思維力已達成熟，邁爾斯測定，此時判斷分值亦為一百，並可

持續相當長的時間不衰。尤其與善於發現「新」的觀察力結合，在思維的抽象性、概括性、理論性增強的同時，其思維的獨立性和批判性尤其突出。同時，青春時期學習時間充裕，可以一心學習；況且基於生理及心理優勢，這時所學的知識也正如以刀刻石，銘記腦海，很難忘記。這就是說，人在青少年時，精力充沛，思想上雜念比較少，所以學得快，記得牢，到年齡大了，精力難免分散，忘得也快。而且少小開始學習，容易養成良好的習慣，至其長成，學得精專，這種學習的習慣也會像天賦一樣了。梁啟超說：「學童幼時，當利用其記性，稍長乃利用其悟性。蓋悟性與年俱進，不患不浚發；若記性一過其時，雖勤勞百倍，亦難收效。」為長遠計，少壯時期不僅要苦學，而且要善學，掌握學習的基本技能，以備以後獨立學習。

「花有重開日，人無再少年」這句話，可作為警戒語，但也未必就有必然性。所謂「失之東隅，收之桑榆」。不過，我們應該看到「少年易學老難成，一寸光陰不可輕」（朱熹《偶成》）。一個人一生的學習時間隨人的生命週期 —— 童年期、青年期、成年期、老年期 —— 而轉移。在不同的人生週期，學習時間的消費方式和生產價值是不一樣的。古人師曠說得好：「少而好學，如日出之陽；壯而好學，如日中之光；老而好學，如秉燭之明。」

「人生天地間，如何不植立？」人生在世，應該有所作為，方不算在人世間白走一趟。總之若想有所作為，須從青春時做起。

02　朝三暮四

［解說］

在當今科技發展、知識激增的資訊社會裡，朝三暮四的學習方式，不僅浪費時間和精力，在客觀上也不適應資訊時代對學習行為的要求。這一方面是現代科學越分越細，學科越來越多，「其中每一個領域也能吞噬我短暫的一生」。另一方面，人的精力不僅是有限的，而且一個人一生所能達到或實現的目標也是有限的。因此在廣泛興趣的基礎上，業要精進，學有專攻，這不僅是一個學習者在規劃一生學習策略的明智選擇，也是客觀形勢對每一個學習者提出的必然要求。俗話說：「一個人不能騎兩匹馬。」清代詩人袁枚在《答友人某論文書》中對一位朋友規勸說：「寧從一而深造，毋泛涉而兩失。」法國大雕塑家奧古斯特・羅丹（Auguste Rodin）說：「同時做兩項事業，這是不可能的。」德國哲學家黑格爾（Hegel）在《小邏輯》（*the Shoder Logic*）中則說：「一個志在有大成就的人，他必須如歌德所說，知道限制自己。反之，那些什麼事都想做的人，其實什麼事都不能做，而終歸於失敗。」嚴格地說，從來沒有樣樣精通的「通才」。那些以「通才」自詡的人多半像人們譏諷的是「樣樣精通，樣樣稀鬆」。因而凡在事業上有所建樹的人，在為遠大理想奮鬥的過程中，都是認準一個目標、數十年如一日，勞作不息的人。

［事例］

（1）一個青年的苦惱

一次，一位青年找到昆蟲學家法布爾（Jean-Henri Casimir Fabre），苦惱地說：「我不知疲勞地把自己的全部精力都花在我愛好的事業上，結果卻收效甚微。這是怎麼回事呢？」

「看來你是一位獻身科學的有志青年。」法布爾讚許地說。

「是啊，我愛科學，可是我對文學和美術也感興趣。我把時間全用在這幾個方面了。」

法布爾明白了，原來這位青年的苦惱，在學業上，朝三暮四，沒有確定專一的學習目標。於是，他從口袋裡掏出一塊放大鏡：「把你的精力集中到一個焦點上試試，就像這塊透鏡一樣。」

智慧小語

學習是一種自覺的意志行為，這種自覺意志決定了學習都有其目標。法布爾所說的：「把精力集中到一個焦點上」，就是說學習應該圍繞一個目標，精誠專一，才能學有成就。就像放大鏡一樣，只有把分散的陽光集中起來，才能燃起熊熊的火焰。沒有確定的目標，朝三暮四，或者三心二意，則將一事無成。上述軼事中的那位青年之所以苦惱，正在於不解學習之個中三昧。

（2）不專心致志

據《孟子·告子》上記載：古時候有個下棋國手弈秋，有兩個學生跟他學棋。每當弈秋傳授棋藝的時候，大弟子專心聽講，認真思考，棋藝進步很快；而小弟子卻思想很不集中，眼睛老望著窗外，想像著天上飛過一隻天鵝，他好用弓箭去射，弈秋只得搖頭嘆氣。後來，這兩個弟子同時參加全國的棋賽。前者高踞榜首，後者名落孫山。有人問弈秋：「為什麼你的兩個弟子棋藝相差很遠呢？」弈秋說：「不專心致志，則不得也！」

智慧小語

小弟子為什麼名落孫山？難道他的智力不如同學嗎？不是的。是因為他心不專一、遊情外務，造成學習效率低下，甚至導致學習的失敗。

理想的學習心理，是學習意向有效調控的結果，是敞開的心扉、求知的心欲、明確的心向、專一的心力等良好心態的統一。這就需要「正心」、「練心」，排除外物的干擾，全身心地投入學習，從而達到學習的最佳境界。學習的時候，心不在焉，不僅達不到預期的學習效果，而且時間長了，心猿意馬難以收束，甚至會完全荒廢學業，以至悔之晚矣。況且，人生有限，時間對每一個人來說都是十分寶貴的，因為學習時不能集中精力，事倍功半，那麼無形中就在浪費自己寶貴的生命。

(3) 專攻植物學的拉馬克

拉馬克（Jean-Baptiste Pierre Antoine de Monet, chevalier de Lamarck）只讀過小學，十三歲就投軍想當一名將軍。後來因病從軍隊退伍後，他在巴黎租了一間閣樓，一邊養病，一邊學習。他把全部精力都投入到學習中。什麼書都讀，天文、地理、文學，病癒之後，他一邊工作一邊自學。他研究過氣象學，提出了有關天氣預報的理論，又曾經在一段時間想學音樂，想當醫生，想當金融家。直到西元一七六八年，拉馬克二十四歲了，怎樣選定自己的主攻方向呢？他仍然舉棋不定。一天，拉馬克偶然與某位法國科學家相識。拉馬克參觀了科學家的實驗室後，才真正懂得了科學研究的意義。從此，生命的航船才駛進自己的航道。他不學醫了，不弄音樂了，也不去銀行上班了。在科學家的影響下，拉馬克決心從事植物學的研究。他隱姓埋名，踏遍千山萬水，採集了大量的植物標本。經過十年的辛勤工作，他編寫了《法國全境植物志》，獲得了「皇家植物學家」、「法國科學院院士」的稱號。

智慧小語

拉馬克青年時代的經歷說明，圍繞目標確立中心興趣並堅定不移地沿著專攻的方向發展下去，對科學創造和成才有著多麼重要的意義。沒

有明確的方向和專一的目標，見異思遷，在學習的園地中，勢必是挖了許多坑，卻栽不成一棵樹。

書後語 ── 學習要有「痴呆氣」

歷來的學者總是重視「專一」。清朝章學誠提出：「學貴專門，識須扎實。」宋代陸游在《上執政書》中有一段論述為學的話，十分具有代表性：「蓋天下之事，唯此為最難，非誠好之，捐三二十年之勤，耗心疲力，凋瘁齒髮，飲食寢夢，悲歡得喪，一在於是者，殆未易可以言工。」沒有精誠專一、長久勤苦的學習，是難以達至「工」的境界的。一個人一輩子治學走朝三暮四、見異思遷的路子，勢必像明朝宋應星《憐愚詩》中所批評的：「一個渾身有幾何，學書不就學兵戈，南思北想無安著，明鏡催人白花多。」

荀子也主張學習要專心致志，他在《勸學》篇中曾以蚯蚓和螃蟹作比：「蚓無爪牙之利，盤骨之強，上食埃土，下飲黃泉，用心一也；蟹六跪而二螯，非蛇、鱔之穴無可寄託者。」這就是做事浮躁與用心專一的不同。荀子還進一步分析了學習「分心」導致學習效率不高的原因：「目不能兩視而明，耳不能兩聽而聰」。也就是人們常說的「一心不能二用」。

有關研究表明，學習過程是受學習的意向支配的。意向是向著一定的學習目標前進的思維傾向性，是求知的嚮導，是人們獲取知識、提高效率的前提；意向調節、支配著學習者的心理活動，使人不易受外物的干擾，各種心理活動（知、情、意）共同持續集中於學習對象，聚精會神、全神貫注，能對對象進行精細的分析。因此，學習效率就明顯。相反，朝三暮四、心猿意馬，見異思遷則屬無意向的學習，學習者的心理活動雖然也在進行，但並不是集中於同一對象，往往處於動搖、鬆弛和不穩定的狀態，

只能浮泛粗略地知覺某一對象，因此影響認知和掌握。

　　從上述意義來說，學習者要養「痴呆氣」。蒲松齡說：「凡是性痴的人，思想必然集中在某一點上。痴於讀書，就擅長作文；痴於技藝，對某一門技藝定有特長。世界上一事無成的，都是自以為不痴的聰明人。」（《聊齋志異·阿寶》）這種「痴呆氣」從何而來？來於心正、神聚、勁韌。心正才有為人類造福，獻身科學或研究事業的熱血心腸；神聚才能一心一意，意守學習和求知；勁韌才會忍人之所不能忍，為人之所不敢為，刀斧不足以懼其心，窮困不足以移其志，上下求索，雖九死而不悔。

03　名落孫山

[解說]

　　名落孫山，表明一個人苦苦追求的近期理想已經破滅了。破滅了理想，失去了信心，猶如驟然間，平地刮起了旋風。這時，有的人就頹唐了、消沉了，甚至有的因此而走上絕路。

　　然而，人生歷程不是平原縱馬，順水行舟，生活的海洋並不總是風平浪靜，有時還會波濤洶湧。在人的一生中，既有順利時的陽光和鮮花，也會碰到逆境中的黑暗和挫折。但是一次失利並不等於永久的失敗，因為：一次考試失利，不一定說明自己的真實成績；一次考大學落選，絕不能預示今後光明前程的毀滅；如果把人生比作一次長跑的話，誰也不可能永遠是贏者。失望沒有絲毫的益處，只能失去繼續進取的信心。如果一遇到挫折和困難，就意志消沉，失去信心，其結果便是失敗與挫折伴其終生。

　　我們都知道，人的主觀條件和客觀條件並不是一成不變的。只要你充滿信心，努力進取，那麼是可以促使其變化的，從而使厄運變成幸運，擺

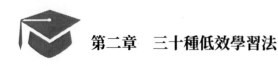
脫所謂「命運」的奴役。不少青年並不因此而成為命運的奴隸。他們充滿自信，對前途滿懷希望，刻苦學習，努力進取，從而掌握住了自己的命運，成為自己命運的主人。

[事例]

（1）缺乏信心的典型

劉某來自一個山區小鎮。在小鎮上，他幾乎是家喻戶曉的，因為他是唯一考上大學的人。劉某躊躇滿志地踏入了大學校園。然而校園裡的他，再也不是小鎮上那位受人仰慕的人物。不僅如此，第一個回合，他就打了敗仗，在一次考試後，名字被列入倒數十名之內。一帆風順的他剛欲揚起理想的風帆即遭風暴，頓時，他陷入了莫名其妙的苦惱之中。王某開始喪失信心，變得沉默寡言，平時很少與老師、同學交往，幾乎是漠然地、孤獨地生活著。第一學期，他的成績在班裡屬於中下，從第一學期開始有些科目被當，第二學期被當的科目越亮越多，他也越來越沉淪，整日沉湎於對往日的追懷和對現今的失望之中。人們從劉某的日記中，發現了他對失敗和挫折充滿了難以言狀的恐懼，每一次小小的挫折都悄悄地奪去了他一份信心和勇氣，以至於最終摧垮了他的意志和對生活的希望。

智慧小語

求學沒有平坦大道，在困難和挫折面前，沒有堅信自己能學好的信心，沒有埋頭苦幹，堅持不懈的恆心，沒有克服困難，超越挫折的勇氣，遇到困難挫折，就裹足不前，甚至動搖了信心，放棄了奮鬥，只會成為命運的奴隸，永遠與成功無緣。

（2）落榜後的古代名人

　　讓我們再來看看落榜後的古代名人。八次落榜的明代文人歸有光，在嘉定招徒開學，含辛茹苦，發憤攻讀，終於寫下了《震川文集》四十卷，成為著名的散文大家。清代蒲松齡，曾先後四次應試未中，後來深入民間採訪，終於寫出了著名的文學作品《聊齋志異》。明代李時珍應試舉人，三考三落榜，後來他下定決心從醫，花了二十七年時間精心研讀和實踐，終於寫成了名揚四海的醫學巨著《本草綱目》。兩次考場失利的宋代文學家蘇洵，失利後並不氣餒，堅持刻苦自學，終於成了「唐宋八大家」之一的著名散文家。他們都是在多次名落孫山之後重振旗鼓，因而獲得了偉大的成就。

智慧小語

　　有些學習者之所以一旦「名落孫山」就「一蹶不振」，還在於不懂得個人成才的多種可能性，「條條大路通羅馬」，而把成才的標誌總結為考試是否成功的狹窄通道，一試定輸贏，把學習成就的取得歸結為一種外在的要求。生活中常有這樣的無奈 —— 眼看到手，卻又失去，但不算白費力氣。因為，從教訓中「我」知道了此路不通。如果此時冷靜下來，既不灰心喪氣，也不怨天尤人，再進行新的探索，未必與成功無望。清代蒲松齡，明代李時珍的成功就說明了這一點。

（3）勤學苦練，不屈不撓

　　宋代朱熹講過一個故事：有個叫陳正之的人，反應相當遲鈍，讀書每次唯讀五十個字，一篇小文章也要讀一百遍才能熟。他不懶不怠，勤學苦練，別人讀一遍，他就讀三遍四遍，天長日久，知識與日俱增。後來無書不讀，成為博學之士。

　　美國某位百萬富靠不屈不撓的毅力成為受人愛戴的公共演說家。他在

四十六歲時，因車禍被燒得不成人形，十四年後，他成功了。有人問他：「你是怎樣鼓起生活下去的勇氣的呢？」百萬富翁這樣說：「我癱瘓之前可以做一萬件事，現在我只能做九千件，我可以把注意力放在無法再做的一千件上，或是把目光放在我還能做的九千件事上。告訴大家我的人生遭受過的兩次重大的挫折，如果我能選擇不把挫折拿來當成放棄努力的藉口，那麼，或許你們可從一個新的角度，來看待一些一直讓你們裹足不前的經歷。你可以退一步，想開一點。然後你就有機會說：「或許那也沒什麼大不了的！」

智慧小語

　　一個人如果認為自己愚笨、平庸，就自暴自棄，就會永遠不能展翅飛翔；只有勤奮，不斷地搏擊，才能遨遊太空。

　　不難看出，挫折對於意志薄弱者是無法逾越的障礙，是通向黑暗深淵的起點；而對於意志堅強者，則是成才之路上的墊腳石，是砥礪意志的磨刀石。在挫折面前，有的學習者灰心喪氣、意志消沉、自暴自棄；有的學習者卻能重振精神，奮起抗爭，走向成功。這裡的關鍵在於有自信心和自強不息的奮鬥精神。

　　記住，「重要的是你如何看待發生在你身上的事，而不是到底發生了什麼事」。你一定行！

書後語 —— 信心是成功者必備的素養

　　有些人之所以遇到一次挫折就失望，甚至絕望，是因為這些人不相信自己的能力，不知道自己的天賦和才能，更從未獲得過發揮它們的機會。在巴黎舉行的一次國際心理學研討會上，魯格斯大學的格伯教授提出一份報告。他認為所謂的神童並非天生，而是由後天環境造成的。事實上，除了極少數不可克服的智力障礙者，大多數人在學習上都是能取得成績的。

人人都應該是潛在的天才。相信你的聰明才智，你才能有更大的發揮和作為。一個人自慚形穢，就會變得性格軟弱，追求真善美的意志就會衰退。

信心，是一種最堅強的內在力量。它能夠幫助你度過最艱難困苦的時期，直到曙光最終出現。耶穌（Jesus）說：「你們若有信心像一粒芥菜種，就是對這山說，你從這邊挪到那邊，山也必挪去。並且你們沒有一件不能做的事。」（《馬太福音》第十七章第二十節。）自信心源於一個人的能力，也源於周圍的環境，更重要的是自己的心態。為防止一遇到挫折就一蹶不振，必須進行有意識的自我心理鍛鍊。

信心是每個成功者必備的素養。因為有信心，內心便平穩，行動便執著，態度便堅定。比如：有的學習者在一時挫折面前，不知道審時度勢，冷靜分析主客觀因素，從挫折中吸取勇氣和力量，而往往歸結為自己資質不佳，不是那塊料。筆者曾接觸過一位學生，剛入學時便立意參加法律自學考試，第一次便報了四門，結果一門也沒有透過。他便灰心喪氣，在「太難了」的感嘆聲中退卻了。

由此可見，信心，對於一個人的成功是多麼重要。

對於信心的培養過程，一般要經過以下五個階段：

1. **產生時期**：信心始於生命賜給你的靈感。一個人的偉大之處在於是否看重自己對於學習的積極想法。有了想法，哪怕這些想法是最不完美的，也就進入了信心的萌芽期。每一種想法必定會有實行上的障礙，但只要堅持積極的理想，就能產生奮鬥的勇氣。

2. **播種時期**：想法一經產生，就要及時播種，必須經過價值判斷、權衡利弊，必須積極思索，是否值得採取行動，是否能夠增進自己的學問，是否能夠幫助別人解決困難，以致造福人類；是否會鼓舞他人，使他人表現得更好，收穫更多？不經價值判斷而輕率地行動，往往會

造成嚴重的後果。

3. **耕耘時期**：這時所需要的是一個公開的許諾。為了完成許諾，你必須願意付出時間、金錢、精力，乃至個人生命。在這個階段，信心受到嚴峻的考驗。如果信心執著，堅持下去，就能獲得成功。耕耘的時候，需要的是全力以赴。

4. **考驗時期**：行動中問題與障礙相繼出現，進入了考驗時期。不斷的挫折和失敗，會令你懷疑自己的努力是否值得，但不能後退，因為你已許下諾言，必須經過這最後成功前的考驗。否則，將會前功盡棄、功虧一簣。

5. **收穫時期**：透過考驗的必定是成功。寒冬已逝，春天又近。長久的努力終於獲得報償，你還必須再度踏上征途，因為你還有信心獲得下一次的成功。

信心培植的五個階段告訴我們，每個人都可獲得成功。生命給每個人以潛能，給每個人以智慧。我們能夠學習，能夠了解書本的內容，探索世界的奧祕，追求人生的真善美，我們都能夠獲得成功。這就是信心，對自己必勝的信念。

 04　畏難怕苦

[解說]

學習中經常會遇到困難。馬克思認為：「在科學上是沒有平坦的大道可走的，只有不畏勞苦沿著陡峭山路攀登的人，才有希望到達光輝的頂點。」

《紅樓夢》裡賈府上的塾師對寶玉講過兩句勸學的古語：「成人不自

在，自在不成人。」這話道出了學習與畏難怕苦的關係。一個人，既想在學業上有所建樹，又想悠哉清閒地過日子，天下哪有這般美差事？「苦苦苦，不苦如何通今古」。

世界著名的文學家羅曼·羅蘭（Romain Rolland）為他所寫的《巨人三傳》題寫了一段膾炙人口的前言：「唯有真實的苦難，才能驅逐羅曼蒂克的幻想，唯有看到克服苦難的壯烈的悲劇，才能幫助我們承受殘酷的命運……不經過戰鬥的捨棄是虛弱的，不經過劫難的超脫是輕佻的，逃避現實的明智是卑怯的。我們比任何時候都更需要堅韌和奮鬥！讀英雄們的書，吸取他們的精神力量，才能到大時代的波濤中去衝浪！」

學習本來就是一種艱苦的腦力勞動，更何況我們中間許多人有著各種各樣的主客觀困難。在校學習，雖有舒適的環境，有老師的輔導、學友的切磋，這比一個人單獨自學要好得多。但還會遇到種種「阻礙」。我們雖不必像古代孫康映雪、匡衡偷光那樣來學習，但仍有少數人家境貧寒，要克服一些經濟困難。然而，學習之苦，最苦的不是在物質方面，而在學業本身，在於用心鑽研。這就要求有志者發揚苦戰精神，多思、善思、深鑽，務求弄懂弄通。像那位青年，想學畫畫，但一聽說「還要有殉道式的犧牲精神……」時，便逃之夭夭。他這種畏難怕苦，想投機取巧，不勞而獲，只能受到求知規律的懲罰；天下之學問，得之易者，失之必速。

也許偉人與常人不同的是，他們有超常的毅力，有不斷進取的決心，遲早會讓工作占據自己的心靈。

但是，成就的取得，除了需要克服客觀困難之外，還要排除人為的阻力，經得起磨難。馬克思曾把科學的入口處比喻為地獄的入口處，他說：「這裡必須根除一切猶豫；這裡任何怯懦都無濟於事。」這就明確地告訴人們，學習科學，必須具有大無畏的氣概，而且有時還要做出各種各樣的

自我犧牲。只有在艱苦的環境中才能自礪成才。求學問是一個艱苦的、長久的過程，須要戰勝重重險阻，翻越道道難關，是意志薄弱者望塵莫及的。艱苦的環境，坎坷的道路，卻能磨礪人的意志，激發人的進取心。美國劇作家派翠克說：「痛苦使人思索，思索使人明智，智慧使人生命持久。」高爾基從小飽嘗人間的辛酸，在老闆的皮鞭下學習寫作，舊社會血淚的鞭笞鑄成了他偉大的心靈。貝多芬（Ludwig van Beethoven）之所以成為舉世聞名的音樂家，是因為他有不畏勞苦的精神。正如他說的那樣：「沒有一天不動筆，如果我有時讓藝術之神打瞌睡，也只是為了使它醒了以後更加興奮。」

　　艱難的環境，一般會使人意志消沉，但對於具有堅強意志、積極進取精神的人，卻可以發揮相反的積極作用。古人講，「艱難困苦，玉汝於成」。環境越是困難，精神越能發憤努力；困難被克服了，就會有出色的成就。

書後語 —— 身居逆境，處變不驚

　　學習中要戰勝艱難困苦，首先應意識到：成就不是唾手可得的，它要經過實踐、認知、再實踐、再認知的多次循環往復，才能最終獲取成功。美國的吉耶曼（Roger Charles Louis Guillemin）和沙利（Andrew V. Schally）分別帶領的兩組科學家，因把下丘腦激素分離出來，從而對內分泌學、控制某些疾病和控制世界人口做出了傑出貢獻，而同時榮獲一九八七年諾貝爾生理學和醫學獎。他們逐個處理了二十七萬隻羊腦，才得到一毫克的下丘腦激素。這項試驗從開始至成功達二十一年之久。

　　了解問題，克服「阻礙」，不外有如下幾個方面：

1. 了解自己個人的秉賦：如身體狀況、性格性情、感情興趣、理解能

力、記憶能力、行為能力等。

2. 了解自己的環境、社會、鄰里、親友、家庭以及經濟條件等。

3. 深知自己的缺點和對一切學科、知識興趣的情況。

4. 畏難怕苦，學無所成，缺少的是克服困難的決心和與艱難作鬥爭的毅力。

因此，對於學習中畏難怕苦者，首要的是培養決心和鍛鍊毅力。決心，是堅定不移的意志；毅力，是面對困難能耐久的精神。在工作、學習過程中，困難是會不斷襲來的。面對困難怎麼辦？有志者會勇往直前，下決心、用毅力去克服它，不達目的絕不甘休。

5. 困難和逆境可以鍛鍊人的意志。順境可以出天才，逆境也能出天才，因為逆境會磨練人的意志。最粗壯的樹，並不是生長在叢林裡，而是生長在空曠的地方；最成功的人，並不是成長在順境裡，而是成長在逆境中。在逆境中被克服的困難就是勝利的契機。孟子說：「天將降大任於斯人也，必先苦其心志，勞其筋骨，餓其體膚。」孟子的意思是說，困難和逆境能磨練人的意志，激勵人去奮鬥，能造就出人才和英雄。人一生中不可避免地會遇到各種困苦。俗語說：「人無百日好，花無百日紅。」處於困境時，最怕失去熱忱及創造力；身居逆境時，心理上處變不驚，遇事小心謹慎，學習刻苦努力。這樣，必然有所成就。相反，順境容易使人驕奢淫佚，狂妄自大，這就必然學無所成。

有一位女士在欣賞完貝多芬的鋼琴演奏後對他說：「我多麼希望我也演奏得這麼好，我多麼希望生下來就有您的彈琴的那種天才中的天才。」貝多芬回答道：「假如四十年來，你像我一樣，每天彈琴八小時，你也能生下來就帶有這種天才中的天才。」可見，千百個行動一個一個累積起

來，推動你走向目標。在道路的每一拐彎、曲折的地方，我們必須堅持住，因為繞過下一個拐彎、下一個曲折，可能就達到我們欲探索的目標。有些人辛勤一生，最後卻碌碌無為，原因是他一遇困難便改變方向，砌了許多土堆，卻未造成一座房子。

兩次獲得諾貝爾獎的瑪里·居禮（Madame Marie Sklodowska Curie）留下的座右銘是：「讀書要有毅力，科研要有毅力，否則你將一事無成。」她一生堅持這一銘言，對人類做出了偉大的貢獻。

英國文學家狄更斯（Charles Dickens）說得好：「頑強的毅力可以征服世界上任何一座高峰！」

我們有句老話：「不經一番寒徹骨，哪得梅花撲鼻香？」

05 一暴十寒

[解說]

一暴十寒，指求學中沒有恆心，努力少、荒廢多，三天打魚，兩天晒網。《孟子·告子》上說：「雖有天下易生之物也，一日曝之，十日寒之，未有能生者也。」晒一天，凍十天，植物便不能生長。同理，學習處於斷斷續續的狀態則必然半途而廢。

法國作家尚·德·拉封丹（Jean de La Fontaine）寫過這麼一段寓言：北風與南風比試，看誰能把一個行人的大衣脫掉。北風首先施展威力，行人為了抵禦寒風的襲擊，把大衣越裹越緊。南風呢，則是徐徐吹動，頓時風和日麗，行人只覺得春暖上身，始而解開鈕扣，繼而脫掉大衣。這則寓言說明，在有一些問題上，和風細雨勝過暴風驟雨。在對待學習的問題上，刮「北風」與吹「南風」不是大相徑庭嗎？

在廣袤的自然界裡，常常有這樣的事情，連續不斷的水，點點滴滴地

落下來，最後竟至把堅硬的岩石滴穿。那麼，這渺小的水滴又是怎樣穿透岩石的呢？古人說：「滴水穿石，非力使然，恆也。」滴水之所以能夠穿石，是因為它在漫長的時間中從未停止過「穿石」的努力，有一股堅持不懈的「韌」勁。

　　有些人在學習的時候，起初是幹勁十足，雄心勃勃，可是遇到一些不遂人意的情況，就偃旗息鼓，嘆氣、悲觀、退卻，從而使學習的計畫落空。這種人所缺乏的恰恰是這股「韌」勁，其學習只能是「為山九仞，功虧一簣」。

　　為什麼學習要鍥而不捨，持之以恆才能成功呢？首先，因為任何科學文化知識都具有系統性、連續性，世界上沒有生而知之者，沒有不學而能者，半途而廢只能導致一知半解、功虧一簣；其次，這些知識都是數千年人類智慧的結晶，人們對每一學問都不可能輕而易舉地掌握。因此不僅整體來說，學無止境，就某一個內容的學習來說也不是一蹴而就的。這就需要勤奮刻苦、持之以恆的精神，要永不間斷地下苦功夫。

［事例］

（1）維勒的後悔

　　弗里德里希·維勒（Friedrich Wöhler，1800 —— 1882）在科學研究上的兩次失誤正是這種情況，都是由於缺乏持之以恆的精神。維勒是德國著名化學家，於西元一八二七年、西元一八二八年先後發現了鋁和鈹兩種元素。西元一八二四年和西元一八二八年從無機物合成了兩種有機物 —— 草酸和尿素。這項工作不僅打破了無機和有機兩類物質的人為鴻溝，而且動搖了唯心論「生命力學說」，並指出了有機物的合成方向。但他在科學研究過程中也有過令人遺憾的兩次失誤。一次失誤是，這位成績斐然的

維勒，對呈現於他面前的豐富多彩的有機化學發出了絕望的感嘆。西元一八三五年他寫信給他的老師：「當前有機化學是夠使人發狂的。它給我的印象好像一片充滿了最神奇事物的原始熱帶森林，是一片猙獰的無邊無際的使人無法逃脫的叢莽，使人害怕走進去。」這時，他看不到有機化學正處在重大突破的前線，卻轉而搞別的研究了，從而失去了更多的成功機會。像維勒這樣卓有成就的大科學家，居然沒有膽量，沒有恆心，令人感到遺憾。他的第二次失誤，就是他錯過了發現元素釩的機會。維勒在實驗中，曾經分析過墨西哥的一種黃鉛礦礦石，並發現在試驗過程中有一種特殊的沉澱物。儘管維勒當時腦中也曾閃現過「這也許是一種新元素的化合物」的念頭，但他沒有恆心，沒有認真追索探究。後來，元素釩為另一位科學家所發現，使維勒後悔不已。

維勒在給他的老師柏濟力阿斯（Jons Jakob Berzelius）的信中，訴說自己的悔恨和煩惱，柏濟力阿斯於是寫信安慰他，並講了一個動人的故事，他把釩比做一位住在祕密房子中的美麗女神凡娜迪斯，而維勒去敲門，「敲門聲響了一次就停止了，敲門人沒有堅持到底敲下去」，「而另一位敲門人則敲個不停」，使女神終於開門迎客。

智慧小語

由此可見，在學習中，目標的實現，往往取決於堅持最後的一剎那的努力之中，沒有堅韌不拔的意志，堅持到底的奮鬥精神，經過多次奮鬥而即將到手的科研成果，會因缺乏「最後再堅持一下」的努力而在咫尺之間悄然失去。求學問的人，要想實現自己的理想，一定要做到持之以恆，要像流水和行雲，永遠不停息地前進。

(2) 享有草書盛名的懷素

　　唐代高僧懷素的草書享有盛名。此人性格疏放，喜歡飲酒。每當酒酣興發時，就在寺廟的牆壁上、長廊上、器物上縱橫書寫。他的草書，自成一格，氣勢磅礴，如龍蛇起舞。古人有詩句贊日：「筆下唯看激電流，字成只畏盤龍走。」

　　然而懷素這手奇絕的書法，並非一日練就，而是「筆塚」見功夫的。

　　懷素自幼家貧，念不起書，父母就送他到一座寺院當和尚。剛開始，他以練字來消磨時光，漸漸對書法產生了濃厚興趣，若一天不練字，就悵然若失，渾身不舒服。但是，他哪裡有錢去買紙？聽人家說，芭蕉葉子上可以寫字，而且寫字可以抹掉。他高興極了，幾年間就種了許多株芭蕉。他用毛筆在大葉子上認真書寫，練習筆力、腕力，使其旋轉自如。日日寫，月月練，芭蕉葉子用完了，就做了一個漆盤和一塊方板，在上面一練就是一兩個時辰，有時連飯也忘了吃。為了讓字體飛動而不輕浮，蒼勁又不顯乾枯，他便仔細揣摩前輩書法家的碑帖，反覆練習。當對一個字有所悟時，就高興得跳起來大喊大叫。天長日久，漆盤和漆板全都磨穿了，而且用禿的筆頭就有成千上萬。據說唐代毛筆頭可以更換，他就把換下來的禿筆頭埋在屋外一個土坑裡。久而久之，土坑逐漸填平增高，竟成了一個高高的土堆，叫「筆塚」。

智慧小語

　　孟子說：「無恆產而有恆心者，唯士方能。」讀書的人不必要有恆產，但必須有追求學問、道德的恆心。荀子云：「人貴有志，學貴有恆」。

　　懷素之所以能成為歷史上的書法名家，是和這種「埋筆成塚」、「盤板皆穿」的苦練及鍥而不捨的毅力分不開的。

　　恆心，是持久不變的意志。在需要長期努力的學習和科學研究中，

尤其需要恆心。與恆心相近的概念有：忍耐、堅韌、頑強、執著、熱衷、獻身等。它的具體表現是：一旦開始就非做到底不可，堅持不懈。鍥而不捨，打破砂鍋問到底等等。

(3) 樂羊子

樂羊子的妻子說過這樣一席話：「此織生自蠶繭，成於機抒，一絲而累，以至於寸，累寸不已，遂成丈匹。今若斷斯織也，則損失成功，稽廢時日。夫子積學，當『日知所亡』，以就懿德；若中道而歸，何異斷斯織乎？」樂羊子聽到妻子的話，很受啟發，以此精神治學，終於完成了自己的學業。

智慧小語

　　這個故事以「斷織」來勉勵努力求學，不可中途荒廢學業。有人將學習比喻為走路，千里之遙並不可怕，可怕的是快要到達目的地，要進大門了而停止前進，儘管你付出了預期的努力，也會是枉然。

書後語 —— 學無止境

做過學生的人都有這樣的體驗：在考試前一個星期所念的書，一直到考試都不容易忘記，但是考完才三天，就可能丟掉了一大半。學習當中，精神的鬆懈，常是我們最大的敵人，一刻鬆懈，可能使我們失去許多辛勞的成果。

求學過程就是不斷克服困難，解決矛盾的過程。它像兩軍陣前的交鋒，不堅持到最後一刻，就會前功盡棄。科學的知識就像光輝燦爛、琳瑯滿目的大寶庫，它需要人們不斷地探索，吸收其養分。「今日記一事，明日悟一理，積久而成學」，才能獲得「臺積而高，學積而博」的效果。

沒有堅強的毅力，就會半途而廢，因為貫穿持恆精神的是頑強的毅力。

要想有真才實學，就要活到老學到老。「學不可以已。」在歷史的進程中，人類累積了豐富的知識，個體生命不可能窮盡所有的知識。隨著歷史的進步，時代的發展，新知識層出不窮。一個人要保持個體生命力的充溢，不斷為社會做出新的貢獻，就不能停止學習。學習像傾盆大雨，或陽春之雪，三日而消，那樣終不能成大器。俗語說。「學如逆水行舟，不進則退。」一個學有成就的人，一旦放鬆了學習，也會退步。南朝文學家江淹早年「少孤貧好學，沉靜好交流」，寫出了《恨賦》、《別賦》等名篇。但後來出了名，做了官，漸漸自我陶醉，放鬆了學習，逐漸出現才思枯竭的現象。這就是人們常說的「江郎才盡」。

法國作家喬治·桑（George Sand）的小說《賀拉斯》（Horace）中有這樣一個人：他有理想，說過不少豪言壯語，甚至在夢中也在追求豐功偉業，可一旦動手實行，就在困難面前一籌莫展；遇到挫折就垂頭喪氣，一蹶不振；在學習上也是一暴十寒，最後落得年華虛度，成為人們的笑柄。

請記住，學習的碩果往往結在忍耐、堅韌的樹上。只要我們朝著自己選定的目標堅定不移地走下去，一分耕耘，一定會有一分收穫。

06　不豫則廢

[解說]

《禮記·中庸》中說：「凡事豫則立，不豫則廢」，意思是講，所有的事情，預先有計畫就會成功，沒有計畫就會失敗。

在校學習有學校給安排好的課程表和教學計畫，到了一定時間即可基本達到一定的學習目標。可自學呢？情況就不同了。沒有人來催促你，沒

有人去檢查你，弄得不好，很容易形成放任自流，學到哪裡算哪裡，沒有計畫，沒有目標，此之謂「信馬游韁」。

「信馬游韁」式的學習，是很難取得預期效果的。恩格斯認為，遊手好閒的學習，並不比學習遊手好閒好多少。歷史上不少富貴人家的花花公子就是靠遊手好閒式的讀書來混日子，那結果是眾所周知的，既欺騙了自己，也欺騙了父母。

沒有計畫，沒有目標的學習，寄望於偶然取勝上，則是一種僥倖。僥倖會惰人心志。我們都聽說過守株待兔的故事。宋國有一個農夫看見一隻兔子撞死在一棵樹樁上，他把兔子撿回家後，就再也不工作了，每天守在樹旁等待，希望再撿到兔子。

之所以出現信馬游韁、不豫則廢的情形，首先是因為學習中沒有切實可行的計畫，在計畫裡沒有確定學習的目標。目標分遠景目標和近景目標。在一個大的目標下，每個人應該有階段性的局部性的目標。目標的心理功能有導向作用和激勵作用。任何行動之前應確立遠景目標和相對的近景目標。這樣，行動才能積極、穩當和有效。如果不關心和研究自己的近景目標，僅僅關心遠景目標，而沒有切合實際的階段性措施，那麼，對於學習中的每一個問題、每一項實驗、每一門課程則會缺乏明確目標，導致學習不踏實。

[事例]

（1）托爾斯泰自修

俄羅斯作家托爾斯泰從西元一八四七年開始自修，他雄心勃勃，一下子開出了一個龐大的計畫：精通俄語、德語、英語、義大利語、拉丁語；嫻熟歷史、地理、統計學、數學、自然科學；好好學習音樂和美術；掌握

農業和實用醫學。顯然，這個計畫是難以實現的。後來，托爾斯泰進行了調整，才學有所成。

智慧小語

由此可見，自修計畫不能鬍子眉毛一把抓，要按照一個適合自己學力的要求，突出重點。

其次，單有追求的目標而沒有實現計畫的熱情是不行的。沒有火，礦石化不成鐵，鐵也燒不成鋼；沒有熱情，目標不能成為現實，計畫也不能變成行動。熱情是行動的前奏，是計畫和目標實現的加速劑。

(2) 閱讀跟計畫有關的書籍

愛迪生的全部學校教育總共只有三個月的時間。在校期間，他的教師曾說他是一個只會做白日夢的少年，斷言他的一生絕不會有什麼成就。然而，愛迪生終於成功了。祕密何在？他具有設定目標的能力和追求目標的熱情。一旦設定一個目標之後，他便使他的生活去配合那個目標，使它成為他的生命。他把生命獻給目標，並從目標獲得生命。因此，他全力以赴去閱讀跟他的計畫有關的書籍。讀夠了書後，他才在他的實驗室開始工作。接著他不分畫夜地工作，往往在清晨八點鐘進入實驗室，不到次日凌晨兩三點鐘不肯甘休。他的注意力總是十分敏銳確切，連一個動作也不會浪費。他從事數以百計的實驗工作，選取和拋棄實驗模型，忍受不可避免的失敗。但他勇往直前，不達目的絕不甘休。愛迪生有明確的目標，對目標專注並傾以全部熱情，加上豐富的想像和智慧，使他變成人類歷史上偉大的發明家之一。

智慧小語

　　學習需要計畫，從客觀方面講，是由於各門學科的系統性決定的。作為人類知識財富的累積和結晶的各門科學隨著社會的發展，內容越來越豐富，越來越深刻，越來越具有整體性，學科與學科之間的連繫也越加緊密。因此，學習一門科學，非要做全盤的統籌規劃，否則，不是感到無從入手，就是東鱗西爪、零碎不全，事倍而功半。從主觀方面來講，人們了解世界的過程是循序漸進的，需要由表及裡，由淺入深。學習一門知識也是一個長期的過程，不是一朝一夕所能完成的。由於主觀與客觀兩方面的原因，就需要我們必須有計畫地去讀書學習。

(3) 名重一時的大學者

　　清代學者程晉芳，一生勤奮好學。據記載，到了六十歲，他還能做到每日有讀書的規定和要求（稱「課程」），攻讀、複習經史，制定讀幾章經、幾卷史，或瀏覽幾冊古人的詩文。每按規定讀畢，就在小盂裡放紅豆，記下所讀的數目，晚上再倒出豆子驗證、核實。程晉芳數十載「日有課程」，嚴格按計畫讀書，對經史子集、天文地理都有較深入的研究，成為名重一時的大學者。

智慧小語

　　學有計畫並一絲不苟地執行，不僅能在長期不懈的努力中獲得知識，還能使人逐漸培養一種自強不息、努力向上的精神，使人的生活變得充實。

　　學有計畫，重要的是定量有恆。定量，不貪多；有恆，則是長期堅持，恆學不輟。這才能使學習取得顯著成效。

　　在制定學習計畫方面，學者程晉芳為我們做出了很好的典範。

書後語 —— 制訂一個合理的學習計畫

要明確學習的任務和了解自己的情況。一方面，明確學習的任務是學習「百戰不殆」的前提。這些任務包括學習的內容、要求、特點、方法、步驟等。主攻對象沒有明確，當然談不上計畫。另一方面，了解自己的情況是進一步學習的基礎。相對於學習任務而言，自己過去學習得怎樣？方法是否對頭？身體狀況怎樣？等等。要將兩方面情況進行分析、研究，才能制訂可行的學習計畫。如果基礎知識太差，接受新知識困難，就應該著重補基礎知識，將提高接受能力列入計畫。否則，勉強趕進度，盲目看參考書，到頭來會煮一鍋夾生飯，還得從頭開始。如果基礎較好，學有餘力，就可把重點放在向學習的深度和廣度進軍，不要滿足於現有的水準。一個目標達成後，立即又設定另一個目標。

制訂一個合理的學習計畫，其目標既不能太高，也不能太低。臺階太低，空費時日；臺階太陡，事倍功半。在美國哈佛大學的心理學家大衛·麥克萊倫（David McLellan）的帶領下，行為科學家們把與成功相連繫的動機分離出來研究，稱它為「成功的動機」。他們請十五個人做套圈遊戲。一個大鐵釘放在屋子的一端，每個人拿著一些繩圈投向這個大鐵釘。從投擲地點到鐵釘的距離，並沒有固定。有些人站在離鐵釘較近的位置，容易投中目標，很快失去了興趣；有些人站到離鐵釘較遠的地方，很難套上鐵釘，漸漸失去了勇氣；站在離鐵釘一定距離的人們，正好有投中鐵釘的可能性，因此，呈現最佳的競投狀態。這就是說，具有較高成就動機的人，根據自己的實際能力確定學習目標，往往容易很快達到目的。這些人被「成就回饋」所深深地吸引。所謂「成就回饋」，就是對於他們實現短期目標的能力的連續不斷的自我滿足感。

這即是說：目標期望值 × 實現概率＝成才動力。

此公式中，目標期望值是希望達到的才能發展高度；實現概率是在既定條件下實現成才目標的可能性的大小；成才動力是指為實現成才目標而表現出來的發憤學習、工作、成長才能的內驅力。可見，成才的動力、事業的成敗與目標的關係甚密。一般來說，成才目標的高低，不僅影響成才動力的大小，而且影響才能成長的速度。有志青年在向著事業高峰前進的時候，首要的一條就是：讓目標在高遠處閃光。

　　此外，計畫中要講究科學用腦的藝術。英國學者對人腦測試後發現，一天之內的不同時刻，人腦的思維能力有所不同。一般來說，上午八時，大腦具有嚴謹周密的思考能力；下午二時，思考能力最敏捷；晚上八時，記憶能力最強；白天，人腦的推理能力是逐漸減弱的。因此，早上適於做一些嚴謹周密的工作。下午適合做快速完成的工作；晚上做加速記憶的工作。總之，注意把最需要花精力的問題留給那個最佳的時候，而平時的零星時間只是為之作些準備。這樣，工作和學習起來會收效倍增。最會科學用腦的人，是最講規律的人，也是最講時間工作效率的人。因為人的精力是有限的，大腦皮質（cerebral cortex）的興奮和抑制過程是交替進行的，工作和休息是對立的統一。因而，筋疲力盡地學十個小時，還不如精神飽滿地學五個小時。如果我們能夠根據人腦的思維規律對生活、工作、學習、研究、寫作等予以通盤考慮，無疑會事半功倍。

　　問題的解答沒有一個普遍適用的公式，我們每個人必須根據自己的生活方式、生活習慣和從事的工作以及性格愛好來訂出自己的學習計畫，確立自己的學習目標。

　　送您一句米格爾·德·塞凡提斯（Miguel de Cervantes）的名言：「取道於『等一等』之街的人，將走入『永不』之室。」

07　不懂裝懂

[解說]

　　經典物理學的創立者牛頓（Isaac Newton）所說：「我不知道世人對我怎樣評價。我卻這樣認為：我好像是在海灘上玩樂，時而發現了一塊光滑的石子，時而發現了一個美麗的貝殼而為之高興的孩子。儘管這樣，那真理的海洋還神祕地展現在我的面前。」這番話不僅僅是謙虛，而且是一份人類在探索真知的漫漫征途中發出的清醒、明智的真言。

　　正是在這個意義上，我們認為，無知並不可怕，關鍵是能否正視自己的無知。在學習中「知之為知之，不知為不知」的理性態度，是推動自己向上的車輪。反之，「不知而自以為知」，甚至不懂裝懂，企圖靠瞞天過海之術「遨遊」求知王國，只能是痴人說夢。

　　這種態度用來做人，則多自負少自審；好自炫，乏自廉；有自大之狂，無自知之明，表裡不一、人格低下。因為人一旦說了謊，便會用各種謊言支持著一個謊言，漸漸地將說謊養成了習慣，只能戴著欺騙的面具以維持那虛偽的尊嚴。

　　用這種態度治學，就會把自己橫隔在真理的大門之外，喪失擴充新知的契機。因為求知學習來不得半點虛假和偽飾。在學習中，一旦沾染上不懂裝懂的惡習，勢必好誇誇其談，吹噓驕傲；勢必自高自大，文過飾非；勢必「打腫臉充胖子」，死要面子活受罪。久而久之，就會走向故步自封或自高自大，而這種不懂裝懂的惡習一旦在某些權威身上出現，甚至會成為阻礙學術發展的障礙。

第二章　三十種低效學習法

[事例]

（1）不懂裝懂害死人

一九二〇年代，挪威青年尼爾斯・亨里克・阿貝爾（Niels Henrik Abel）創立了被後人命名的阿貝爾積分。儘管這一著名積分解決了法國數學家阿德里安 - 馬里・勒讓德（Adrien-Marie Legendre）苦苦思索四十年未曾解決的例題，卻得不到當時的數學權威，甚至勒讓德本人的支持。在這些權威們看來，像阿貝爾這樣名不見經傳的小人物，怎能闖進他們的世襲領地？他們斷然將阿貝爾的發現打入冷宮。命運對阿貝爾實在不公平，他在貧困中病歿。

與此相同的事情還有很多。當安東萬・拉瓦節（Antoine Lavoisier）發現氧之後，信奉燃素說（Phlogiston theory）的權威們竟長期不願接受「氧」這個新名詞，儘管他們無時不在呼吸賴以生存的氧氣。蓋歐格・歐姆（Georg Ohm）發現電阻定律，德國一些權威們長期不給予承認，原因是歐姆不過是科隆基督學校的一位普通數學教師。孟德爾（Gregor Johann Mendel）的遺傳定律公開發表後，被抵制達三十四年之久。除了他那數學統計研究方法不被人理解外，主要原因是孟德爾是一個修道院的教士。

智慧小語

上述科學史中的遺憾和悲劇的產生，除了這些權威們因循守舊的原因外，他們那麼信心十足地加以抵制，是缺乏真誠的態度和實事求是的精神。首先，他們強不知以為知，對新生事物不理解。卻又認為真理在手，於是輕易地宣判新發明、新創造的「死刑」。此外，這些權威們拒絕接受這些新發現。還因為這些發現者「名不見經傳」，是無名之輩。一個無名之輩竟敢班門弄斧，向權威們挑戰，豈不說明這些權威們無能？這一點，使這些慣於裝點、打扮、突出自我的權威們難堪。於是，

為了不向無名之輩「示弱」，他們不惜動用手中的裁決權，將其打入冷宮。這種不敢以弱示人的行為其實是過度自卑的人格的表現。

(2) 赫魯雪夫評《裸女》

一九六二年在莫斯科（Moscow）練馬廣場舉行過一次俄羅斯聯邦美術協會莫斯科分會成立 30 週年紀念畫展。第一次在正式畫展上公開了以前被禁的作品。當時，赫魯雪夫也興致勃勃地前來參觀。誰知，他看後很不喜歡，特別令他反感的是羅伯特·法爾克（Robert Rafilovich Falk）用現代派手法畫的《裸女》。幾年後，被解除了職務的赫魯雪夫（Nikita Sergeyevich Khrushchev）向著名作家伊利亞·愛倫堡（Ilya Grigorievich Ehrenburg）談起這次畫展時，感慨萬千地說：「應該好好教育像法爾克這樣的青年畫家，要幫助他走正路，不能這樣對待婦女！」愛倫堡解釋道：「每個藝術家都有用自己的眼光去描繪這個世界的權利，這裡不存在任何侮辱婦女的意思。」「怎麼會沒有？」赫魯雪夫喊出聲來，「把女子脫得精光不算，還要將渾身塗上綠顏料才供人勾畫，這還不是侮辱？」

智慧小語

今天，當所謂現代派繪畫、雕塑已為大眾接受之後，回過頭來看這一件軼事，赫氏的無知是顯而易見的。可悲的是，受傳統思想的羈縛而獲得的虛假的知識竟然統治了赫魯雪夫多年，使他幾年之後竟然還在現代派藝術門外徘徊。

義大利哲學家有言：「虛假的學問比無知更糟糕。無知好比一塊地！可以耕耘和播種；虛假的學問就像一塊長滿雜草的荒地，幾乎無法把草拔盡。」獲得了虛假的學問而自認為真理在手，並且以這種虛假的學問判斷事物、認識世界，比出於一時權宜之計的不懂裝懂者更糟糕。也許正因為如此，里德里希·威廉·尼采（Friedrich Wilhelm Nietzsche）

第二章 三十種低效學習法

才說：「一無所知，比對許多東西都一知半解好。」上述赫氏倘若對藝術一無所知，也許他不會發那番「高論」，但不幸的是，他對藝術又略知一二，所以他就大膽指指點點，強作解人。可見，獲得虛假的知識是可悲的，但認識不到知識之所以虛假，則更為可悲。

書後語 —— 不懂裝懂更無知

不懂裝懂，只會使自己變得越來越無知。因此，與其誇大胡說，不如宣布那個聰明的、智巧的、謙遜的警句：我不知道。只有勇於承認自己的不足和無知，才會產生好學的動力，學而不厭，自強不息。

在學習中，要戒除一知半解、不懂裝懂之弊，首先要端正求知態度，樹立真誠的勇氣和實事求是的科學精神，敏而好學。在學習過程中，要注意全然不懂處不可臆測；似是而非處不可放過；通俗易曉處應昇華理解，「知其然」又「知其所以然」；對見仁見智的問題，不能莫衷一是；不能望文生義，人云亦云。

在學習中，尤其要去掉虛榮心，破除「面子」觀念以及與此緊密相關的「自尊」觀念。虛榮愛面子，為人生之一大禁忌。愛面子的，凡事都必虛飾。凡虛榮心特別強的人，大事小事，美事醜事，都要加以包裝，把事情的真情實貌私隱起來。就做人而言，這絕不是高尚的人格，而是一種虛假的尊嚴。

蘇聯著名科學家巴夫洛夫（Ivan Petrovich Pavlov）在逝世前不久還在《給青年的一封信》中大聲疾呼：「不企圖掩飾自己知識上的缺陷，哪怕是用最大膽的揣測和假設作為藉口來掩飾。不管這種肥皂泡的美麗色彩怎樣使你們炫目，但肥皂泡是不免要破裂的，那時你們除了羞愧之外一無所得。」

08　淺嘗輒止

[解說]

　　求知如登山，倘游移於山腳，或躑躅於山腰，豈能領略「無限風光在險峰」？求知亦如涉海，漫步沙灘，不過拾得幾枚貝殼；涉足於淺水，只是撿得幾個魚蝦。只有深潛海底，才能找到瑰麗的珊瑚。

　　為什麼有些學習者身入寶山卻空手而返？其原因之一就是走馬看花，浮光掠影。未經千淘萬濾的苦辛，怎能滿載而歸？

　　學習當中淺嘗輒止、浮光掠影主要有如下表現：有的人讀書，隨便翻翻，泛泛而讀，不求甚解；有的人讀書，僅為寫作一文而翻檢所需材料，而不一字一句讀透領會全書的義理；有的人讀書，甚至只看首尾，點到即止，就像前人譏諷的「殺書頭」；有的人讀書，不分對象，一目十行，粗枝大葉；有的人治學，缺乏幹勁和恆心，剛剛入門，便打道回府。

　　試以讀小說為例，對一般通俗小說，粗讀略讀未嘗不可。但對經典名著則應熟讀精思，以求吃盡書中味。淺嘗輒止、浮光掠影的學習者則不諳此理，即使讀《紅樓夢》，十個之中有九個是當故事書讀的，即使讀故事，也只專注於寫什麼而無視於怎麼寫，更不用說探討作者為什麼這麼寫了。因而對作者的感情、思想、所處時代環境以及藝術表現特點，都是一知半解。

　　再以學數學為例。淺嘗輒止、浮光掠影式的學習，往往滿足於記住一個概念或一個定理，這個定理的整個證明過程如何？前人是如何發現和建立它的？有什麼背景？定理的證明思想是什麼？定理的條件是否都必不可少？結論能否再加強？是否可以舉出反例？這一系列問題則不思不問，自然難以掌握定理的精神實質。

[事例]

(1) 古今的大成就者

- 曹雪芹撰寫《紅樓夢》，用了十年。
- 司馬遷寫《史記》，耗時十八年。
- 李時珍撰《本草綱目》，花了二十七年。
- 馬克思寫《資本論》（*Das Kapital*），經歷了四十個春秋。
- 歌德創作《浮士德》（*Faust*），嘔心瀝血六十載。

智慧小語

數位是枯燥的，但數字又是最有說服力的。「鍥而捨之，朽木不折；鍥而不捨，金石可鏤。」沒有這種堅定性和持久性，曹雪芹、司馬遷等人能構建起人類科技文化史上這一座座輝煌的豐碑嗎？難怪俄國生理學家巴夫洛夫這樣告誡我們：「科學非畢生從事不可，假如你有兩個生命，那你還是不夠的。科學需要一個人付出巨大的精力和熱忱。」

小有收穫，便打道回府，永遠與人生的大成功、大境界緣慳一面！

---

(2) 作家約翰・羅斯金

有位讀者問英國作家約翰·羅斯金（John Ruskin）：「羅斯金先生，我能學到你的智慧嗎？我也能寫部驚人的傑作嗎？」羅斯金說：「當你捧著一本好書的時候，你應捫心自問：我該不該像澳大利亞礦工那樣工作呢？尖鎬利鏟都隨身帶好了嗎……你夢寐以求的黃金就是作者在書中所表達的深刻的思想和他那淵博的學識。他書中的詞語就是含金的礦石，你只有將它們打碎並加以熔煉，才有可能化石為金。你的尖鎬利鏟代表著嚴謹、勤奮和鑽研，而你的熔爐就是善於思索的頭腦。如果認為沒有這些工具，沒有這種熱情，就可以叩開作者那扇智慧大門的話，那純粹是一種痴

心妄想罷了。而只有當你堅持不懈地進行艱苦卓絕的開採和久久不息的冶煉時，你才可能獲得一顆光彩奪目的珍珠。」

智慧小語

就治學而論，要想學有所成，既需要廣博的關於自然、社會和人生的基礎知識，也需要精深的專門知識。而單就某項專門知識而言，它也是一個博大的世界，是一個組織得很嚴密的多方面、多層次的知識體系，淺嘗輒止者所得必寡、必淺，是與學問無緣的。因為精深的思想是從廣博的知識系統中生發出來的。

書後語 ── 讀書學習不可心浮氣躁

以讀書而論，書本中的精義微旨並不是浮在書的表面，也不是展現於它的某一局部。從閱讀的過程看，感知語言是閱讀的開端，理解意義是閱讀的核心，欣賞文章的思想和藝術是閱讀的深化，評價文章的是非得失，是閱讀的昇華，最終還須將書本中吸收的資訊，運用於實際，這是閱讀的歸宿。就理解階段而言，為學讀書，「未見道理時，恰如重物包裹在裡面，無緣可以使見得，須是今日去了一重，觀得一重，明日去了一重，又見得一重。去盡皮，方見肉；去盡肉，方見骨法；盡骨，方是髓。使粗心大意不得……若只要皮膚，便有差錯。須深沉方有得。」（《諸儒讀書注》，《學規類編》卷四）很顯然，讀書中不深入思考，淺嘗輒止，浮光掠影，不僅難以吸取書本的精華，更談不上將其創造性地加以運用。

古人云：熟讀唐詩三百首，不會寫詩也會吟。這裡的關鍵是一個「熟」字。由「生」到「熟」是一個漸變到質變的過程。沒有達到「熟」，不說讀三百首，即使讀三千首、三萬首，又有何益？

故讀書學習宜虛心涵泳，深入體會，潛心求索，探幽察微，以求融會

貫通，切不可心氣浮躁，一目十行，淺嘗輒止，一知半解。

在讀書治學的態度上，古今的專家學者為我們樹立了典範。近代著名語言文字學家黃先生治學講究精研的經驗值得效法。他所讀經、史、語言文字諸書皆反覆數十遍，其熟悉程度至能舉其篇、頁、行數，十九無差錯。這種治學態度，正是之所以成為大師的成功祕訣。

在讀書方法上，現代著名哲學家的「精其選、解其言、知其意、明其理」的十二字讀書法值得學習。讀書能採用這個方法，讀到這種程度，就算是活學活用，把書讀活了。

以偏概全

［解說］

以偏概全，是形上學思維方式的一種盲點。

以偏概全就像只見樹木，不見森林的認知盲點一樣，難以掌握事物的整體，難以獲得全面而深刻的認知。德國哲學家黑格爾說：「譬如，一個化學家取一塊肉放在他的蒸餾器上，加以多方的割裂分解，於是告訴人說，這塊肉是氮氣、氧氣、炭氣等元素所構成。但這些抽象的元素已經不是肉了……用分析方法來研究對象就好像剝蔥一樣，將蔥皮一層又一層地剝掉，但原蔥已不存在了。」這就是說，對局部、個體的認知不能代替整體的認知，也不能脫離整體的關照，因為整體並不是部分的簡單相加。

我們面對的世界是一個普遍連繫的統一整體，其中任何一個事物都是多樣性的統一體。整體是由部分組成的，不了解部分就不能清晰地掌握整體。因此，把個別從普遍連繫中抽取出來，進行單獨的、分別的研究，即「見樹木」，是完全必要的。

　　在西方，從伽利略以來的四百年中，西方的自然科學走的是一條分析的道路，科學分類越來越細。經歷了漫長的「分析時代」後，人類獲得了越來越多的對於世界的分門別類的知識。如果說古代對世界的認知是「只見森林，不見樹木」，那麼，「分析時代」則是「只見樹木，不見森林」，是「深刻而不全面」。儘管從局部而言，「分析時代」加深了人們對於局部、個體的認知，推動了現代科學的發展。但由於過度注重分析，把具體對象拆散成了許多抽象成分，並將它們孤立起來考察，只從個別細節上窮極分析，而對這些細節之間的連繫缺乏總體的概括，就使多樣統一的內容變成了簡單的概念、片面的規定、稀薄的抽象。而將這種片面的局部的認知絕對化，就走上了思維的死角，導致只知其一，不知其二的偏執，以偏概全的盲點。

[事例]

（1）科技史上的一場鬧劇

　　在地質史上，十八世紀曾爆發過水成學派和火成學派之爭。一方是以德國地質學家阿爾弗雷德‧韋格納（Alfred Lothar Wegener）為首的「水成論」者，由於在德國山區看到了大量水成岩，就認為地殼中所有的岩石和礦石都是在水中沉積而成。另一方是以英國地質學家赫頓（James Hutton）為首的「火成論」者，由於生活在多火山地區，則認為許多礦床和不成層的岩石都同地下的岩漿作用有關，是由高溫的岩漿冷卻結晶而成。在英國愛丁堡召開的一次學術會議上，兩個學派在愛丁堡附近的火山腳下，對那裡的地層結構成因展開了激烈的現場辯論。由於雙方都只相信自己，各執一詞，以偏概全，兩派互相攻擊，互相謾罵，最後竟然拳打腳踢，演出了一場科學家互相打罵的鬧劇。

> **智慧小語**
>
> 　　後來的研究證明，岩石的成因是多元的：水成、火成和由隕石生成。水成派和火成派之爭之所以發展到企圖以武力解決學術問題，在思想方法上，兩者對於世界的觀察與思考方式，都屬偏執型，犯的都是走極端的錯誤，只有分，不知有合，只見局部，不見整體，只見樹木，不見森林。這就是人們常說的用孤立、片面的觀點看世界的形而上學思維方式的表現之一。

(2) 過度偏愛，各執一隅之解

　　科學史上由於思想方法的片面而導致認知偏差的事例不勝枚舉。例如：古希臘那些著名科學家曾經用演繹法在幾何學上取得了成功，便過度偏愛地推崇它，把它看成是獲得知識的唯一方法，以致忽視掌握實際知識，輕視實驗，貶低歸納法，結果後來走進了死路。在天文學中，他們把地球是不動的、是宇宙的中心這樣的觀點當作「不證自明」的公理。在物理學中，從「不證自明」的公理出發，想像出一套關於物理運動的理論。後來，培根（Francis Bacon）走到另一極端。他重視觀察和實驗，重視歸納法，這使他在科學上和哲學上贏得了聲譽；但是他卻忽視了演繹法在科學研究中的作用，瞧不起數理推演，不重視假說，以致造成否定哥白尼學說等失誤。

> **智慧小語**
>
> 　　歸納和演繹本來是相反相成、對立統一的具體方法，雖然在不同的場合可以各有側重，但從整個科學研究進程來說，必須使二者結合，不可偏廢，否則，不利於發明創造。但如果不從科學的整體進程考察，囿於自己的狹隘經驗，厚此薄彼，就走上「各執一隅之解，欲擬萬端之變」的片面性。

由此可見，學者不可無所見，亦不可拘守一己之見。宋代學者楊萬里曾說：「學者病乎無見，亦病乎有見。……蓋世有病於能俯而不能仰者，終身不知有天也；一日而其病癒，……喜焉，喜而不足，則終日觀天而不復見地焉……不知蓬荊棘、蹈溪壑也……」（《管錐篇》第三冊）這個比喻說明，一個學者如執偏自許，抱殘守缺，見此不見彼，十分有害。

（3）偏執一端是一葉障目

有人抓住《紅樓夢》中「賊盜蜂起，官兵剿捕，田莊上又難以安身」數語，便推論《紅樓夢》一書反映了當年現實歷史中的農夫革命，更進一步得出該書的思想意義在於它揭露了當時地主階級與農夫之間的階級鬥爭等論斷。他們在方法上的共同點就是將整體進行機械的剝離，脫離小說形象描述的整體，然後又以局部求解整體。由於沒有顧及全篇和全人，僅僅抓住隻字片語立論，其結論的可靠性顯然值得懷疑。

有的讀者，對作家作品的認知、評價，不掌握其全部材料和全部情況，顧及全篇和全人，及所處的社會現狀，習慣於「尋章摘句」。如對陶淵明的評價，這位歷來備受稱引的「田園詩人」，既有「悠然見南山」的一面，又有「猛志固常在」的一面，並非整天整夜地飄飄然。然而，有些論者不去看他的全人和全部著作，僅靠其著作選本和摘「章句」來評陶，只見局部而不見全體，把他看成整天飄飄然的「隱士」了。

智慧小語

偏執一端是一葉障目，不見泰山，而把局部和整體機械剝離，以局部等同或否定整體，則是以偏概全的一種表現。局部和整體既有連繫，又有區別。以人們熟悉的盲人摸象為例，如果盲人摸到象的大腿，認為象的大腿像根柱子，倒不失其真理性，但盲人竟然認為大象像根柱子，就大錯特錯了。

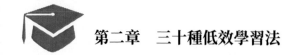

書後語 —— 既見樹木，又見森林

黑格爾說過：「辯證法是實在世界中一切運動，一切生命，一切事業之推動的原則。同樣，辯證法又是知識範圍內一切真正科學知識的靈魂。」這裡，黑格爾強調了辯證法在知識中的核心地位，實質上就是強調了辯證法在學習中的重要作用。因為學習，就是累積大量知識，並對知識進行科學加工和創造性運用的活動。因此，唯物辯證法理應成為我們累積、加工和運用知識應遵循的原則。

任何一位科學家，都只有在極其狹小的一個分支中耗盡畢生精力，才有可能做出創造性工作。這樣，人越來越局限在專門的知識領域中，對其他知識也難以廣泛了解，造成「對很多的東西知道得很少，對很少的東西知得很深」的結局，使人難以掌握事物的全部複雜性而難免帶有某種狹隘性和片面性。在這種情勢下，如果局限於專門領域，囿於一己之見，其視野恐怕與井底之蛙並無兩樣。

「不識廬山真面目，只緣身在此山中」，倘若跳出廬山，高瞻閱覽，千岩萬壑，盡收眼底，何愁不識廬山真面目呢？也許正是有感於此，法國大數學家布萊茲・巴斯卡（Blaise Pascal）說：「我看一個僅僅是幾何學家的人跟機靈的工匠沒有多大差別。」德國化學家格奧爾格・克里斯托夫・利希滕貝格（Georg Christoph Lichtenberg）也說：「一個只知道化學的化學家，他未必真懂化學。」

累積知識離不開唯物辯證法的指導，加工和運用知識，就更離不開這一科學思維方法。科學史上，有些科學家之所以比前人功績卓著，就是因為擅長綜合。站在「巨人肩上」成功的牛頓，是因為他綜合了惠更斯（Christiaan Huygens）、虎克（Robert Hooke）、哈雷（Edmond Halley）等人的科學成果。二十世紀科學的綜合風格更明顯，許多邊緣學科、橫斷

學科、交叉學科如雨後春筍般湧現。布魯塞爾的科學家伊利亞·普里高津（Ilya Prigogine）綜合了生物學、化學、社會學等許多學科現象，提出了著名的「耗散結構」理論。現代科學這種整體化的趨勢，使人類探索世界的視野中，出現了目不暇接的新世界圖景。在這種圖景中，既保持了分析時代的細節成就，也增加著細節之相互連貫的線條，形成一張普遍連繫之網，構成一種分析、綜合相統一的整體性掌握，一種將深刻性和全面性結合在一起的掌握。

正是基於這種局部與整體的辯證關係，現代思維方法十分強調整體思維的重要性，要求人們在觀察、思考問題時，把思維對象置於它所隸屬的全面或系統之中，從整體與局部、系統與要素，以及局部與局部、要素與要素的關係中去做綜合的考察、總體的掌握；既有局部分析，又有整體綜合，既見樹木又見森林，力戒偏執一隅，以偏概全。

⑩　因循守舊

[解說]

無疑處生疑，並不是亂疑，像曹操一樣人家磨刀殺豬，他都懷疑人家想向自己下毒手，結果釀成悲劇。這裡的疑，是指要播下創造的種子，學習時就得於無疑處生疑，不要因循守舊，亦步亦趨，要勇於「破」和「立」。「破」就是要經常解剖自己，看到自己的不足。「破」己才能破「人」。勇於向權威提出疑點，既是「破」人的開始，也是自己學習創新的第一步。有「破」才有「立」。「立」就是有所發現，有所發明，有所創造。哪怕是幼稚的、可笑的、不完整的，也值得鼓勵。

但在現實生活中，我們見過不少的「飽學之士」。他們天文地理、三教九流，無所不知，是一部「活的百科全書」。但是他們不能動手，不會

處世，解決不了問題，學習中沒有創新。除了書上講的、別人說的，一無所知，不敢越前人、今人雷池之一步，甚至抱殘守闕。

這種因循守舊、亦步亦趨、不思創新的學風不僅在人文學科領域的學習中有市場，即使在最能展現求實創新精神的自然科學領域也不能免俗，嚴重者因此而釀成悲劇。

[事例]

(1) 因循守舊之輩的遺憾

天文學家勒莫尼耶皮埃爾‧勒莫尼耶（Pierre Lemonnier）在西元一七五〇年到西元一七六九年間，有十二次觀察到天王星。但是，當時有一種立論，認為太陽系的範圍只到土星為止，土星以外，再沒有行星了。勒莫尼耶是個因循守舊之輩，他不敢，也從未想到打破陳說，總是把觀測到的新星當作恆星而不去理會。結果，機遇一次一次與他失之交臂。

又如二十世紀數學領域「勒貝格積分」創立者、法國一中學教師亨利‧勒貝格（Henri Lebesgue）的新思想問世後，被當時數學界的權威們稱之為「大逆不道」，「破壞傳統數學的優美」。一時間，只要勒貝格出席學術會議，就會遭到嘲笑和非議。

智慧小語

因循守舊，乃至亦步亦趨，其危害之，就是把自己變成了別人的影子，喪失了獨立思考創造的主體性。這種學習者，有的只能「入」而不能「出」，被別人牽著鼻子走，不能辨識舊說的訛誤，剔除無用的糟粕，吸取思想的精髓，更不可能有自己的獨立見解、自己的主動創造。他們不敢相信自己的觀察和分析能力，被權威的結論或所謂的經典所嚇倒，反過來痛苦地否定了自己的新發現。這些人在公理、定律和規則面前謹小慎微，本來可以獲得發明創造而錯過，造成無比的遺憾。

(2) 不幸的季節

對於許多科學家來說，一九零六年的夏天是個不幸的季節。奧地利物理學家路德維希·波茲曼（Ludwig Eduard Boltzmann），在氣體運動論和熱力學方面都有重大貢獻，在那年的夏天，他一個人跑到森林裡去自殺了。幾乎同時，法國科學家德魯德（Paul Drude）也自殺身亡。二十年後，荷蘭理論物理學家保羅·埃倫費斯特（Paul Ehrenfest）同樣結束了自己的生命。

科學史已經查明這些偉大科學家的死因：由於二十世紀物理學領域 X 光、電磁效應、對光速的測定等重大發現，使牛頓建立的物理學大廈土崩瓦解。這些科學家感到過去賴以生活和工作的信念發生了嚴重的危機，因而釀成了悲劇。

智慧小語

其實，這不是科學的危機，而是認知上的危機，正是因循守舊和墨守舊說釀成的令人哀嘆的悲劇。

讓我們再想想科學家自殺的悲劇。當許多科學家因為牛頓經典物理學的倒塌或一籌莫展，或悲觀失望乃至自絕的時候，愛因斯坦沒有拜倒在牛頓的腳下，他提出了相對論體系，拯救了整個物理學。透過他，物理學也改變了整個世界。愛因斯坦因此成為繼牛頓之後的又一個二十世紀首屈一指的物理學大師。相反，荷蘭物理學家洛倫茲（Hendrik Antoon Lorentz）在相對論誕生後，由於昨天尚能馳騁的園地的基石開始出現裂縫，便只有哀嘆。「在今天，人們提出完全相反的主張，這就無所謂真理的標準了。我真後悔沒有在這些矛盾出現前五年死去。」他完全喪失了「破」前人的學術勇氣和信心。

書後語 ── 過度自責是創新的另一個大敵

膽怯是學習創新中的最危險敵人，膽怯會磨滅想像力和獨創精神。德國物理學家馬克斯‧普朗克（Max Planck），雖然首先做出了「能量子假說」這個革命性發現，但由於膽怯，他不僅沒有為進一步發展量子理論做出貢獻，而且長時間對自己的發現持懷疑態度，並致力於調和「能量子假說」與古典物理學的矛盾。

過度的自責，是創新的另一個大敵。荷蘭物理學家埃倫費斯特具有非凡的評價和批判能力，因此一些偉大的物理學家常常樂意徵詢他的意見，他亦常常應邀出席各種科學會議。但是，他把這種嚴峻的批判用在自己身上，從而扼殺了這位才華橫溢的科學家的創造才能。結果他自己的思想產物還沒有問世，這種過份挑剔的批判就奪去了他對它們的愛。埃倫費斯特最後竟厭世自殺，他的悲劇就在這裡。

這就告訴我們：寧願在不懈的求索中辛苦一世，也不能在循規蹈矩中庸碌一生；要想得到永恆的快樂，就該讓生命投入到永恆的創造之中，快樂永遠是創造的伴生物。

請記住陸游的一句詩：「山窮水盡疑無路，柳暗花明又一村。」

11 學須「殷切」

［解說］

求學必須做到「殷切」二字。即對知識、學問的殷切、渴望之心。有了這顆心，總能受到教誨，學到知識，才不至於成為迷途羔羊。

有了「殷切」，還要有方法。如求師的方法應該是善於即事求學。先撇開其他與求學無關的，諸如身分、地位、學派、師承等，只就某一件事

情或某一種知識，若有不懂或懂得不透澈的，就可以把別人的長處拿過來，消化變成自己的東西。朱熹和陸九淵是一對「論敵」，常常為一些不同的見解而唇槍舌劍，爭論不休。但是，他們之間沒有門戶之見，而是互拜為師，集思廣益，相得益彰。

有的人一次能放下架子，態度也好，但多問幾次往往很難做到「不恥」、「掉底子」的念頭。其實，不恥多問正是求知若渴，永不知足的表現。學無止境，問無窮盡。當人們稱讚愛因斯坦有超人天才時，他卻告訴我們：「我沒有什麼天才，只不過對問題喜歡刨根尋底罷了。」

然而在學習中，我們常常發現，有些學習者漫不經心，不加思索；或死記硬背，食而不化；或泛泛而讀，不求甚解。這種學習者在讀書學習的時候，僅僅是帶著一隻大口袋，日復一日地往裡裝，勤則勤矣，但往往是徒勞無功，學無所成，甚至成為書本的奴隸還不自知。其中原因之一就是學習時不知置疑發問，探幽察微，對學習內容自然也就取捨莫辨，更別說超越前人而創新。

以問為起點，才能知己之不足，不斷探索新知識；以問為嚮導，才能由表及裡，循序漸進；以問為動力，才能百折不撓，向科學王國進發。

拙於置疑發問的學習者，首先表現為在具體的學習過程中，滿足於現成答案，在學習中缺乏進攻性和主動設問的精神。譬如讀一部小說，停留於作者寫了什麼，至於作者為什麼這樣寫，寫得怎樣，有何值得借鑑之處，則往往不加深究。讀一部理論著作，對作者為什麼要引入這些概念，這些概念是從哪些實際問題中抽象出來的，概念的內涵和外延是什麼，概念的定義是否能改變等等不予理會，死記硬背現成結論。其結果則可能會是全盤接受，人云亦云，囫圇吞棗，粗枝大葉；或淺嘗輒止，浮光掠影，甚至過眼即忘。

第二章 三十種低效學習法

其次表現為在學習過程中缺乏問題導向，學習處於一種盲目、被動的狀態。在學習對象的選擇中，往往分不清內容的輕重、急緩、主次，眉毛鬍子一把抓，甚至撿了芝麻，丟了西瓜，在浩如煙海的知識中迷失方向；學習時隨物浮沉，沒有導向，沒有方法，東鱗西爪，所學知識難以融會貫通，難以形成一個井井有條的知識結構。

究其原因，主要有以下幾個方面：

- 迷信書本、老師，不敢發問；
- 不懂裝懂，恥於發問；
- 自以為是，不想發問；
- 無所用心，懶於發問；
- 缺乏深思熟慮，發不出問；
- 怕失面子，不敢多問。

凡此種種，都是為學之大忌。缺乏問題意識，是把自己變成了知識的「空筐」，遇疑不問，則不利於發現知識的不足，不利於培養獨立思考創新精神，也阻斷了進一步學習、研究的契機。總之，不問，就使學習處於一種被動盲目的狀態。

[事例]

(1) 立雪門庭

宋朝的游酢曾經和楊時一起拜見程頤。剛好碰上程頤在閉目養神，游酢便與楊時侍立在程頤的身旁。過了很長一段時間，程頤發覺後，回頭對他們說：「你們還在這裡？今天已經晚了，還是先休息吧。」等到他們走出大門，門外的雪已經積得很深了。第二天早晨，程頤還發現他們仍站在雪地裡。

智慧小語

游酢與楊時待師之心多麼真誠、崇敬，求教之心多麼急切！像他們這樣拜師求教怎能學不到知識呢？

(2) 與「問」結下不解之緣

歷史上一些許多有成就的大師，無一不是與「問」結下不解之緣。如儒家創始人孔子，曾向道家老子問禮，成為一代聖人；愛因斯坦好設疑置問，喜歡「尋根刨底追究問題」。達爾文每有難題必問，「思考懸而未決的問題，甚至連費數年也在所不惜」；伊凡·屠格涅夫（Ivan Turgenev）好學善問，往往「在開口之前，先把舌頭在嘴裡轉上十圈」。

牛頓的偉大創造包含著他的老師巴羅的心血，培養出十一個諾貝爾獎金獲得者的歐內斯特·拉塞福（Ernest Rutherford），他的成功曾得益於老師湯姆遜的指導，而查兒克（Sir James Chadwick）的科學發現，又連結著拉塞福的教誨。周培源從師於愛因斯坦，拜師於章太炎。

智慧小語

大凡優秀人物後面，都有一位品德高尚、才智傑出的老師。

在學問與從師之間存在什麼關係呢？王充的「問難」和「極問」，相當深刻地回答了這個問題。他充分肯定了教師的作用。他認為，一個人要學習，必須從師，在教師的指導下學習知識，才能事半功倍。他在《論衡·量知》篇中寫道：「學士簡練於學，成熟於師，身之有益，猶谷成飯，食之成肌腴也。」

書後語 —— 天地是個悶葫蘆

有人說，在學習當中，提出一個有價值的問題，勝過熟讀一本書。這

第二章　三十種低效學習法

是因為前者是獨立思考的產物，後者則只不過是簡單的記憶而已。清代著名學者鄭板橋說過：「學問二字，須要拆開來看，學是學，問是問。今人有學而不問，雖讀萬卷書，只是一條鈍漢爾。」

問是打開知識之門的鑰匙。大凡有建樹者，其所得知識成果和經驗，皆與問有很大關係。英國科學家開爾文（William Thomson, 1st Baron Kelvin），由於不善師問，一生竟有三十二項重複性的科學研究，耗費了巨大的精力，堪為憾事。這裡需要的是謙虛的美德、容人的雅量和寬闊的胸懷，才能發現別人的才能，認清自己的不足。只有寬闊胸懷的人，能學習別人的長處。

孔子說：「三人行，必有吾師。」求師學習不應受年齡、地位、學歷等限制。道之所存，師之所存，無貴無賤，無長無少。只要「術業有專攻」，都應該「從而師之」。

不問不師的學習者正因為不懂得這一道理，在學校學習中，有的不尊師，或尊而不問，或追求師從對象至高無上、盡善盡美，或把年齡看成知識的代名詞，把職務看作真理的等高線，把分工看成無法超越的鴻溝，對年紀輕、地位低、資歷淺者恥於相師，更談不上廣師天下，博采眾家，取人之長，補己之短。這些都無異於自己堵死求知之路，自己為自己設置前進路上的障礙。如此，則在學習中往往失去許多機會。

請教師長，既要避免因膽小不敢去接近，說話行事都太拘謹，也要避免行為過於隨便，說話過於放肆。

哲人告訴我們：「德無常師，主善為師」、「善問能過重山，不問迷路平原。」

168

12　交友貴知

[解說]

　　「交友貴求知，結友重治學」。虛心的發問和求教，熱烈的爭論和反駁，嚴肅的質疑和答辯，常常使每個人取長補短、思路大開。如果學習者廣泛地結交志同道合之友，彼此努力做到：在學習資料上，拿出各自的儲蓄；在治學方法上，暢談各自的體會；在探討問題時，切磋各自的疑義；在交流觀點時，披露各自的謬談；在互贈成果時，分享各自的喜悅。這樣，互相啟發，使接受知識的速度和成長能力大大提高，才能在思想上和學業上共同進步。在學習中注重交流與合作，往往可以形成優勢互補，超越個人的局限。

　　但是選擇和結交什麼樣的朋友，對一個人的學業有著極大的影響。

　　首先，要認知什麼是朋友？東漢經學家鄭玄說：「同師為朋，同志為友。」亞里斯多德則說：「真正的朋友是一個靈魂孕育在兩個軀體裡。」人，離不開朋友。生活，獨處無友，則形影相弔，孤單寂寞；事業，獨行無友，則孤軍奮鬥，勢單力薄；學習，獨學無友，則孤陋寡聞。

　　就有利於學業而言，交友要以平等競爭為原則，發展競爭包容性友誼，在平等中歡迎競爭，在追求中相容並包，能者為師，求同存異。這裡，成才是共同的企盼，創造是共同的使命。這裡不僅有競爭，更有合作，是在競爭基礎上的合作，由合作而趨向共同成功。歷史上馬克思和恩格斯、歌德和席勒、楊振寧和李政道等都是這樣平等競爭、合作的完美「對子」。他們靠共同的志趣、互相信賴的真誠品格，維繫著友誼，追求著共同的事業，正可為當代人所借鑑。

　　在交友對象上，從有利於學業著眼，應遠離諂媚之人、勢利小人、酒

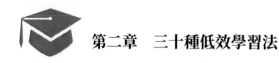

肉朋友，盡量選擇和結交誠友、諍友、業友、學友。誠友是品德好，真誠可信的朋友；諍友是「道義相砥，過失相規」之友；業友就是志同道合，為同一事業或專業共同奮鬥的朋友；學友即是同窗苦讀，朝夕相處的朋友。交友切忌終日無所事事、閒聊之人，他們是「盜時之賊」。

　　為了形成群賢畢至，少長成集，各抒己見，暢所欲言的學習環境，總之，所交「對象」應是志趣相投、志同道合者，也可以是知識結構、實踐經驗互補的人。透過與益友的資訊交流，才能給人以有益的啟發，使人心境豁然開朗。朋友的諒解與友誼是十分具有感染力的；朋友的鼓勵、勸誠、安慰和溫暖，激勵著人更加勇猛前進，意氣風發。

［事例］

（1）獨學無友的亨利・卡文迪許

　　被稱為科學怪人的英國著名物理學家、化學家卡文迪許（Henry Cavendish）的經歷也許可以給我們一點啟示。

　　卡文迪許才華橫溢，熱愛科學，把一生的全部精力都傾注於科學之中。他孤僻、靦腆，不善於交際，最怕見生人。若是有人來找他談話，他就要漲紅臉，不知如何是好。他實在不得已會客時，常常結結巴巴，答非所問，像個不知所措的小孩子。但是，了解他的人都知道，如果你想聽他的學術見解，和他談話時，最好不要看他，把頭仰起來，兩眼望著天空，就好像和天上的星星談話一樣，這樣就能聽到他的長篇大論了。這就是他的「怪」之所在。卡文迪許在五十多年的科學實驗活動中，從不顧及家產，全靠自費進行研究，很少與外人交往，過著隱居式的生活。這種研究和學習方式，既有得也有失。在得的方面保證了研究和學習所需要的時間和精力；在失的方面，由於同外界交流少，也走過許多彎路，做了不少不

必要的重複實驗，白白浪費了許多時間和精力。就得與失而論，應該說是失大於得。由於研究和學習與外界交流少，卡文迪許的大量研究成果在他生前沒有公布，而是死後由別的科學家公開的。而且，因為孤軍奮戰，卡文迪許的許多觀念是非常保守的。例如：他的化學發現開創了化學史的新紀元，但他卻相信燃素說；他發現了水的組成，但他自己卻加以否定，這就影響了他取得更大的成就。

智慧小語

　　獨學不僅於治學不利，而且於形成健全的人格品性也極為有害。卡文迪許對科學事業的那股子痴情固然令人敬佩，但他那近乎封閉的、孤獨的人格卻不值得效仿。一個學習者在求知過程中長期自我封閉，不僅會使其社會適應能力低下，在複雜的社會矛盾和人際衝突面前，顯得非常低能和拙劣，也會造成心理上的自我閉鎖，損害心理健康，重者就會走向卡文迪許的孤僻、怪異；倘若其人生目標受挫，甚至會釀成悲劇。

　　從卡文迪許的得失來看，從事研究和學習，多與朋友交流、切磋是十分重要的。獨學者往往像鴕鳥一樣，埋首於讀書，沉靜於思索，避免與他人接觸，由於缺乏志趣相投者的相互啟發、相互激勵，容易導致視野狹窄、見識淺陋，甚至陷入固步自封中不能自拔。在治學中，有的人無法與人合作，無視他人意見，只顧自做自的工作，離群索居；有的人有了問題不願直接溝通，也不願意向他人學習；有的人缺乏多樣化的觀點，不肯接納別人的意見，剛愎自用。

（2）善於合作的人

　　丹麥天文學家第谷‧布拉赫（Tycho Brahe）是一位非常出色的天文學觀察家，他三十多年如一日地進行天文觀察，累積了豐富的資料，準確地測定了行星的位置，糾正了原有星表中的一系列錯誤，成了當時著名的

「星學之父」。但他長於觀察，短於思維，因而未能從浩繁的觀察資料中發現天體運行的規律。幸運的是，在他逝世前一年，年輕的天文學家約翰尼斯‧克卜勒（Johannes Kepler）當了他的助手，完成了他未竟的事業。就觀察才華來說，他不如第谷，但就抽象思維來說，他強過第谷。正因為如此，克卜勒在第谷累積的豐富資料的基礎上，充分發揮他的理論思維的能力和數學才能，終於在西元一六〇九年至西元一六一九年，總結出行星運動三大規律，初步揭開了行星運動之謎，為後來牛頓進一步總結出萬有引力定律奠定了重要的基礎。

智慧小語

　　這一事例說明，第谷和克卜勒的合作，實現了出色的觀察能力和敏銳的思維能力的互補，這就使克卜勒如虎添翼，鍛鍊自己成為具有群體觀念、善於合作的人。具有群體觀念就能向師友虛心學習；善於合作的人，就能如同海綿，可以吸收各家的長處，成長自己的才能。一種不包含別人的經驗在內的學習是不存在的，一種只有個人經驗而沒有他人經驗做借鑑的學習是無從捉摸的。

(3) 愛因斯坦與「隱士們」

　　據說，著名科學家愛因斯坦一九〇二年大學畢業後，曾一度常在蘇黎世市吉拉斯姆街與索洛文等幾位青年大學生聚會，幾乎每個晚上都一起讀書、討論、探索和研究問題。從休漠、馬赫的哲學到牛頓的力學、黎曼的幾何；從天文地理到人情世態，海闊天空，無所不及，還非常幽默地取了個「奧林匹亞科學院」的名字，頗含深意。他們數年如一日，「隱士們」的學問大有長進。愛因斯坦更是出類拔萃。一九〇五年，他發表了「論動體的電動力學」，創立了劃時代的相對論，名震全球。極有意味的是，愛

因斯坦在這篇不朽的論文中，沒有提到任何權威，卻提到「院士」之一的貝索對他創立相對論的啟發和幫助。愛因斯坦成名以後，對年輕的「奧林匹亞科學院」的生活極為懷念。他一直與幾位「院士」保持密切連繫。在逝世前兩年，愛因斯坦在給哈比希特和索洛文的信中深情地寫道：「奧林匹亞科學院啊，我永遠忠誠於你，熱愛你直到生命的最後一刻！」

智慧小語

　　古人講：「以文會友，以友輔仁。」一來可以增加見聞，二來可以培養良好的品德。愛因斯坦由於與幾位「隱士們」相從甚密，終於創造出了輝煌的成就。

書後語 —— 交友三則

　　在學習中交友須注意如下三則：

　　第一，朋友相交，貴在交心。我們對「伯牙摔琴謝知音」的故事也許並不陌生。真正的朋友是基於共同的理想信念和追求，因相互仰慕而彼此吸引，相互間連繫的紐帶是人格的力量。因此，要做「喻於義」的義交「君子」，而不做「喻於利」的利交「小人」。

　　第二，交友「和」為貴。「和」指朋友之間的相處關係融洽。關係和睦，以誠相待，才能取別人之長，補自己所短。朋友之間的真誠友誼是打開相互心靈的鑰匙，是相互學習的橋梁。與人方便，於己方便；嚴以律己，寬以待人；己所不欲，勿施予人；尊重別人，理解別人，這樣才能求得與人的和睦相處。那種只為自己方便，損人利己，見利忘義；斤斤計較個人得失，拔一毛以利天下而不為者，必然無法享受和開拓交友學習所能獲得的知識寶藏。因此，「和」要求大度、慷慨、無私，最忌嫉妒和傲

慢。嫉妒是交友的大敵，也是做人的大忌。好嫉妒的人，必然嫉德、嫉能、嫉名、嫉財，無所不嫉。傲慢的人妄自尊大，瞧不起別人，心目中只以為自己偉大。他們認為不屑與別人交往，認為別人說的話不足掛齒，厭人之俗，嫌人之鄙，議人之短。這樣漸漸地與人疏遠，孤陋寡聞，固執己見，不利於自己的進步，也有害於群體。

第三，要正確對待和處理好交談中得來的種種資訊。既不要強人所難，也不要屈己從人，而要在堅持自己觀點的同時，融合他人之長，以發展自己獨特的見解和才能。反之，不加思考，人云亦云，津津樂道於傳播自己毫無掌握的小道消息，則有弊無利。

有一句蒙古諺語啟示我們：有朋友的人像草原一樣廣闊，沒有朋友的人像巴掌一樣狹窄。

13 好高騖遠

［解說］

在學習中好高騖遠，其表現之一就是不切實際地追求過高或過遠的目標，使理想成為脫離現實的高談闊論，面對現實，卻不知從何做起；由於這種理想不是對未來的有根據的合乎規律的想像和希望，就像虛無縹緲的海市蜃樓，只能是空想。而以這種空想自豪的學習者，不過是以空談來掩蓋自己的無能。

在學習中好高騖遠，更多地表現在雖有合乎實際的理想，但光說不做，光想不做，或者光想大目標，不做小事情。他們的理想是掛在嘴上、寫在紙上，就是不展現在務實上。在時間觀念上，這種「理想家」他們想著將來，卻不致力於現在；他們不是從實際出發，從現有條件起步，讓理

想的翅膀載著務實的精神，從眼前做起，實實在在地做，扎扎實實地做，而是消極地等待理想境界的降臨或徒發空洞的高論。

宋代的邵伯溫寫的《邵氏見聞錄》中有一段談到司馬光，司馬光曾問康節道：「某，何如人？」答曰：「君實（司馬光的號）腳踏實地人也。」後來宋朝有個寶謨閣，學士劉申也曾對人說：「吾無他長，唯腳踏實地。」由此可見，古人是把腳踏實地看作事業成功的很重要的保證。

其實，這一條何止重要，甚至可以說是成功的唯一途徑。學問的淵博，事業的成功，都離不開腳踏實地的精神。好高鶩遠的學習者有遠大的理想，憧憬無限美好的未來，可是眼睛只望遠方，看著那些地平線上引人矚目的東西，恰恰忘記了腳踏實地這一條，空想不經過「衣帶漸寬終不悔，為伊消得人憔悴」和「眾裡尋他千百度」的過程，達到「驀然回首，那人卻在燈火闌珊處」的成功境界。

[事例]

(1) 一屋不掃，何以掃天下

在《後漢書》上記載了一個很有名的故事：

東漢時候有個青年書生叫陳蕃，十五歲時，他父親的朋友薛勤來訪，見他獨居一室，灰塵蛛網滿屋，庭院雜草叢生，便問陳蕃道：「孺子何不灑掃以待賓客？」陳蕃鄙夷不屑地答道：「大丈夫處世，當掃除天下，安事一屋乎？」薛勤反問道：「一屋不掃，何以掃天下？」

智慧小語

薛勤這一問，問得十分精闢。從表面看，「掃天下」，乃堂堂大業，而掃地不過是「區區小事」。在陳蕃這樣一個自命不凡、滿懷「壯志」的人看來，兩者確實不可同日而語。但須知「九層之臺，起於

壘土；千里之行，始於足下」，「泰山不讓土壤，故能成其大，河海不擇細流，故能成其深」。一個學習者既要有「掃天下」的雄心壯志，又要從勤於「掃一屋」做起，這兩者不可偏廢。離開了「掃天下」而滿足於「掃一屋」，固然不足取；而離開了「掃一屋」去空談什麼「掃天下」，必然「空言不事事」，理想就變成空想。

(2) 人不可急功近利

從前有一位少年，到山上請一位異人傳授劍法。他問師父：「假如我努力學習，需要多久才能學成？」師父告訴他：「也許十年吧。」「家父年事已高，我要服侍他。假如我更加強烈地學習，需要多久才能學成？」「嗯，這樣大概要三十年。」「您先說十年而現在又說三十年。我不惜任何勞苦，一定在最短的時間內學成。」師父最後說：「這樣得跟我學七十年才能學成。」可是，最後他終於一事無成。如前些年某童歌星因嗓音甜美、天資聰穎而紅極一時。如果繼續讓她接受正規和系統的學習，將大有發展前途。可是她急功近利的父親卻不這麼想，而是成天帶著她東奔西跑，讓她四處登臺演唱。因此，女兒得不到和正常兒童一樣的娛樂和休息，而是整天在緊張和疲憊中度日。當大把大把的鈔票落入父親的腰包時，小歌星卻日漸心力交瘁，像彗星一樣在歌壇很快消失了，終因欲速不達而「泯然如眾人」了。

智慧小語

　　急功近利實際上是貪圖小利。這種人以眼前的實際功效或利益為行為準則。如不少初、高中畢業生追求的目標是，考上大學甚至碩士博士畢業，以圖將來謀得一個賺錢多、輕鬆安逸的工作等。一個人如果沒有對知識價值全面、深入的理解，如果僅僅把求知當作獲得眼皮底下的點滴利益的手段，把上大學當作拿到「鈔票印刷機」的機會，自然就會

對具有最豐裕、最長遠的「功利」知識價值視而不見，就會在急功近利中失去對人世間最可寶貴的東西的追求。

急於求成又往往導致失敗。孟子說：「其進銳者其退速。」並認為，「揠苗助長」，違背規律，「非徒無益，而又害之」。急功近利的思想往往容易帶來很大的危害。

（3）求知沒有「皇家」大道

古羅馬亞歷山大國王跟數學家歐幾里得（Euclid）學習幾何學，他學了幾條定理就感到不耐煩，幾何學像一個巨大的迷宮，搞得他暈頭轉向。他問歐幾里德，有沒有簡捷的途徑，能快速學會幾何學。歐幾里德回答：「鄉下有兩種道路，一種供老百姓走的，一種是供皇家走的，但在幾何學裡，大家只能走同一條路，沒有皇家大道可走。」

智慧小語

求知是沒有「皇家大道」，只有腳踏實地之路。日本哲學家谷川徹三告訴我們：「理想要高，身子要低。」

書後語 —— 天上的仙鶴，不如手中的家雀。

康有為說：「學者之患，皆在見小、欲速，由志趣不遠，規模不大，而成就因此狹小。」所以他說他平生最服膺孔子「無見小利，無求速成」這句話。

急於求成的學習者還表現為違背規律，「揠苗助長」。不懂得求知有一個由易到難，由淺入深，由簡單到複雜的循序漸進的過程，忽視淺顯的基本知識的學習和掌握。如有的學習者不注重數學基礎知識，一味地做「難題」、「偏題」，企圖一步登天；有的人缺乏基本的理論功底，就在一

廂情願地構建所謂「理論體系」；有的學習者不從基本的文體練起，卻在那裡構思巴爾札克式的鴻篇巨著；有的不切實際地貪多求快，好高騖遠，企望急於求成；有的不自量力地捧讀博大精深的東西，不僅空耗了時間、精力，而且還會產生心理障礙，認為自己愚鈍、低能，視學習為畏途。一個學習者想學有所成，甚至攀登上大學問的大境界，卻懶於寫好一個字，做好一道題，上好一堂課，這只能是痴人說夢。《宋史‧程顥傳》曰：「病學者厭卑近而騖高遠，率無成焉。」有一句格言說得好：「一萬個零也抵不上一個一，一萬次空話也抵不上一次務實；但如果把零放在後面，把理想建築在務實上面，就會獲得無窮的成果！」列寧曾經寫過一篇文章，題目叫做「天上的仙鶴，不如手中的家雀」。對於每一個學習者，每一道難關都是他未知的，都是他應該克服的，克服了它們，戰勝了它們，就走上了成功。

　　偉大的人就是有無畏精神的普通人，他們之所以能成功，就是因為他們想使自己成功。

14　不思則罔

[解說]

　　讀書學習是一種腦力勞動。既然是腦力勞動，就要求用腦子思考問題。學而不思，必然收效甚微。孔子說：「學而不思則罔。」孟子也說：「思則得之，不思則不得也。」

　　宋代教育家朱熹說：「餘嘗日讀書有三到：心到、眼到、口到。心不在此則眼看不仔細。心、眼既不專一，卻只漫浪誦讀，絕不能記，記亦不能久也。三到之中，心到最急，心既到矣，眼耳豈有不到者乎？」用今天

資訊理論的觀點來說，「眼到」、「口到」只是對資訊的攝取，「心到」卻是對資訊的整理、編碼儲存以及提取等一系列複雜的心理活動。並且，「心到」直接制約著「眼到」、「口到」。由此可見，學習中，認真思考之重要。

英國哲學家曾用螞蟻、蜘蛛和蜜蜂來比喻三種不同類型的哲學家：螞蟻單只收集；蜘蛛，只從自己肚中吐絲；蜜蜂則既採集，又整理。借用培根闡發的哲理來比喻學習，同樣十分形象。螞蟻碰到東西原封不動地照搬，不加消化；蜘蛛「守株待兔」，碰到網上的算數，學習絕少計畫，缺乏主動尋覓知識的精神；唯獨蜜蜂，勤採百花，一點點吸吮，一點點累積，然後經過咀嚼、消化，去蕪存菁，最後釀成濃香醇甜的蜂蜜。

螞蟻式的學習方法之所以不能實現從累積到創造的昇華，究其原因，實乃學而不思、生吞活剝。

[事例]

(1) 你用什麼時間來思考

拉塞福（Ernest Rutherford）是英國著名的物理學家，α射線的發現者。他是一個非常注重思考的人。一次，他走進實驗室，看見一個學生還在忙碌，便問：「這麼晚了，你還在做什麼？」學生回答：「我在做實驗。」拉塞福又問：「那你白天做什麼？」學生說：「我白天也在做實驗。」拉塞福接著問：「早晨你也在做實驗？」「是的，我從早到晚都沒有離開實驗室。」學生本以為老師會表揚他的刻苦，誰知，就聽老師反問他：「這樣一來，你用什麼時間來思考？」

(2) 戴震不盲從

　　戴震是清朝著名的考據學家。他十歲時入學讀書。一天，先生講《大學章句》時，照著書本上的注解說：「這一章是經，是孔子的話……」

　　戴震立即發問：「先生，這樣說有什麼根據？」「這是朱熹在書中注解裡說的。」先生回答。戴震又問：「朱熹是什麼時候人？」「南宋時人。」「那麼，孔子是什麼時候人？」「春秋時人。」「春秋和南宋相隔近兩千年，朱熹怎麼會知道的？」

　　先生雖然被問得無話可說，但還是誇他為好孩子。

(3) 有思考的知識才有用

　　傅聰是著名的華裔英國鋼琴家，在談到他的成長經歷時，他總是不忘談他父親傅雷對他的教育。傅聰說：「我爸爸對我最大的、也是最重要的影響，歸結起來就是一句話：他從一開始，就培養我的獨立思考能力。」父親常對他說：「你有思考的能力，知識才有用；有思考的能力，才可以不斷地獲取知識，更新知識。」

　　一天，父親給傅聰講《論語‧學而》中的「學而時習之，不亦說乎？有朋自遠方來，不亦樂乎？人不知而不慍，不亦君子乎？」三句話，當

時他不懂。可父親一個字也不給他解釋，只是啟發他，讓他自己說出答案。傅聰說：「我爸爸從來沒有把知識灌輸給我，而是啟發我自己去獲得知識。因為我們兩人都是絕對地在獨立思考，絕對不會人云亦云；所以儘管我在西方生活了近五十年，在我身上，感覺不到我是一個從西方來的人。」

智慧小語

「你有思考的能力，知識才有用；有思考的能力，才可以不斷地獲取知識，更新知識。」這雖然是傅雷對兒子傅聰所說的話，但這話對我們每個人都有教益和啟發。學習不思考，等於沒學，自然也就不能獲得新知識。

(4) 依賴深層思考的新發現

弗雷德里克‧班廷（Frederick Grant Banting）是胰島素的發現者。這一發現得益於他能夠深層次地思考問題。早在班廷之前，就有人發現把狗的胰臟切除，狗就會得糖尿病。這個發現還被記載在西元一八九八年的醫學雜誌上。然而沒人再進一步思考為什麼會是這樣。可是加拿大醫生班廷讀了這個記載後卻開始思考：胰臟裡可能會有一種物質，控制動物包括人的血液中糖的含量，那麼這是什麼物質？怎麼提取？班廷動起腦筋來。經過實驗，他終於發現了醫學史上和生物學史上很重要的胰島素。

智慧小語

科學成果的發現，有賴於深層次的思考。如果缺乏深層次的思考，即使你走到了科學發現的大門口，你還是邁不進科學發現的宏偉殿堂。

書後語 ── 四條思維法則

　　學習中如何思考，《禮記・中庸》中提出「慎思」、「明辨」等，作為讀書學習必須遵循的法則，至今仍不失其價值。明辨事實和材料的異同、問題的是非，思其當然；慎思本質與規律，思其所以然。只有經過慎思明辨，才能把所學知識條分縷析、比較鑑別、綜合融會、一以貫通。

　　法國數學家、物理學家、生理學家和哲學家笛卡爾（Renatus Cartesius）提出了四條思維的法則，值得我們借鑑。

- 任何東西在認清確實是真的以前絕不能認為是真的。所接受的，應該是十分明顯而又清楚、絕對無可懷疑的東西。
- 要探討的疑難問題，應該盡量加以劃分，而且是怎樣能得到更好的解決方法，便應該怎樣劃分。
- 有秩序地進行思維，首先從簡單的問題開始，按部就班地前進，以達到最複雜的問題。甚至在實際上沒有先後關係的事物中也要假設出一個順序來。
- 不論在任何地方，搜羅必須齊全，觀察必須廣泛，直到自己相信沒有遺漏時為止。

　　在游泳中學會游泳，在思考中才能學會思考。因此，要養成多思、勤思的習慣。成功與方案是成正比的。勤思多智，想得越多越好，想得越新越好。「真理與疑問互為滋養」── 但丁（Dante Alighieri）。多想幾個為什麼，就會多得一些靈感，多得一些思考的火花。如：邊讀要邊思，多讀要多思。讀完一節、一章、一本後，要掩卷深思，左思右想；想想書本的言外意、弦外音；想想書本上的知識與「左鄰右舍」的關係；想想書本上的話有理還是無理，並把一閃而過的思考火花及時記錄下來，作為進一步思考的依據。

請記住德國哲學家叔本華的話：「所謂『思考』……它像在風中煽火一般，必須始終不斷地煽動才能維持火焰不熄。思考時，必須要對思考的對象發生『興趣』，不斷地刺激它，並且要持之久遠。」

⑮　做真學問

[解說]

擁有真學問的人，是一個既了解自己的力量又善於適當而謹慎地使用自己力量的人。

首先，做學問必須嚴謹，就是嚴密謹慎。它是求知、治學所必須具有的優良作風。有了這種作風，我們才能實事求是；有了這種作風，我們才能精益求精。對於文章中的任何部分，如年分準確與否，文字規範與否，數位正確與否，資料可靠與否，結論科學與否，我們都會認真思考，反覆推敲，細心探求，而不馬馬虎虎，粗心大意，主觀臆斷。

我們要做真學問、大學問，必須養成這種良好的作風。

[事例]

(1) 僧敲月下門

唐朝時，有位名叫賈島的詩人，作詩以「苦吟」聞名。一次，他寫了一首詩，詩中有一句是描寫一位老和尚夜晚回廟開門的情景。用「推」好，還是用「敲」好呢？他拿不定主意，便反覆比較，甚至出門騎在驢背上，也用手勢作「推門」和「敲門」的動作，細心體會。

一天，他又在驢背上比劃「推」、「敲」的動作，竟比劃得入神，連浩浩蕩蕩的官員儀仗隊迎面走來，他都沒有發現。直到被帶到那位被人簇擁著的大官面前，他才醒悟，趕快道歉，說明自己沒有讓路的原因。幸運

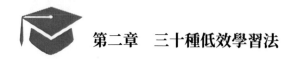

的是，那位大官不是不學無術者，而是當時有名的散文作家韓愈。韓愈自然不會怪罪賈島，反而還興致勃勃地下轎和賈島一道「推敲」起來。

韓愈對賈島說：「推、敲二字相比，還是『敲』字好。『敲』響亮有聲，顯得靜中有動，能生動地表達在靜靜的月夜下，一位老僧回廟的情景。」賈島覺得韓愈說得很有道理，便接受了他的建議，將「僧推月下門」改為「僧敲月下門」。

智慧小語

「推、敲」的故事表現了賈島嚴謹的寫作態度。我們要寫出好文章，必須具有這種態度。因為人們的思想感情和客觀事物的狀貌是複雜多變的。要準確、鮮明、生動地反映這複雜多變的思想感情和客觀事物的狀貌，就必須注意嚴格選擇詞語。找到那唯一的最貼切的名詞、動詞、形容詞。每個字都應該求其盡力發掘出整個作品思想所需要的全部意義，以致在同一語言中沒有任何其他的字可以代替它。

（2）為了一個標點符號

一次，英國著名作家奧斯卡‧王爾德（Oscar Wilde）舉行宴會，招待各界親朋好友。誰知，餐桌上已擺上了美酒佳餚，客人們也都落座，但主人卻遲遲不見出現。

又過了好久，客人們都有些不耐煩了，王爾德才匆匆走進餐廳，並向客人們道歉。有客人問：「您把我們都請到這裡來了，您做什麼去了？」王爾德說：「實在對不起，我在修改詩稿。」客人又問：「改動一定很大吧？要不怎麼這麼久才出來。」「其實，改動得並不大，但很有意義。」王爾德笑著說，「我刪去了一個逗號，後來，思考了一下，又覺得不妥，便把它重新加了進去。」

智慧小語

　　一個逗號的取捨，竟花費了很多時間。王爾德嚴謹的創作態度，由此可見一斑。

(3) 怕後生笑

　　歐陽修是宋代著名的文學家。在他晚年時，他想把自己寫的文章編輯成一個集子。為此，他認真地對那些文章進行修改，常常改到三更半夜。夫人問他：「你又不是小學生，還那麼認真，難道還怕老師嗎？」歐陽修嚴肅地說：「沒有老師來責怪我。但我的集子是留給人看的，我是怕後生們笑話我。」

智慧小語

　　「怕後生笑」，話雖不多，但是一個治學嚴謹的文學家形象躍然紙上。與歐陽修這種嚴謹的治學態度相比，我們這些後生感到汗顏。因為我們寫文章常常一稿而成。不是我們水準比歐陽修高，而是我們缺乏他那嚴謹的治學態度。於是，文章條理不清，錯別字連篇的現象時有發生。至於我們的後生是否笑話，好像我們很少想過。

書後語 ── 世界上最怕「認真」

　　在真正的學者眼裡，「學問」二字是神聖的，事實是唯一的依託，人格是唯一的追求，真理是唯一的歸宿。他們不求聞達，不事聲張，桃李不言，下自成蹊。做學問與汲汲於個人名利是不相容的，名利是阻礙學問長進的絆腳石，是遮蔽探求真理眼睛的霧翳，是侵蝕昂揚奮進的毒藥。為學者不可不志存高遠，三思而後行。

　　美國著名思想家拉爾夫‧沃爾多‧愛默生（Ralph Waldo Emerson）

說：「如果一個人能避開所有要深孚眾望的想法，雖然他也遵守誓言，但卻是以保持那種不矯揉造作，不存偏見、不被私利引誘、不怕威嚇的純真無邪的狀態為前提，那麼這個人一定是一個不可戰勝的人。他將對眼前的種種事情盡抒己見，由於他的意見不是站在偏私的立場而是站在必然性的立場上發表的，所以它讓人聽起來如雷貫耳，驚心動魄。」

16　精讀為本

[解說]

所謂精讀，就是細細揣摩，反覆研究，務求明白透澈於心。據載孔子讀「易」就讀到了「韋編三絕」的程度。只有精讀了，文章的思想內容、感情色彩、神韻風姿、「微言大義」，才能夠「越探越出，越研越精」。

讀書學習應以精為本，由慢到快地向外延伸、博覽，努力做到精與博的結合。現代著名作家秦牧曾形象地把這兩種方法比喻為「牛和鯨的方法」。精讀所以像牛的吃法一樣，慢慢地咀嚼，細細地品味，對那些入門基礎的知識，博大精深、一時難以深刻理解的知識，都應該學習牛的吃法。泛讀則像鯨的吃法一樣，張開大嘴，從海水中濾取食物，對那些一般性知識，需要瀏覽的書籍都可以採取鯨的吃法。讀書治學，精博結合，才能相得益彰。

要做到精博結合，還應根據自己的興趣專業目標等，在一個時期內明確自己的主攻方向，選準讀書學習的突破口，並圍繞這一方向有系統地讀書。學有定向，才能「泛」而不「濫」，「精」而不「偏」。各門學科的書籍汗牛充棟，但有價值的不過就幾本。將這幾本讀通了，就可舉一反三，觸類旁通。如果唯讀一般的書，或者被淘汰的書，就只能得到一些知

識的秕糠，難免會營養不良。名家或一些有經驗的學者，是剛剛涉足某一領域的求學青年的嚮導。可請他們開列書單，挑選出最有價值的書來精讀。這樣，透過專攻一點才能向縱深發展，追本溯源，從而在短期內開掘理論深度和有新的發現。

［事例］

（1）聽從導師的勸告

據說，愛迪生開始讀書時，只隨興之所至，任意在書海漫遊。一次，他回答導師的提問時說：「我是按書架上的圖書次序讀的。我想把這座圖書館的書，一本接一本都讀完。」他的導師認真地告訴他：「你的志向很遠大，不過如果沒有具體的目標，學習效果是不會好的。」愛迪生聽從了導師的勸告，根據自己的興趣、愛好和專業目標，把讀書的範圍逐步集中到自然科學方面，尤其是電學和機械學。有目標導向，終於使愛迪生掌握了系統而扎實的知識，成為偉大的發明家。

智慧小語

圖書館書架上的書多得很，如果按照愛迪生這種讀法，恐怕十年也讀不完。因此只有將「泛覽」與精讀結合起來，才能達到預定的目的。

（2）是為讀而讀書

南北朝的陸澄「坐行眠食，手不釋卷」，把《易經》背得爛熟，但人家要他寫《宋書》，他卻一字也寫不成，被當時人稱為：「陸公，書櫥也。」

唐朝李善酷愛讀書，但缺少創見，被人們呼為「書簏」。

《明齋小識》記載清代汪凝載的故事，說他年少聰明，讀書一二遍，

便能成誦。因此，十三經、《漢書》都讀得滾瓜爛熟，可謂皓首窮經了。誰知他執筆作文，做了兩三小時，只寫得「然而」二字，老是寫不下去。這件事一時傳為笑談。

相傳英國有個叫亞克敦的人，他把自己家裡的七萬冊藏書都讀「通」了，還博覽了許多其他書籍，並做了大量筆記與校勘。亞克敦可謂讀書不少，可是一輩子連一篇文章都寫不出來。

智慧小語

上述之位是典型的。

皓首窮經的學習者，他以「窮經」為目標，一輩子讀經、注經、講經，以所謂「學識淵博」而自豪，可惜其弊端在於不是為創造而學習，而是為讀書而讀書。

書後語 —— 泛覽求「博」，文理結合

蘇軾曾說：「書盲如海，百貨皆有。人之精力，不能兼收盡取，但得其所欲求者耳。」這就是說，學習者必須根據自己的學習目的，對學習對象、學習內容和重點加以選擇，不可泛泛而學，不加選擇地亂讀一氣。因此一個聰明的學習者不僅在制定一生的學習計畫時要知道限制自己，而且在「學什麼」的問題上，注意選擇，以求得學習效益的最優化。在學習當中，既博覽群書，又用功專一，習得精深。

歐美國家長期流傳著兩句諺語：「不懂經濟學的工程師，只能算是半個工程師」；「只爭到一個學科的博士是『銅牌博士』，拿到兩個學科以上的博士才稱得上『金牌博士』」。

長期以來，由於理、工、文、管的相互脫節，目前我們的大學生普遍存在知識面較窄的情況。部分大學生對本專業外知識的學習認知不足，積

極性也不高。為此，我們提倡除了在專業內部要相互滲透外，還要提倡理工科大學生多涉獵一點人文社會科學類知識，文科學生盡量學一些自然科學方面的知識。因為人文社會科學類知識有助於想像能力、邏輯思維能力和組織管理能力的培養，而自然科學知識可以使人獲得改造自然的強大力量，這種創造和努力的成果，構成了人類值得驕傲的物質文明。同時，這種文明又不斷地改變著人們的生活模式、思維模式，對社會的政治、經濟、軍事、文化等結構產生深刻的影響。因此以精讀為本，在泛覽中求「博」、文理結合，不可忽視。

　　蘇霍姆林斯基（Sukhomlinskii）曾這樣告誡青年：「你的周圍有一個浩瀚的書刊海洋。大學生時代要非常嚴格地選擇閱讀書籍和雜誌。愛鑽研和求知欲旺盛的人總是想博覽一切，然而這是做不到的。」知識的海洋浩瀚無邊，學無宗旨，泛泛而讀，即使皓首窮經，也必定徒勞無功。

⑰　欺世盜名

[解說]

　　追求名譽是人們自尊心的表現，雖然有名僵利鎖之警告，但社會之為社會，人生之為人生，永遠不可能絕對超越它們。不過在有良知的求知者那裡，所謂名，通常是以道德認同為基礎的。名譽總是與勇敢、勤奮、廉潔、忠誠等品德密切相聯。因此，對於名的追求，實際上是一種道德完善與昇華的過程。虛名、浮名都不過是這個真名的淪喪和變異。虛名益盛，浮名益漲，則其道德水準的墮落益甚，至於貪圖虛榮，欺世盜名，則更為正直的學者所不齒。

　　貪圖虛榮者往往重名輕實。有的遇事只看名目，不管實質和內容；有的做事喜歡裝門面，不求實際，專掛招牌，不講貨色；有的則靠自吹自

捧,大吹大擂,枉得虛名。總之,貪圖虛榮者不是把功夫花在踏踏實實的工作、兢兢業業的學習鑽研上,而是熱衷於、習慣於將全力用在「偉大而尊嚴」的名目上,把名當作追逐的目標和衡量事物的標準。《易經》認為,智者無功不受祿,強者不吃嗟來之食,賢人不坐享其成,聖人乾脆放棄所有功名,只做一個自然的人。這是最平凡的人,又是最偉大的人。

有道德的人追求的是為人稱頌的高尚之名。有道德的人日夜憂慮的是德業不成,功業不就,害怕自己活著的時候,沒有可以稱述的道德和功業,而追求的不是虛浮之名。

［事例］

（1）榮譽就像玩具

瑪里·居禮成名後的一天,她的一位朋友來到了她家。在瑪里·居禮的家中,朋友發現瑪里·居禮的小女兒手裡正玩著皇家學會剛剛獎給瑪里·居禮的一枚金質獎章。

朋友看了,吃驚地問:「能夠得到皇家學會頒發的獎章是很高的榮譽,你怎麼能把這枚獎章拿給孩子隨便玩呢?」

瑪里·居禮聽了朋友的話,笑著說:「我是想讓孩子從小就知道,榮譽就像玩具,只能玩玩而已,不要太執著。」

> **智慧小語**
>
> 　　榮譽只能代表過去,而不能代表將來。它只是對人們以往成就的褒獎。如果我們能這樣看待榮譽,我們就會更加努力地工作,把榮譽當成工作的新起點。瑪里·居禮就是這樣的人。因此,她把榮譽看作「玩具」,繼續努力刻苦工作,成為世界上唯一一位兩次獲諾貝爾獎的得主。

書後語 ── 學思習行

貪圖虛榮源於人的貪欲，是利己主義的情感反映。《漁夫與金魚的故事》告訴我們，那老太婆得隴望蜀，有一想二，貪得無厭，結果金魚在憤怒和厭惡之餘，收回了一切，老太婆依舊生活在往日的貧困中。這個故事深刻地揭示了人的本性，以及這種本性所帶來的危害。人都有利心，這是不可避免的，但去貧賤，求富貴，都必須以是否符合「義」為前提。人不能嗜欲太過，因為欲望是無止境的。如果不顧一切地謀求富貴，最後吃虧的還是自己。荀子說，如果去爭奪飲食，而沒有廉恥之心，只是獵犬罷了；如果去爭奪財貨，而不知道辭讓，只是商人盜賊罷了。對名利的追求可同樣如是觀之。一徒有虛名，無異於揮霍自己的精神與生命，本身就是對生命的一種褻瀆，對人的尊嚴的踐踏，一個人所具有的價值也就隨之蕩然無存。孟子說：「子路這個人，別人告訴了他的過失，他就很高興；大禹聽到很有益的話，就給別人行禮。」子路、大禹嚴以律己，做到了名副其實。

因此，我們要樹立正確的榮譽觀。榮譽是一種讚賞性的評價，虛榮則是一種虛假的評價，因此，個人必須具有正確的榮譽觀。英國哲學家培根認為：「人的榮譽應該與人的價值相稱。如果榮譽大於價值，不會使人服氣。反之，內在價值大於榮譽就不會被人認識。」所以，我們要正確面對榮譽。當社會稱譽和個人尊嚴相矛盾的情況下，應有兩種不同的態度。如果兩者都實事求是，合乎歷史必然發展規律，那麼，就應該順應社會的稱譽，堅持個人尊嚴，繼續履行原來的義務；如果兩者都不實事求是，與社會發展的必然要求相悖，那麼，就應該毫不遲疑地拒絕社會的「讚譽」，拋棄原來所謂的「個人尊嚴」。在榮譽面前，既要保持高尚的自尊，又要具有真誠的謙遜。一個正直的人，有高尚的自尊心的人，非但不會沽名釣譽，不以弄虛作假騙取虛榮，不貶損別人抬高自己，而且會在社會讚譽面

前，具有「盛名之下，其實難副」的自知之明，想到自己的不足，虛心學習他人長處，力爭百尺竿頭，更進一步。

日本哲學家池田大作告訴我們：「榮譽有如螢蟲之火，在暗黑的夜空裡放著光，顯示出美麗，極其可貴，但是，靠前一看，立刻就會明白是何等的軟弱無力。」

18　考場舞弊

[解說]

考場舞弊自古有之，它是另一種形式的欺世盜名行為，從某種意義上可以說，自從人類發明了用考試來作為選拔人才、衡量學識的方法之日起，舞弊就與之形影相隨。幾千年科舉考試的歷史，不僅考生舞弊，考官也舞弊，考生與考官串通，一個獵名，一個逐利，名利結合，「座主門生，沆瀣一氣」，使歷代科場舞弊醜聞屢見不鮮。

時至今日，科場舞弊遺風考風不正，臨場作弊，既敗壞了學風，也毀掉了學業，並且使一個人喪失了誠實的品性。若任其發展必然形成人的虛偽、狡點的一面，為以後事事處處弄虛作假奠定基礎。因此，考場舞弊應受到嚴厲的譴責，使舞弊者足以警醒，學術上的舞弊則要繩之以法，受到世人輿論和自己良心的審判。

[事例]

（1）合夥作弊者

在明朝順天舉行的一次鄉試中，不學無術的鄭某與順天書辦俞某合夥作弊，俞某憑藉職權將考生中的優秀卷子裁割下來，換作鄭某的，使得鄭某高中第四名。但時隔不久，這事被人發覺，告發了。於是，鄭某與俞某

被枷示眾於禮部門前，歷時三個月，風吹日晒，現眼出醜，好不難受。更有好事者，寫下一首打油詩，對被枷示眾之人，極盡挖苦諷刺之能事：說他有木枷套在脖子上，渡河不必擔心沉入江底；夜行不必擔心掉入無欄井內；下雨淋不溼衣裳；颱風吹不著脖頸；怕只怕天寒地凍，小蟲都縮頸冬眠時，他的頭在枷上，縮也縮不下去。

智慧小語

平日不刻苦攻讀，考場上行奸舞弊，考試僥倖者雖也能混上一點功名，但更多的人是貽笑千古！

對年輕的學習者來說，要具有良好的考試觀，將考試看作一次集中的訓練，培養基本的科學素養，做一個誠實的人。

首先要端正考試態度，明確學習目的。考試是整個教學活動中的必要環節，是檢查教學品質的一種手段。它既可以使教師了解學生掌握知識的程度和運用知識的能力，從而得到回饋資訊，便於總結經驗，改進教學；也可使學生發現自己學習上的薄弱環節，以便有針對性的加以彌補。因此，學習的目的不是單純為了應付考試，考試的目的不是單純為了追求高分。考場舞弊則破壞了考試與學習的辯證關係，既欺騙了老師，也欺騙了自己。

書後語 —— 考試作弊的誘因及心理

考試作弊的誘因很多。我們認為以下幾方面主要的作用：

社會風氣和社會輿論的不良影響使傳統的「萬般皆下品，唯有讀書高」的知識價值觀發生了嚴重的變化。拜金主義、功利主義思想導致了人們對知識價值的蔑視與否定，也造成了大學生學習態度的根本轉變。新的「讀書無用論」在校園裡氾濫，弄虛作假之風等不良風氣在校園裡滋生，導致學生平時不努力，考試只有作弊過關了。有一段時期，有人片面、不

準確、不合邏輯地宣傳「知識爆炸」、知識老化，以及把吸取知識與培養能力對立起來的違背唯物辯證法和教育、學習規律的提法，導致學生思想中產生一種模糊的認知，認為知識更新得太快，在學校所學知識，畢業後就「老化了」、「過時了」。因此，現在何必認真學習呢？在這種心理狀態下，學習不刻苦，整天玩樂。為了通過考試，只有考試作弊這條捷徑可走了。

學校和教師工作中的失誤。學校中溝通流於形式，缺乏應有的力度，在教育的內容和方式上缺乏針對性與科學性。管理中雖然有了一些規章制度，但有些標準制訂得籠統模糊，執行標準不明確，從而導致執行不嚴格，學生有可乘之機。部分教師受社會負面的消極影響，在教學上馬馬虎虎，對厭學現象寬容理解，對考場作弊現象視而不見。有的甚至認為考試是一種形式，遲早都得讓學生「透過」，多一事不如少一事，從而導致學生考場作弊現象不斷蔓延擴大。

學習者本身的不成熟，學習目的不明確，學習動力不足，沒有正確的人生觀與世界觀，看不清社會的需要、人民的期望。學習者沒有意識到，讀書、學習不是為了應付考試，也不只是為了將來能進入一流的公司，而是在於尋找自己的生活方式，引導出自己的潛能。因而，學習時紀律鬆弛，經常遲到、早退、曠課、抄作業。這種人，考試必須依靠作弊才能通過。

代考者認知模糊，講兄弟義氣。這種作弊分兩種：一種為主動型，事先串通好，在考場上為學習較差的同學或朋友提供答案，甚至換卷代考。這類學生一般本人學業成績不錯，想以此贏得同學的看重，如此才夠「朋友」。另一種為被動型，怕別人說自己自私，不肯幫忙，在同學「求救」時，不得已而為之。

而且，作弊者存在著一些錯誤的心理：

蹲十天半月的閱覽室，背十頁八頁的書本，抵不上考試時有的放矢的

一瞥。現買現賣經濟實惠，沒有絲毫浪費，省卻了許多無效勞動，免去了許多無用功。這是作弊者的投機心理。

說所有的學生都想作弊，顯然有失公允。許多學生確實想學一點東西，並想通過考試來掂量一下自己桶裡到底有多少水。但是當看到有些同學因為「大把大把撈分」而得不到遏止和懲處，成績反而比自己平常辛辛苦苦學習考得好，而評上了「三好」、「優秀」，獲得了各種獎學金，心理就有一種吃虧上當的感覺。名利誘惑，終於戰勝了道德的操守。這是作弊者的吃虧與比較心理。

有些青年不滿足於沉悶而刻板的生活。他們既尋求刺激，明知不可為而為之，又追求快感，覺得與監考老師「鬥智鬥勇」其樂無窮。這是作弊者的冒險心理。

學習不認真，學業成績太差，回家無臉見父母、兄弟，學期結束時，捧上幾個鴨蛋獻給父母，多多少少有些過意不去。這是作弊者的負疚心理。

分數的高低，不僅關係面子與獎學金，而且關係到群體的榮譽，不能讓老師和同學們失望，不能拖班級的後腿。考差了，以後怎麼見面呢？唯有面子不能丟。這是作弊者的虛榮心理。

⑲ 嫉賢妒能

[解說]

嫉妒就是對才能、名譽、地位或境遇比自己好的人心懷怨恨。有人說嫉妒之心，人皆有之，只是程度不同而已。培根告訴我們：「在人類的各種情欲中，有兩種具有特別迷人之魔力，這就是愛情與嫉妒。」但嫉妒在人類的情感天地中，遠不如愛情那麼浪漫，充滿詩意，所以培根指出「嫉妒是魔鬼的本來特質。」（《論嫉妒》）

曾有這麼一個寓言故事,上帝對一個人說,我賞你十兩黃金,那人感激涕零。上帝又說,給你鄰居二十兩黃金。那人卻哀求:天啊,你還不如戳瞎我的雙眼。可見在嫉妒之人的眼中,「別人的擁有就是我的失敗」,具有強烈的排他性。為了化解這種失敗感、挫折感,嫉妒者往往不是採取「你強,我比你更強」的方式,透過創造,超越被嫉妒者,而是採取「你強,我不讓你強」的方式,破壞被嫉妒者的「擁有」,以證明自己高於他人的價值,實現內心的平衡。

究其產生根源,可以概括為三個字:貪、懶、恨。

貪心不足,既有物質上的,也有精神上的,這兩種情況又相互生發,相互補充,不管哪種都能產生出嫉妒。

懶出於「怠與忌」。「怠者不能修,忌者畏人修。」如果在他旁邊出現了勤奮好學的,就比出了他的懶,因而產生嫉妒。

《聖經》告訴我們,魔鬼所以要趁著黑夜到麥地裡種上稗子,就是因為他嫉妒別人的豐收呵!的確,猶如毀掉麥子一樣,嫉妒這惡魔總是在暗地裡,悄悄地毀掉人家的好東西。

可見,嫉妒是一種不健康的情緒,是一種變態心理症狀。輕則因嫉成疾,有損健康;重則萌生破壞性、攻擊性,或對嫉妒對象冷嘲熱諷,造謠誹謗,損害他人的名譽和形象,或利用手中職權,不擇手段,對嫉妒對象百般刁難,排擠壓制。甚至直接傷害嫉妒對象的健康和生命。

[事例]

(1) 在恐懼中生活的李林甫

唐朝的李林甫,是玄宗時的丞相。他妒賢嫉能,排斥壓抑那些勝過自己的人。他性格陰險,口蜜腹劍。若他當晚獨自在愜月堂,沉思深慮,第

二天肯定會有人被殺。做丞相十幾年，暗中殘殺許多忠良之臣，因此結下許多仇怨。所以總擔心會遇刺客，出門有一百多人的衛隊保護，執金吾清道靜街，前驅可達幾百步之外。住所裡加固房屋，設多重牆，就像堡壘。睡一晚上，要遷徙幾個睡處，連家裡人都不知道他到底住在何處。只能在擔心和恐懼中生活。

智慧小語

孔子說：「君子坦蕩蕩，小人長戚戚。」像李林甫這樣的人，一方面容易得罪人，惹禍端，容易陷入窮途末路；另一方面，由一時之怒，容易做出傷人傷己的事，因此，也不易保全自己。

（2）有才不走正道

秦代政治家、文學家李斯，其散文名篇《諫逐客書》流傳至今，歷經兩千多年而不衰。在秦始皇統一中國、建立秦王朝的過程中，作為丞相的李斯，其功勞是不可磨滅的。但他雖有如此才學，仍不免嫉賢妒能、心胸狹隘。他和戰國末年著名思想家韓非同為鬼谷子的學生，韓非到秦國後，秦王非常高興，多次採納他的建議。李斯見韓非比自己的才學高，於是向秦王進讒言，誣陷韓非是奸細，並給韓非送去毒藥，逼迫他自殺。秦統一中國後，在討論實行分封制還是郡縣制時，李斯也是出於嫉妒心理，誣陷贊成分封制的人；用古道來反對當世，惑亂百姓，建議秦始皇下令焚書，打擊有才學的人士。

智慧小語

嫉賢妒能是一種自私的欲念，是卑鄙邪惡的情感狀態，是一個人墮落的標誌，是敗壞我們事業的腐蝕劑。它像瘟疫一樣，在具備條件的人

身上滋生、蔓延和潰爛。這種心理一經產生，往往就表現為一種三部曲的形式，先是嫉妒思想，繼之散布閒言閒語，最後發展為胡作非為。

李斯出於嫉妒心理，採取卑鄙的手段逼死韓非，打擊有才華的人士，留下千古罵名。

（3）林肯的度量

一天，有人對林肯總統說：「國防部長愛德溫‧史坦頓（Edwin Mc-Masters Stanton）曾罵你是個該死的傻瓜。」林肯聽了，聲色不動，只是漫不經心地說：「如果斯坦頓罵我是個該死的傻瓜，那我很可能是。因為他做事一向認真，他說的十有八九是正確的。」

這話很快便傳到了斯坦頓的耳中。斯坦頓很感動，並馬上去向林肯表示敬意。

智慧小語

寬容能贏得友誼，獲得敬重。心胸寬廣的人，不會為了小事而顯得慌亂，面臨重大問題時，也能果斷地下判斷，輕易地渡過難關。相反，心胸狹隘的人，對事物多以自我為中心，率性而為，遇事不滿就滿腹牢騷，譴責他人，不肯聽從他人的忠告，缺乏接受他人意見的雅量。面對非議，林肯聲色不動，竟然還承認自己是傻瓜的可能性。正是這種寬容獲得了斯坦頓的敬重。

書後語 —— 嫉妒的主要對象

有趣的是，嫉妒的主要對象皆為親近熟人同事，因嫉妒造成的悲劇俯拾即是。戰國時的龐涓看見孫濱的軍事謀略勝過自己，妒火中燒，儘管是朋友也不惜削去他的膝蓋骨；李斯也是深嫉同窗韓非的才學，而不惜將韓打入死牢。據報導：某科技研究所發生了一起「地下室殺人案」，凶手和

死者當初竟是同窗好友。當凶手看到自己的同學十幾年來在職位上、研究成果上遠遠超過自己，公司又將公費送其去國外進修，嫉火難忍，終於在地下實驗室將昔日同窗今日同事砸死，害人害己害國家。

　　事實上，嫉賢妒能者總是以害人為目的，到頭來總是害了自己。得逞於一時，但最終仍然逃不掉歷史的懲罰。英國化學家漢弗里・戴維（Sir Humphry Davy）是科學史上的一個重要人物，他因發現鉀、鈉、鋇、鎂、鈣等化學元素而名揚世界。西元一八一三年二月，他招收法拉第（Michael Faraday）到皇家研究所當了一名實驗員。不平凡的工作中，法拉第顯示了卓越的科研才能。正當法拉第在科學園地辛勤耕耘，其成就聲望可能超過大衛時，嫉妒在大衛心中產生。他起初是倚老賣老，不平等待人，以後逐漸發展到為法拉第的進步屢設障礙。西元一八二四年，身為英國皇家學會會長的大衛竟投票反對法拉第成為英國皇家學會會員。顯然，大衛由於嫉妒之心的驅使，由法拉第的老師、引導者，一變成為法拉第成名以後的嫉妒者和反對者。事實上，大衛晚年由於不能平等待人，已很難和別人合作，因而也影響了他在科學上的發展。

　　天地之大，無處不可容身，心地狹小，則無處可以容人。願我們的生活中多一些「將相和」的千古美談，少一些周瑜「既生瑜，何生亮」的離世之嘆！

　　《尚書・秦誓》中說：「假如有一個耿介獨立的人，雖然他沒有什麼別的才能，但他的心地善良，就會有寬闊的胸懷，別人有才能，就好像自己有才能。這種人具有以天下為公的胸懷，是真正能容納別人才德的人。」

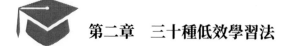

20 求全責備

[解說]

世界上沒有純粹的、十全十美的事物,人們對客觀事物的認知也不可能達到完全、絕對程度。

藝術史上所謂「斷臂的維納斯的誘惑」似乎是一個宣言,她宣告了「求全」思維的失敗。《斷臂的維納斯》創作於希臘化時期,西元一八二〇年被法國的一位農夫佐爾佐斯發現時她已斷為幾段,其中有一隻握著蘋果的手的斷片。為了使她完美無缺,許多雕刻家對她進行過「斷臂再植」。「手術」是成功了,可藝術上卻遭到了失敗!結果,乾脆保持了斷臂的樣子,讓欣賞者在不完整的完整中充分發揮自己的創作自由,去開拓,去補充,去遨遊。生活中,許多人就像為維納斯進行再植手術的雕塑家一樣,儘管知道世無「完全」、「純粹」的事物,主觀上卻總是希望事物都是十全十美的,這種主觀願望與客觀實際的矛盾,表現在思維方法上,便是純主觀的求純和求全思維。

因此,對人對事求全責備,會妨礙事物的發展,阻礙社會改變和新事物的成長。從辯證法的角度看,「完」、「備」也即意味著停滯、靜止。一種學說、理論已達完備的境界,也就喪失了發展的契機。如對待翻譯,有人不贊成間接翻譯和重譯,而主張直接譯成一勞永逸的書,要不然還是不動手的好。這種願望雖然美好,但在完全的譯本難於出現以前,怎麼辦呢?況且,既然「完全」的譯本沒有出現,而以「將來有」的東西去苛求現實的東西,那不是一個「烏托邦」嗎?

世上沒有完人,自然也就沒有完全的書。可有些求知者由於求全思維的慣性使然,總認為倘是「經典」、「傑作」,必定無處不精彩,無處不真理;倘是「劣作」、「平庸之作」,必定一無所取,無處不劣,無處不

平庸。於是有些論《紅樓夢》者，把曹雪芹的每一處都描寫得高深莫測，視為前無古人、後無來者的傑作。相反，對一些總體傾向上存在缺陷的作品，則又覺得無處無問題，疑神疑鬼，草木皆兵。更有甚者，在論人評文時，走向「因人廢言」，似乎只要他是秦檜，他所說所寫必定全是垃圾；只要他是岳飛，定然句句都是真理。

在讀書選擇上，有的就以「完全」為尺規去選擇學習對象，表面看來，似乎評書極苛，選書極嚴，非經典不讀，非「完書」不觀。實際上，有的所讀無非是人云亦云的「經典」，甚至是「假經典」；有的則覺得天下之書不過如此，因為天下本沒有完全的人，也沒有完全的書，倘一定要讀完全的書，結果倒有可能走向什麼書也不讀。

求全責備的思維方法，以「全」、「備」的尺度去論事論人評文，只看到整體和局部的連繫，而看不到它們之間的差別；只注重從整體上考察局部，認識局部，而不知劃清局部與整體的界限，在評人論事論文時，不是對具體的人、事作具體的歷史的分析，不善於長中見短又短中見長，好做苛論。以這種思維方法去指導學習，必然會帶來危害。

[事例]

(1)《霍光傳》不能不讀

北宋朝，寇準入朝做宰相時，張詠在成都。張詠聽說寇準做相的消息後，對同僚說：「寇公是位奇才，只可惜學識本領不足。」後來，寇準出任陝州知州，張詠剛好從成都回京城，路過陝州，便去拜訪了寇準。張詠走時，寇準送他到郊外，問他說：「你對我有什麼指教？」張詠慢慢地說：「《霍光傳》不能不讀。」當時，寇準不明白張詠的用意。待回家翻出《霍光傳》，看到「不學無術」幾個字時，寇準笑著自言自語地說：「這就是張公要對我說的話呀！」

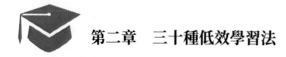

(2) 醜惡不可通

　　尹綽和敖厥是趙簡子身邊兩個比較重要的大臣。一天，趙簡子對人說：「敖厥愛我，他從不在眾人面前責備我；而尹綽則相反，他老在別人面前指出我的缺點，讓我沒有面子。」

　　尹綽聽了這話，對趙簡子說：「敖厥從不說你的過錯，是因為他連你的醜惡也愛上了，所以從不留心你的過錯；我常常發現你的過錯，請你改正，也許是我太苛求了。這是因為我絕不愛你的醜惡，醜惡有什麼可愛的？」

（3）一百個扣環的鎖鏈

有位出身農家的官員回鄉探親。鄉親們對他讚揚有加，而他父親卻嚴肅地指出他工作中的一些失誤。兒子不服氣，說：「我為官多年，工作中難免會出現錯誤，但這些錯誤與我工作中的成績相比，只不過是十個指頭中的一個罷了。」

父親聽了兒子的話，沒有再說什麼，只是默默地拿起一條鎖鏈，讓兒子去把院子裡的狗拴上。不一會兒，狗居然掙脫鎖鏈逃走了。兒子撿起鎖鏈一看，發現一個扣子鏽壞了。就聽父親語重心長地對他說：「這條鎖鏈共有一百個扣環，其中九十九個都完好，只有一個鏽壞了。就因這一個鏽壞了，便連一條狗都拴不住了。」兒子慚愧地低下了頭。

智慧小語

　　人非聖賢，孰能無過？做父親的本想求全責備，但反而使兒子反感。最後，乾脆什麼都不說，「只是默默地拿起一條鎖鏈……」而化解了矛盾。

書後語 ── 人生苦短戒瞎忙

求全責備會造成對人才的壓抑和毀滅。英國浪漫主義詩人拜倫（George Gordon Byron）因為離婚而招致四方嘲罵。最後拜倫不得不出走英國，身死異國。晉代的嵇康，因行為放誕，不願與司馬氏合作而遭殺害，使廣陵散文成為絕唱。古今，以「求全」的名義「謗毀」人才的悲劇不勝枚舉，幾乎成為一種規律性的現象。

求全責備的思維方法，還會滋長貪「全」求「備」的心理，助長華而不實的學風。古代社會，儒家高懸「內聖外王」的人格理想，慣於用道德眼光看人，固然塑造了不少具有浩然正氣的道德人物，但亦產生不少

流弊，產生不少欺世盜名的偽君子和表面謙恭的野心家。可見，社會高懸某種範本，自有心術不正者來迎合。在學界，不少人為貪「全」求「備」的心理驅使，動不動就提出一個「大而全」或「小而全」的體系；有的則以博識家自居，似乎無所不知，無所不曉；有的則不懂裝懂，弄虛作假，以博取「全」「備」之美名。

所以，我們在學習中，要避免求全責備吹毛求疵，還必須學會寬容，培養容納缺陷的智慧。特別是在對創新過程中湧現的不完美乃至殘缺的事物，尤其要有寬容的心志、博大的胸懷。因為一切創新活動，包括學習活動，不會一開始就很完善，也不會全然沒有絲毫缺殘，它是需要不斷發展，不斷完善的。這樣，在寬容的氛圍中，人類的創新活動才能變得蓬勃而富有生機。

21　驕傲自滿

[解說]

驕傲自滿是學習的大敵。一般學習者驕傲，必然是不師不問，學而無友，孤陋寡聞；學有所成者驕傲，必然是躺在已有的成績上自我陶醉，不思進取。年輕者驕傲，必妄自尊大，趾高氣揚；年老者驕傲，必以老賣老，自吹自擂。自以為了不起，滿足於已有的成績，沾沾自喜，目中無人，這就是驕傲自滿的典型表現。「見人讀數十卷書，便自高自大，凌忽長者，輕慢同列，人疾之如仇敵，惡之如鴟梟。」（顏之推：《顏氏家訓·勉學》）可見，驕傲自滿對己對人的危害。

《伊索寓言》（Aesop's Fables）中有一則〈宙斯和謙虛〉的故事。宙斯造好人後，就把各種感情立即注入了人體。然而他把謙虛給忘掉了。他

想這下該怎麼辦，怎麼才能把謙虛補進人體中？最後他告訴謙虛，讓她從後門進去。起初，謙虛要保持自己的尊嚴，拒絕不做。可宙斯一再堅持，她最後說：「好吧，我去，但得有個條件，今後若有誰跟在我後面進來的話，我就立刻出去。」結果，很多的邪惡都是因為缺少謙虛所致。

確實，「謙受益，滿招損」。謙虛是人類的一種難能可貴的素養。古今的許多人在事業上由成功到失敗，往往都是因驕傲自滿所造成。

［事例］

（1）天下姓字多矣，奈何萬

相傳，有位財主請了一個教師到家中教其子識字。先生才教其子識得一、二、三，那孩子便自滿自足起來，以為天下學問全部學到手了。於是，他十分厭倦地對父親講：「兒得矣，兒得矣，無可煩先生，請謝去。」說完，心裡得意地想，一是一橫，二是二橫，三是三橫。不教我也會。可是，生活偏偏找他的彆扭。一天，家裡要請一姓萬的朋友來作客。其父命他寫一請帖。他閉門寫了半日，才寫了五百多畫。於是他抱怨道：「天下姓氏多矣，奈何姓萬？」

智慧小語

這則古代故事生動有趣地告訴我們，自滿自足是人生在求知路上的絆腳石和阻礙，它會使人走向無知。

（2）圓圈外面是浩瀚無邊的未知世界

笛卡爾是法國著名的數學家。他雖然學識淵博，但卻總是感嘆自己的無知。一次，有人問他說：「你學問那樣廣博，怎麼總是感嘆自己的無知，豈不是太那個了嗎？」

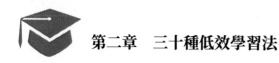

笛卡爾說：「哲學家芝諾不是解釋過嗎？他曾畫了一個圓圈，圓圈內是已掌握的知識，圓圈外是浩瀚無邊的未知世界。知識越多，圓圈越大，圓周自然也越長，這樣它的邊緣與外界空白的接觸面也越大，因此，未知部分當然顯得就更多了。」

智慧小語

笛卡爾學識淵博，但卻總是感嘆自己的無知，從不滿足。這也正是笛卡爾為什麼能成為著名數學家的緣故。

(3) 偶爾拾到了幾個光亮的貝殼

牛頓創建的「牛頓力學」聞名世界。但當他的朋友稱他為偉人時，他卻說：「不要這麼說，我不知道世人怎麼看我，不過，我自己只覺得好像一個孩子在海濱玩樂的時候，偶爾拾到了幾個光亮的貝殼。但是，對真正的知識大海，我還沒有發現呢！」

智慧小語

牛頓之所以事業輝煌，是因為他具有謙虛的精神。因為這種精神，他從不知滿足；因為這種精神，他刻苦努力，奮鬥向上。我們要想成就一番事業，必須培養自己的謙虛精神。

(4) 船夫和哲學家

在一條湍急的河流上，行駛著一條船，船上除了船夫以外，還有一位哲學家。

哲學家問船夫：「你學過外語嗎？」船夫答：「沒有。」哲學家又問：「你學過歷史嗎？」船夫答：「沒有。」哲學家搖搖頭說：「那麼，你失去了生命的一半。」

船繼續往前走，哲學家接著問：「你學過數學嗎？」船夫答：「沒有。」哲學家搖搖頭說：「你失去了生命的另一半。」

這時，一陣大風刮來，把小船刮翻了。船夫看著在水裡掙扎的哲學家，高聲問：「你會游泳嗎？」哲學家答：「不會。」船夫說：「那你就要失去整個生命了。」

智慧小語

不要驕傲自滿，無論何人都會各有所長，各有所短，要互相學習，取長補短，驕傲自滿是無知的表現。

書後語 ── 讀書學習切記「拖」

學習的本質在於不斷獲取新知識、新經驗，只有永遠不滿足，不懈進取，才能超越自己，使自己的學識和才能不斷提高。如果稍有所成，便志得意滿，妄自尊大，拒絕吸收新知，就會招致學業的失敗。因為人一驕傲，就會陷於一種莫名其妙的自我陶醉之中，陷入一種不切實際的自高自大、固步自封的陷阱之中。這時，無論他人對他作何評價，有何意見，他永遠「自我感覺」良好，他永遠生活在聽不進他人批評的、自我的美好滿足之中，生活在「我是最有能耐的人」、「我是真正的人才」的自我陶醉之中。這種自我陶醉的心理狀態，使人陷入自我迷失之中，聽不到自己的聲音，不了解別人的評價，成為自我了解的最大障礙，也在自我和他人之間樹起了一堵自我封閉的厚牆。由於缺少與外界資訊的交流，輸入少，輸出多，最終走向空虛，阻礙學業的成功，成為驕狂無知、碌碌無為的庸人。

托爾斯泰說：「一個人好像是一個分數，他的實際才能好比分子，而他對自己的估價好比分母。分母越大，則分數的值越小。」驕傲自滿是一眼可怕的陷阱，而親手挖掘這個陷阱的正是驕傲自滿者自己。

著名教育家說過這樣的話：「一分鐘一秒鐘自滿，在這一分一秒間就停止了自己吸收的生命和排泄的生命。只有接受批評才能排泄精神的一切渣滓。只有吸收他人的意見才能添加精神上新的滋養。」俄國生理學家巴夫洛夫告誡我們說：「絕不要陷入驕傲。因為一驕傲，你們就會在應該同意的場合固執起來；因為一驕傲，你們就會拒絕別人的忠告和友誼的幫助；因為一驕傲，你們就會喪失客觀標準。」

22 華而不實

[解說]

華而不實的文風古已有之，六朝駢體文，明清八股文就是其中「佼佼者」。華而不實，意在譁眾取寵。這種文風總是挖空心思製造「轟動效應」，嘩眾取寵者往往擺出一副雍容大度、談笑從容、真理在握，千秋功過我評說的架勢，在文體的駕馭上不喜歡刻板條理化的研究，結論不建立在邏輯推理上，而常常來自於直覺；不要體系，散散漫漫，靠一種格調連貫成篇；表現在事物的態度上，漫不經心，不願拘於嚴肅和嚴格；表現在語言上，只是海闊天空、洋洋灑灑；表現在思緒上，則是自由隨意，想到何處說到何處，能談的大談，不能談的幾句帶過，行文段落不講究對稱；並不想將事情給予理性解釋和闡述，甚至並不想把事情搞清楚然後給一些科學概念，喜歡雲遮霧罩，朦朧、含糊。……其中許多文章，主要不是給人以觀點收入，而更多的是讓人獲得對文體本身的審美享受。還有一些文章只是用華麗的辭藻來掩蓋其思想的平庸和寒陋。

古人云「文章合為時而著」，可在有些寫作者那裡卻變成了為「名」而作，在寫作態度上，往往是漫不經心，輕率為文。究其因，無非是「無實事求是之意，有嘩眾取寵之心」。甚至不負責任，不講原則地瞎吹亂捧。

[事例]

（1）猴子攔車報案

有家雜誌刊發了《猴子報案 —— 一個真實的故事》的文章，內容說一個耍猴藝人被謀殺之後，猴子攔車報案，並終於破了案。該文問世後，引起很大的轟動，各報紛紛轉此奇聞，該文也因此而獲科普獎。然而，後經查實，這事是假的，是寫稿人為求新奇而杜撰的故事。

智慧小語

猴子攔車報案，如果真有其事，那是一條新穎奇特的新聞，值得報導。但事實上，卻是作者杜撰的故事。如此一來，這則新聞也就毫無價值可言了。作者這種違背新聞寫作真實性原則的行為是應該受到譴責的。

（2）不能隨便畫

現代著名的畫家齊白石，一生主要畫花鳥蟲魚。他畫的這些動植物栩栩如生。這源於他的求實精神。他在家中養著昆蟲、種著花草。每天，齊白石都會在昆蟲花草前細心觀察，為他作畫作準備。他沒有見過或觀察不準確的東西，他絕不下筆。

一次，老舍選了四句詩請他作畫，其中有一句是「芭蕉葉卷抱秋花」。齊白石因記不清芭蕉葉新長出來時是向左卷還是向右卷，他問了幾個人也都不清楚，而當時又是冬天，沒有開花的芭蕉可供觀察。於是，齊老微笑著對老舍說：「只好不要卷葉了，不能隨便畫呀！」

智慧小語

看了上面的故事，我們不能不為齊白石先生那種求實的態度所感動。不知就是不知，不知絕不亂畫。從而也可看出老藝術家的高尚品格。

書後語 —— 修辭立其誠

要有「真理之勇」，還必須耐得清靜和寂寞，不馳於空想，不驚於虛聲，唯以求真求實的態度作踏實的功夫。

就為文，要避華而不實，還須明白「修辭立其誠」的道理，文章形式為「求真，求實」的內容服務，在此前提下，華麗是一種美，樸素則是一種更高層次的美。這種「真理之衷」展現在文章寫作中，就是要追求準確性、鮮明性、生動性完美統一的文風。

所謂準確性，從文章的內容上看，就是要求事理正確，不講歪理、私理，不虛情、矯情、無病呻吟、故作豪放；材料精確，不道聽塗説、捕風捉影、胡編亂造；同時觀點和材料要和諧統一，不牽強附會，隨意發揮，使觀點與材料南轅北轍。從文章形式上看，準確性要求詞語準確結構嚴謹，合乎邏輯。

所謂鮮明性，就是要求文章的內容展現出立場堅定、旗幟鮮明，贊同什麼，反對什麼，歌頌什麼，批判什麼，都很確定明朗，不搞含含糊糊，模稜兩可的此亦是也，彼亦是也；此亦非也，彼亦非也的伎倆。

所謂生動性，是以準確性、鮮明性為前提，要求文章新鮮活潑，具體形象，既給讀者以思想啟迪又給其以美的薰陶。它反對故弄玄虛，故作離奇。要達到準確性、生動性、鮮明性完美統一的文風，首先必須明確寫作目的，謹記文章必須有益於改造社會和人生。其次要端正寫作態度，除卻裝腔作勢、華而不實的不老實態度，以嚴肅、認真、負責的態度從事寫作。同時要注重培養踏踏實實，縝密嚴謹而又勇於創新的寫作作風，熟諳擺事實，講道理、有分析、有概括的寫作方法。

文乃「經國之大事，不朽之盛業」，它需要的是顧炎武所說的「必古人所未及就後世所必不可無而後為之」的著述策略，範文瀾所說的「板

凳要坐十年冷，文章不寫一句空」的襟懷抱負，更需要忍得「獨上高樓，望盡天涯路」的寂寞與冷清。

23　好故弄玄虛

〔解說〕

有人曾把作文概括為三種境界：一是不知如何用力，只好照貓畫虎或平鋪直敘；二是力求不凡、標新立異，修飾，曲折，玩花樣，使人一見就知道是在求奇；三是爐火純青，千錘百鍊而不露斧鑿痕跡，圓潤精美而又不拘謹矯飾，可謂「絢爛之極歸於平淡」，「豪華落盡見真醇」。

故弄玄虛，晦澀難懂就是第二種境界的極端表現，是文章表達方面的流行病之一，而與率直真誠、純樸自然、輕快流利背道而馳。

文章表達應以輕快流利、鮮明如「話」為上，而故弄玄虛者矯揉造作，使「文」離「話」越來越遠，越來越不像「話」，從而使文章生硬晦澀，與讀者的距離也越來越遠，走向了和讀者交流、溝通的反面。作者故弄玄虛，晦澀難懂，漠視及至拋棄了讀者，反過來，讀者也就冷落乃至拋棄了作者及其文章，從而文章的社會意義和價值、寫作目的的實現也就成了一句空話。

清代魏際瑞在《伯子論文》中說：「語言無味，面目可憎，此庸俗人病也。而專好新奇詭怪者，病甚於此。好奇好怪是俗見，大雅之士不背耳。」

文章是寫給人看的，讀者能夠看懂，寫作目的才能實現。因此，無論文章如何艱深，如何含蓄，如何曖昧，一個成熟的文章作者也往往如敘家常，深入淺出地說明問題，免得讀者費盡心機思索半天而不得要領。故弄玄虛者則拆掉了文章和讀者之間溝通的橋梁，由於語言艱澀，生僻古怪，

大量搬用新術語，使讀者眼花繚亂，不知所云，從而望而生畏，讀而生厭，破壞了文章的可讀性、可理解性和可鑑賞性。

[事例]

(1) 這不是「夜夢不祥，題門大吉」嗎

史載北宋宋祁為文有意求簡，又好用冷僻古奧字眼，以示博學多才。如把「和尚還俗為農」寫成「髡而農」。這引起歐陽修的不滿。有一次，歐陽修在史館壁悄悄寫下八個大字「宵寢匪貞，札闥洪休」。宋祁一見大怒，歐陽修佯裝請教，宋祁想想說：「這不是『夜夢不祥，題門大吉』嗎？何必用這麼難懂的字？」歐陽修乘機啟發他說，你也知道這些字難認難懂，可你在《新唐書》中這種字用了不少，連「迅雷不及掩耳」都寫成「震雷無暇掩聰」，這樣的書有幾個人看得懂。

> **智慧小語**
>
> 　　故弄玄虛，晦澀難懂的文風，是一種無視讀者甚至蔑視讀者的貴族文人的態度。智利詩人巴勃羅·聶魯達（Pablo Neruda）認為晦澀是「特殊階層的表層形式，一種企圖超人一等的欲望而產生的」。其實，是真貴族無需刻意做作，做作恰恰證明是假貴族。這種文章骨子裡缺少的只是兩個字：真誠。

(2)「澀體」與「苦吟」

樊宗師作文力求詼奇險奧，流於艱澀怪僻，時號「澀體」，結果自動淘汰其作文五百餘篇，詩七百餘首，今僅存散文兩篇，詩一首。李賀有「詩鬼」之譽，作詩以「苦吟」著稱，又好用代詞，不肯直說物名，如劍曰「玉龍」，酒曰「琥珀」，天曰「圓蒼」，秋花曰「冷紅」，春草曰「寒綠」。故弄玄虛，作詩如燈謎。

智慧小語

作者在刻意修飾，但客觀效果卻是生硬艱澀，令人費解乃至不知所云。

在今天，仍然有人生硬地復活古代概念取代人們早已熟悉的現代概念，隨意搬弄西方術語排斥同義的漢語術語等，多少也有矜己耀人之感。即使內容確實不錯，作者也無賣弄和炫耀之意，但若寫得晦澀難懂，也可視為有著一股「濃厚的八股氣。」至於生造一些「誰也不懂的形容詞之類」，寫出連自己也看不懂的文章，是惡劣文風的一種極端表現，是對讀者的戲弄和侮辱行為，如某散文詩一句：

「愉悅是翡翠脊髓煉成的百靈的翅膀，哀愁是黛玉心搗成的雨夜的煙霧。」

是白話？是文言？都不是。是新文言。

某文：「一個空虛而深奧的希望在他那即將踏上的征途上孕育成熟。」

什麼樣的希望才算是「空虛而深奧的希望」？「即將踏上征途」應是尚未「踏上」的，那麼，這個「希望」怎能在那裡「孕育成熟」呢？別出心裁生造詞語，將讀者引入雲裡霧中。

這些都屬於語言表達方面的病例，其實在立意、篇章結構方面也有類似毛病。

（3）以平淡自然為尚

宋代文學家蘇東坡認為詩文創作應該是有感而發，是一種出於「不能自己而作者，而未嘗有作文之意」。所謂「不能自己而作」，就是強調作詩作文應無意相求，不期而遇，率性而發，出乎天然。他在談論自己的詩文時說：「吾文如萬斛泉源，不擇地而出，在乎地滔滔汨汨，雖一日千里無難，及其與山石曲折，隨物賦形而不可知也。所可知者，常行於所當

行，常止於不可不止，如是而已矣。」「隨物賦形而不可知」，即狀物寫情乃出於天然。

蘇東坡因為以平淡自然為尚，反對刻意雕琢，其前後《赤壁賦》以及眾多詩文千載之下仍熠熠生輝。如《水調歌頭》頭一句：「明月幾時有？把酒問青天，不知天上宮闕，今夕是何年？」顯得多麼樸質、平易、明快！

智慧小語

樸素美在表現上是不事雕琢，而是以質直和自然取勝。清代詩人張向陶論詩曰：「敢為常語談何容易，百煉功純始自然。」自然就是天機自露，水到渠成，率性寫真。「切莫嘔心並賜肺，現知妙語出天然」。（明‧都穆《學詩詞》）

書後語 ── 清水出芙蓉，天然去雕飾

作文是故作艱深，實則淺陋。有些人作文本無多少真情實感，真知灼見，甚至是無病呻吟，但用語艱深晦澀，故作高深，雲遮霧障。本可以「明明白白我的心」，偏偏要使讀者「霧失樓臺月迷津渡」。更有甚者，像小孩擺弄積木似的，搞文字遊戲，愚弄讀者。正如當代著名作家王蒙先生所指出的「淺入探出的作艱深狀作獨特狀作玄妙狀的其實空無一物的作品」。

有些文章，熱衷於趕時髦，在文章中隨意套用自然科學術語，晦澀不通，玄祕難解。此點在前幾年的一些文學批評、理論文章中尤甚。諸如「系統」、「回饋」、「黑箱」、「熵」之類的術語名詞滿篇飛，語言被搞成一個迷宮，講得玄乎其玄，喜歡用一些看起來很深奧的詞彙、句法、語言，構成一座座晦澀難懂甚至不合語法的迷宮，讓讀者讀得暈頭轉向、迷

迷乎乎。有趣的是，現在連批評家們自己也迷失到裡面去了，迷失到了自己玩弄的語言遊戲中。

齊梁劉勰生活在文風上特重「儷采百字之偶，事價一句之奇」的六朝，他在《文心雕龍·定勢篇》中對這種故弄玄虛、危側趨詭的新奇進行了批評。他反對「逐奇失正」，認為要使文句奇警動人，應該是精闢的內容透過藝術手法來表達的；內容不精闢，只想在文字上弄花巧，這是把寫作引入歧路。因此，應該「因情定體，即體成勢」，即根據表達的思想感情來選擇體裁，根據體裁來確定寫法。因為體裁不合成為怪異的，這正是艱深文的淺陋之處。

宋代詩人方回稱「刻削以為新，組織以為麗，怒罵以為毫，譎觚以為怪，苦澀以為精，塵腐以為熟者，是不可與言詩也。」他認為玩弄技巧，假意粉飾是不符合清新、自然之境的，是「以嘩取寵，以矜己耀能。」宋代詩人黃庭堅也說：「文章成就，更無斧鑿痕，乃得佳作耳。」唐代李德裕《文章論》則稱「琢刻藻繪，彌不足貴。」陸輔之《詞旨》：「詞不用雕刻，刻則傷氣，務在自然。」

當然，古人尚自然、平淡，但並非一味平淡，而是平淡之中含實美，外枯之中含中膏，此其一；其二，強調平淡自然，並不是否定相對的技巧的重要性，而是主張技人於道，「工妙雖巧而硯刻削之痕」，正所謂「雖由人為，宛自天工」；其三，標榜自然，並不反對必要的藻飾，「清水出芙蓉，天然去雕飾」，是自然；「採菊東籬下，悠然見南山」的樸素，也是自然。只要性與物、內容與形式和諧得體，都是美，正所謂「濃妝豔抹總相宜」。

24 言之無物

[解說]

　　初學寫作，常見的毛病之一是內容空洞，用古人的話說，叫做「言之無物」。

　　一篇文章的內容通常由兩個方面構成，一是主旨（或思想感情），二是材料。當然，在一篇文章中，主旨和材料不是「兩張皮」，而是水乳交融，不可分割的。在一篇文章中材料是支撐主旨的「支柱」，而主旨是統攝材料的「統帥」。王夫之說得很透澈：「無論詩歌與長行文字，俱以意為主。意猶帥也，無帥之兵，謂之烏合。李杜所以稱大家者，無意之詩，十不得一、二也。煙雲泉石，花鳥苔林，金鋪錦帳，寓意則靈。」

　　這就是說，「煙」、「雲」、「泉」、「石」、「花」、「鳥」、「苔」、「林」、「金鋪」、「錦帳」，什麼材料都可以寫，只要它寓有思想意義就可以獲得藝術的生命。沒有主旨的「統帥」，那不過是群「烏合」之眾。

　　因此，材料和主旨在一篇文章中地位雖有主次之分，但它們又共同構成一篇文章的整體。缺少任何一個方面，文章內容就會顯得空洞乾癟。正如人們常說的，一篇文章的主旨猶如人的靈魂，沒有靈魂只能是一具空軀殼；一篇文章的材料猶如人的血肉，無血無肉只能是一個空架子。「問渠哪得清如許，為有源頭活水來。」生活的欠缺，是先天的不足，是寫作的不幸！

　　材料對寫作是如此重要，首先是因為材料是觀點形成的基礎。寫作本質上是「表現」。在寫作之前平時不聚材，兩手空空，「叫花子主義」是永遠入不了寫作之門的。所謂「言為心聲」，「情動於中而形於言」。但寫作從來都是先有由外到裡的「吸收」，後有由裡到外（借助文字）的「表現」。因此為著「表現」，必須「吸收」。沒有充分的材料，人腦這

個「加工廠」就加工不出任何正確的觀點、結論。其次，在寫作之際，材料是表現觀點的「支柱」。要使你的觀點、結論立得穩、站得牢，為讀者所接受、所理解，非有一些結實、有力的材料作「支柱」不可！否則寫出來的文章即使有觀點，也是乾癟癟幾條筋，空空如也。正所謂「不使事難於立意。」沒有材料的襯托，就難免駕空議論，空洞無物；甚或陳腔濫調，平庸空洞。這都是文章之大忌。

因此，學習寫作的人，必須建立自己的「材料庫」：一個是直接材料的倉庫，裝從生活中得來的材料；一個是間接材料的倉庫，裝書籍和資料中得來的材料，這應該成為每一個學習寫作者的「入門訣」。

[事例]

（1）秀才高論

有位秀才要去京城參加科舉考試。就要上路了，秀才卻悶悶不樂。妻子以為他是要遠離家門，不放心家中的妻兒老小，才愁眉苦臉，便勸他安心去京城，不必掛念家中之事。秀才告訴妻子，不是放心不下家中之事，主要是擔心自己作不出文章來。聽了這話，妻子疑惑地問：「難道寫文章比我們女人生孩子難嗎？」秀才說：「那當然，寫文章就是比你們女人生孩子難。」妻子仍不明白：「怎麼比我們女人生孩子難？」秀才對妻子解釋說：「你們女人生孩子，是有一個孩子在肚子裡。而我肚子裡卻什麼也沒有，要我怎麼寫呀？」

智慧小語

笑話歸笑話，但這位「有自知之明」的秀才，道出的卻是實情。沒有資料，再高明的作家也寫不出文章來。看來，要想寫出文章，首先需要有累積資料之功夫。

(2) 霜高梅孕一身花

袁枚是清朝著名的詩人。他的詩句非常具有個性化特徵。這種特徵得益於他善於累積語言。他的許多詩句都是從村民僧人那裡演化而來。

一次，正是梅花盛開的季節，袁枚和一位挑夫站在梅樹下。挑夫手指梅樹，對袁枚說：「您瞧，梅樹有一身花了。」袁枚聽了，覺得這話很有詩意，就默默地記住了。不久，袁枚便寫出了「月映竹成千個字，霜高梅孕一身花」的名句。

還有一次，一位僧人為袁枚送行。看著滿園的梅花，僧人感慨道：「可惜園裡梅花正盛開，你帶不去。」受僧人這句話的啟發，袁枚吟出了「只憐香梅千百樹，不得隨身帶上船」的詩句。

智慧小語

累積知識不單單指從書本中獲得知識，社會生活的實踐，也是我們獲取知識的最重要途徑。事實證明，如果我們寫文章會使語言更鮮明，更有個性。袁枚的詩句就是最好的證明。

(3) 果戈里抄菜單

果戈里一生的最大「嗜好」莫過於記筆記，累積材料。他平日裡總是隨身帶著一個筆記本、聽到什麼奇聞趣事，看到什麼人情風俗，都認認真真地記下來，以備寫作時使用。

一次，他請朋友到飯店吃飯。飯菜都擺好了。朋友也拿起刀叉準備進餐了，但果戈里卻毫不理會這些，只埋頭在筆記本上抄錄菜單，還一邊抄一邊讚嘆說：「這真是太好了，太有用了！」後來，這份菜單果然出現在他的一篇小說裡。

智慧小語

俄國著名作家果戈里，為什麼能寫出短篇小說《外套》、喜劇《欽差大臣》（*The Government Inspector Gogol*）、長篇小說《死魂靈》等風靡世界的作品，顯然跟他的「嗜好」有關。豐厚的知識儲備，使得他在寫作時遊刃有餘。

書後語 —— 文章在新意，才學兼膽識

有一個故事，是諷刺毫無新意的文章的。文章以「二郎廟」為題，其中有這樣的警句：「夫二郎者，大郎之弟，三郎之兄而老郎之子也。廟前有二松，人皆謂樹在廟前，我獨謂廟在樹後。」其實，就內容的無價值而言，文章史上的許多文章，與這二郎廟的「妙文」，並沒有什麼兩樣。

為文無新、深之己見，根本原因在於為文者缺少才、學、膽、識等因素鑄就的燭照事物、生活（材料）的「眼力」。有了這種「眼力」，才能剔除材料這塊璞玉的表層，塑出絕妙的佳作。

才，指才能、稟賦，雖與立意之深、新不無關係，但畢竟一般人難以企及，姑且不論。

學，指知識學問，多讀書，廣閱歷。古代詩文名家，如屈原、司馬遷、李白、杜甫、柳宗元、陸游等，莫不是「行萬里路，讀萬卷書」。讀書兼閱歷，才能有所成就。寫文章須以廣博的知識學問作根基，絕不能憑空杜撰、信口雌黃。《圍爐夜話》引馮定遠語：「多讀書則胸次自高，出語皆與古人相應，一也。博識多知，文章有根據，二也。」其中，「多讀書則胸次自高」，是就提高作者的認知能力而言的。多讀書，通曉事理，出言立意才能站得高，看得遠，不同凡俗。廣閱歷，才能體察入微，窮極物理，見得真，方道得出，才能準確地概括事物的本質。同時，豐富的生

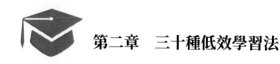

活閱歷，可以陶冶人的性情，開闊人的胸襟，觸發作者的寫作靈感和熱情，是寫作的「源頭活水」。

膽，指勇氣。「人不敢道，我則道之；人不肯為，我則為之」，是謂之「有膽」。歌德曾說：「在每一個藝術家身上都有一顆勇敢的種子。沒有它，就不能設想會有才華。」這就是說，「唯膽能生才」。這點對初學寫者尤有意義。唯有膽，才不會人云亦云，才能不憚淺陋，坦呈己見。

識，指見識。才、膽、學、識四者中，以識為最重要。古人曾有「文以識為主」的說法，認為「認題立意，非識之高卓精審，無以中要」。沒有高超的精確的見識，就無法切中要領，認為「唯有識，則是非明；是非明，則取捨定；不但不隨世人腳跟，並亦不隨古人腳跟」就是說，「識」高才能辨是非、明判斷、定取捨、有主見。這些看法，對我們都有啟示的意義。

25 刻舟求劍

[解說]

「刻舟求劍」是我們都熟悉的一個寓言故事。它出自《呂氏春秋·察今》，說是楚國一個人在過江時，劍掉在水裡，他就在船幫上刻上記號，標誌出劍落的地方。等船停下來，再按船上的記號下水去找劍，結果自然找不到。

寓言中楚人的失敗的根本原因就在於他不能根據變化了的情況隨機應變，依然照搬老辦法，死心眼，自然難以奏效。

在讀書學習中「刻舟求劍」的現象並不鮮見。讀書學習歸根到底是將他人或前人的知識和經驗應用於解決實際問題。因此，「用」應作為

「學」的未來時間指向。「刻舟求劍」式的學習者，其表現之一就是不能根據時代的不同，環境和情況的不同，適時調整學習內容，而走向為學而學的死路。

［事例］

（1）傾家之費學殺龍術

《莊子·列御寇》中有這麼一則寓言：「朱泙漫學屠龍於支離益。單千金之家。三年技成。而無所用其巧。」

智慧小語

這個故事告訴我們：人們為認識世界和改造世界，必須用知識來加強自己的頭腦，但是市場上提供的種類繁多的商品並不都是你所需要的。而且不要的商品，你不會出錢買它。同樣，對你毫無用處的知識，你也完全可以不去學。「屠龍」和「殺豬」相比，「屠龍」當然比「殺豬」高雅得多，但「屠龍」是虛無縹緲的事情，而「殺豬」卻看得見，摸得著，用得上。朱泙漫花了三年時間，傾家之費學會了殺龍術，但天底下根本就沒有可供他殺的龍存在。這豈非「英雄無用武之地」？

（2）敵人不按兵書上寫的那樣打仗

有位指揮官，自稱指揮打仗能百戰百勝，可結果呢？是每戰必敗。他的上司很惱火，質問他說。「你的指揮水準這麼差勁，還一個勁兒地吹牛，白白地讓我們的部隊受了這麼大的損失！」

「這是哪裡的話，」指揮官否認說，「我的指揮才能是高超的。可是敵人太差勁，所以，讓我們總打敗仗。」

上司都讓他給說糊塗了，便疑惑地問：「敵人要是差勁，你該打勝仗才對，怎麼還打敗仗呢？」

「這你就不明白了吧，」指揮官揚揚得意地說，「我是照兵書上寫的方法指揮，可是那些敵人卻不按兵書上寫的那樣打仗。」

智慧小語

　　義大利著名畫家李奧納多・達文西（Leonardo di ser Piero da Vinci）說過：「理論脫離實踐是最大的不幸。」這位指揮官不幸打敗仗，就是因為理論脫離實踐。他只知道死讀書本，不知道如何在實踐中運用從書本中學到的理論知識。其結果，自然會打敗仗。

書後語 —— 走出刻舟求劍的盲點

　　有這樣一個真實的故事：某青年參加科舉考試失敗，誤聽同鄉一位老先生的勸告，學寫八股文，而等到把「起承轉合」學會了，科舉制度也變了。這猶如學了殺龍術而一點用處也沒有，白白地虛擲了幾年精力和時光。知識與其他事物一樣，按照新陳代謝的規律在發展、變化。在當今時代，這種退化、老化的速度是十分驚人的。這種「刻舟求劍」式的學習方式之危害，也於此可見。

　　前人或他人的知識、經驗來源於實踐，但畢竟不能等於實踐，看不到他人經驗的現實應用、前人知識和實際之間的距離，迷信書本，唯書是從，企圖用前人行之有效的老辦法、老眼光來應對不斷發展變化著的現實情況，自然會重蹈楚人的悲劇。戰國時的趙括雖自幼「學兵法，言兵事，以天下莫能當」，但代廉頗統越軍後，卻被秦將白起打得全軍覆沒，這「紙上談兵」的史實，就充分說明了這一點。

　　因此，我們必須掌握有效的組織和應用知識的方法。知識只是一種潛在的力量，只有在它被組織成明確的行動計畫，並引導向某一個明確的目標時，知識才會成為真正的力量。

　　譬如，亨利・福特（Henry Ford）之所以能成為美國最富有的人物之一，就是因為他能夠有效地組織和應用知識，利用他的「智囊團」掌握了他所需要的全部知識。第一次世界大戰期間，有人企圖證明福特先生無知，問了他很多問題，諸如：「班尼迪特・阿諾德是何許人？」「西元一七七六年英國派了多少士兵前往美洲鎮壓叛亂？」等。對後面的問題，福特先生回答說：「我不知道英國究竟派了多少士兵，但我聽說，派出去的士兵比後來生還回國的士兵多很多。」福特先生對此類問題很厭煩，在回答一個特別具有攻擊性的問題時，他向前傾身，用手指著向他提出問題的律師說：「如果我真的想回答你提出的這個愚蠢的問題，或其他問題，讓我提醒你，在我辦公桌上有一排按鈕，只要我按一下，馬上就會有人來回答這個問題。請問，我身邊既然有那麼多專家能夠把我們需要的任何知識提供給我，我為什麼還要在我腦子裡塞進那麼多的一般知識？」這種回答當然是合乎邏輯的，這個答案也使律師啞口無言。」

　　這就告訴我們，任何人只有知道他需要某種知識時，可從何處取得這種知識，以及知道如何把知識組織成明確的行動計畫，他才可以算是一個有知識、有教養，並且能靈活運用知識的人，才能走出在變動不居的環境中「刻舟求劍」的盲點。

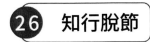 **知行脫節**

[解說]

　　知行脫節，是指所學和所行相矛盾，不能達成一致。讀得不少，滿腹經綸，但只會誇誇其談，不做實事，會說不會練。這種學習者，就像李白《嘲魯儒》詩中所譏諷的那樣：「魯叟談五經，白髮死章句。問以經濟策，茫如墮煙霧。」

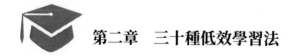

知行脫節的學習者,其典型表現就是讀書求知不以「實行」為目的,重知輕行,或學而不用,知而不行,產生學習中的所謂「空談」現象。

形成「空談」現象的原因,首先是學習者沒有樹立明確的主體意識,不懂得「書為陳跡」的道理,更沒有面向未來的時間指向。其次是學習者缺乏實踐和創新的膽識,不懂得由於社會和歷史條件的局限,以及作者所處時代和地位的局限,書本中的知識並不具有永恆的真理性質。因此。學習中缺乏「無征不信的態度」,缺乏超越前人的創造活動。其中有的學習者還可能把讀書看作是逃避緊張的社會生活、尖銳的矛盾鬥爭和種種不如意情緒的手段,企圖在讀書中迴避鬥爭,尋求心理平衡。這種消極心態的結果,必然是知而不能行,或者知而不願行。

知而不行,學而無用,即使在書本中所學完全是真理,如不在實踐中應用,也就成了毫無意義的擺設。長此以往,就會走向崇尚空談、脫離實際的不良學風,無真才實學,勝任不了任何實際工作,還會給人、給己、給社會帶來嚴重的危害。清代顏元曾指出:「為主靜空談之學久,則必厭事,厭事必至廢事,遇事即茫然。」

［事例］

（1）清談誤國

西晉時期,正當北方少數民族入侵中夏,而以王衍為代表的一批清談名士,雖身居要職,掌握朝政,但只知終日空談老莊玄理,「矜高浮誕」,荒廢政事,終於導致西晉覆亡。後來東晉桓溫北伐,沿河北上,登上大船,「望中原嘆曰:『遂使神州陸沉,百年丘墟,王夷甫(即衍)諸人不得不任其責!』」

智慧小語

　　讀書只是「空談」，紙上談兵，不連繫，或者不能解決實際問題，那麼，即使學富五車，滿腹才學，也無益於社會。

　　所以古今學者大多強調知行統一，知而能行。王衍他們喜談老莊子玄學，其實他們並不懂得莊子，莊子說過：「學而不能行謂之病。」孫中山也說：「知而不行，是為不知。」他堅決反對脫離實際的死讀書。學習不能應用，猶如金玉其外，敗絮其中。學習只是徒耗時間和精力而已。這即使不是和生命開玩笑，也是一種無知的表現。

（2）兩腳書櫥

　　有位名叫亞克敦的英國人，喜歡買書，也喜歡讀書，他的書房裡排列著七萬卷圖書，而且每卷上都有他的手跡。他活了六十六歲，可以說是讀了一輩子的書，但是，他什麼也沒給後人留下。人們稱他為「兩腳書櫥」，評價他是「像沙漠吸收流水一樣，吸收了知識，卻連一泓清泉也不能噴到地面上。」

智慧小語

　　讀書的目的全在於應用。並不是為了消遣娛樂，也不是為了裝潢門面，而是為了長知識、長才能，為了更好地運用所學的知識去解決實際問題，改造自然和社會。因此，讀書必須善於將書本知識化為行動，否則，就會成為「兩腳書櫥」。

　　宋代詩人陸游說：「紙上得來終覺淺，絕知此事要躬行。」因此，「篤行」應是一個現代學習應有的行為指向。只有篤行，才能衝破書本知識的種種局限；只有篤行，才能在實踐中驗證真知並發展真知；只有篤行，才能應用已有智慧，去改造客觀世界。否則，「兩耳不聞窗外事」，則「縱談詩書也枉然」。

書後語 —— 學以致用

抓住兩個關鍵點在現實生活中，知行脫節的學習弊端屢見不鮮。為此，必須抓住兩個關鍵點：

- **學用結合，學以致用**：「學」主要指汲取前人或別人在實踐中總結出來的經驗，接受他們對客觀世界的認識和分析，開闊視野，增加知識的存儲量。「用」就是把獲得的知識運用到實踐中去。透過實踐，鍛鍊自己的綜合分析能力，培養解決實踐問題的能力，從中發現自己的不足，使學習更加有的放矢，更有針對性，反過來，更加有效地促進讀書學習。學用相輔相成，如魚得水，使學習漸入佳境。

- **在實踐中學習**：古今的大學問家十分注重從實踐中學習。科學家的科學實踐、科學考察，社會學者們向社會學習、做社會調查，藝術家「外師造化」，「搜盡奇峰打草稿」，無不說明自然、社會是更寬廣的課堂，是有益的書卷。一個人要想獲得真知灼見，不能脫離客觀現實；一個人要想有所創造發明，絕不可忽視在天地大課堂中學習。以上說明掌握知識的學習活動必須與人的行為及實踐結合起來才有意義。曾任美國總統的理查·尼克森（Richard Milhous Nixon）在他的一書中說「提出主張是一回事，在適當的時候提出主張是另一回事，能夠把這種主張成功地付諸實施的人，又是另一回事。」

27 無知愚昧

[解說]

人沒有知識，且不去學習，就永遠只能在黑暗中徘徊。無知是智慧的黑夜，是沒有月亮、沒有星星的黑夜。牛頓說：「無知識的熱心，猶如在

黑暗中遠征。」不知道自己的無知，是雙倍的無知。無視自己的無知是無知者的弊病。無知是成功的大礙。沒有自知之明的人，總以為自己了不起，恍然大悟時才知道自己的知識僅限於蟻塚的範圍而已。

孔子說：「好仁不好學，其蔽也愚；好知不好學，其蔽也蕩；好信不好學，其蔽也賊；好直不好學，其蔽也絞；好勇不好學，其蔽也亂；好剛不好學，其蔽也狂。」知識是道德的基礎，一個人有了科學文化知識，就可能使道德修養昇華到一個更高的境界。而無知則是使人的人格野蠻、人格退化、人格萎縮的根源，是使人陷入迷信、愚昧的罪魁禍首。對此我們不能不有所警惕！具有知識、智慧，人才能從人的自然屬性的必然王國進入自由王國，才是一個自由的人，才能別異同、知是非、理清濁、分黑白、辨善惡、審美醜，懂得如何做人。學習是引導人性向上、社會進步的必要手段。西漢劉向認為：「人皆知以食越飢，不知以學越愚。」學習可以醫治愚昧，不學則無知，無知則滋生愚昧。當無知、愚昧往往使人成為「偽知識」、「偽科學」的奴隸時，即使是在某一個方面造詣較深的科學家一旦走入「無知」的深淵，也往往不能自拔。

[事例]

（1）與神靈小姐的合作試驗

英國著名物理學家、化學家克魯克斯與神靈小姐的合作試驗就是一種無知的展現。在克魯克斯（1832 —— 1919）生活的時代，英國盛行著降神現象。一些唯靈論者製造種種騙局來欺騙人們，而這為大多數科學家所不齒，他們紛紛對它進行譴責。有一次，克魯克斯被邀請觀看一場降神表演，一位名叫庫克的小姐讓人捆住，躺在房間的一個角落裡。降神開始，一個非常像庫克小姐的人出現，自稱是庫克小姐的神靈。一會兒，神靈消

逝，而庫克小姐仍被捆住躺在房間的角落裡。這本是一個漏洞百出的騙局，而克魯克斯卻相信了。他為了證明降神現象的科學性，竟用了許多物理儀器進行試驗。之後，克魯克斯還經常和庫克小姐鬼混在一起，以取得她的信任，配合完成試驗任務。

克魯克斯對於他的試驗堅信不移。當有人揭露降神是一種騙局時，克魯克斯則立即擺出科學家的架勢，反駁說：「那是真的，我不但親身有過經驗，而且還從科學上做了證明。」

智慧小語

克魯克斯是當時享有世界聲譽的科學家，曾獲得皇家獎章、科普利獎章、大衛獎章及其他許多獎章。但令人遺憾的是這樣一位聲名顯赫的大科學家，竟然相信荒謬的降神現象，這與他的身分極不相稱。身為科學家，應該傳播科學知識，無情地揭露這種荒誕不經的騙局。而克魯克斯竟然迷住神靈，還給予「科學」的證明，「無知愚昧」之害可見一斑。

(2) 學習使遲鈍的左思名震京城

左思是西漢著名的文學家。他所著的《三都賦》震動京城洛陽，曾使洛陽紙貴。然而左思小時候卻是個反應遲鈍的孩子，而且長得也很難看。他父親就對朋友說，這孩子智力差。對此，左思很不服氣，他決定勤奮學習，以勤補拙。他曾用了一年的時間寫出了《齊都賦》，後來又開始寫作《三都賦》。當時，正在京城洛陽做官的江東才子陸機，也準備寫《三都賦》，聞聽此事，給他的弟弟陸雲寫信說：「這裡有個不自量力的傢伙，想作《三都賦》，他寫的文章只配給我蓋酒甕。」面對他人的懷疑，左思毫不動搖，他利用掌管國家圖書經籍的條件，刻苦學習，經過十年的努力，他終於寫成了名震京城的《三都賦》。

智慧小語

勤能補拙。一個人即使天資聰穎，但如果他不努力學習，最終也成就不了事業。相反，一個人即使天資一般，只要他能努力學習，也能成就大的事業。這就是左思的故事告訴我們的道理。同樣，只要肯努力學習，也可以改變人的無知愚昧。

書後語 ── 無知無識，盲瞽一生

但是人之所以為人，就因為人不僅有和動物一樣的自然屬性，更重要的是人具有動物所沒有的社會屬性。人的這種社會屬性包括人認識自然、改造自然的能力和遵循文明規範的意識行為。「文明」是人和動物的分野，如果沒有「文明」，那麼人和動物就沒有什麼區別。

但人非生而知之，人的文明屬性，無論是知識才能，還是道德修養，都是靠後天學習獲得的。只有學習才能提高人的素養，開啟人的智慧，使人逐步走向文明和進步，成為一個真正的「人」！

我們每個人都希望自己成為對社會有用的人，因為一個有智慧、有才能的人，不願到人世白跑一趟。但須知，知識是一切智慧、才能的基礎。一個不學無術之人，就談不上為社會做貢獻，譜寫人生五彩的華章，甚至連生存也會成為問題。北宋顏之推曾舉例說，梁朝全盛時候，很多貴族子弟不喜學習，唯知「熏衣剃面，傅粉施朱」，奢侈放蕩，待戰亂發生，梁朝滅亡，這些子弟失去靠山，又一無所能，很多人因此轉死溝壑。針對這一教訓，顏之推要求他的子弟「猶為一藝，得以自資」（《顏氏家訓·勉學》），即至少學習一種技能，作為生存的保障。在科學文化昌明的今天，知識、人才成為民族生存和發展的根本，一個人想要在社會上自立自強，創出一番事業，不學習怎麼行呢？正如文史專家所說：「無知無識，盲瞽一生；廣知多識，耳聰目明。」

28 躐等以求

[解說]

　　學習中的躐等以求，主要指違背科學學科結構之序，單科獨進和多科並進。從縱向上看，沒有學好前面的內容，就去學習後面的內容；沒有掌握理解這一部分，就去想其他部分的內容。從橫向上看，學習多門學科沒有孰先孰後的有計畫的科學安排。從而也就違背了對事物的認知之序，而使學習者不能根據個人實際情況，揚長避短，逐步建立起自己的知識結構。

　　《禮記·學記》中提出了循序漸進、「學不躐等」的思想，指出「雜施而不孫，則壞亂而不修」。所謂「雜施」，即指教師教學時，不循著由淺入深、由易到難的順序，隨意進行教學；「不孫」是指教師不依學生年齡大小及其基礎深淺來傳授知識。由於違背了循序漸進的原則，違背了教與學的客觀規律，因而破壞了教學效果。教學如此，學習也是如此。

　　有的人一進大學，就決定鑽研古文字學，努力找這方面的書看，而對低年級所開設的古代漢語、工具書使用法、目錄學等基礎課程不予重視。等到高年級開設古文字學課時，他才發現上述課程對研究古文字是極為重要的。於是又返回來補充學習。有的初學者讀書，不是循文字之序，漸進而讀，由字句到句段，由句段到全篇，全篇章終至書卷，而是不顧順序，隨著跳讀。這樣躐等以求，其學習效果可想而知。

[事例]

（1）幾何成績很差

　　英國著名物理學家牛頓少年時代便露出非凡的數學天才，但他也有一次難忘的教訓。他在學習歐幾里德《幾何原本》（*euclid's elements*）時，認為書中多是一些常識性的內容，便棄而不學越等跳過，而走「捷徑」，

學起高深的笛卡爾的《座標幾何學》（*La Géométrie*）。結果在接受德利尼獎學金的考試中，幾何成績很差。

智慧小語

為什麼躐等以求會遭到失敗或出現事與願違的結果呢？

這是因為，躐等以求違背了人們認知客觀世界必須循序漸進的普遍規律。登高必自卑，行遠必自邇。要學習、鑽研高深的學問，必須從必須的基本知識開始學習，否則，就會成為水中浮萍。一般來說，人的認知能力的發展是從具體到抽象，從現象到本質，從簡單到複雜，逐步深化的過程。牛頓顯然違背這種規律，躐等以求，必然是欲速則不達，事倍而功半。

（2）學習創作的經驗

有作家曾向學生們介紹過他在國中時的讀書情況。他說：「我每讀一本書，都寫一小段讀書筆記。還在身上裝一個小紙本，把書裡的好詞彙，描寫好的段落，精闢的話摘抄下來，一有空就拿出翻一翻。天長日久，記了很多本。掌握的詞彙多了，作文就有進步。我上國三年級時，有一篇作文老師認為寫得好，幫我推薦到報社發表了。這是我最初的作品。從此，我對文學產生了濃厚興趣，文學創作成了我終生的愛好。」

智慧小語

宋代大理學家朱熹認為，讀書學習要按照書本的邏輯體系和學習者的智慧水準，有系統、有步驟地進行。他提出「循序而有常」的學習之法：「以二書（指《論語》、《孟子》——編者注）言之，篇、章、文、句，首尾次第，亦各有序而不可亂也。量力所至而謹守之，字求其訓，句索其旨。未得乎前而不敢求於後；未通乎此，則不敢志乎彼。」

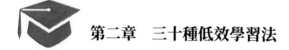

（3）提高讀書摘要的「蛀書蟲」

馬克思為寫《資本論》的理論著作，曾讀過一千五百多種書，並一一做了讀書摘要。僅在西元一八六一年至西元一八六三年這兩年間，他在大英博物館摘記的資料，就寫滿了二十三本筆記本。

馬克思的女兒曾經問他：「你最喜愛的工作是什麼？」馬克思回答說：「做一個蛀書蟲。」馬克思的確是一個「蛀書蟲」。他不僅攻讀哲學、經濟學、歷史學、法學方面的書籍，連語言學、數學以及其他自然科學方面的書籍也廣泛閱讀。

> **智慧小語**
>
> 學習要循序漸進，不能見什麼都學，而應有所選擇。「農分田而耕，賈分貨而販，工分事而勤，士大夫分職而聽。」這就要求按自己的需要，或者說按專業的要求來累積知識。要從自己的實際能力出發，量力而行，不爭一時之快慢高低。否則，我們就會艱難而痛苦地步入失敗。

書後語 —— 漸進定律

一項新任務應該控制在原有基礎的百分之十左右；學習進度太大，學習是困難的，花費時間多，付出代價大，還不一定能成功。一點一滴地累積知識，一步一個腳印地求索，速度適宜，邊學習邊鞏固，是保持學習高效率的重要途徑。因此，學習者在學習時應該遵循這一漸進定律去組織自己的學習活動。

其次，躐等以求的學習方法違背了知識本身的嚴密的邏輯系統性。一方面，知識是具有繼承性的。後期的知識繼承著前期的知識，專業知識發展基礎知識，外層知識從核心知識衍生而出。自然科學龐大的知識體系，

嚴密的內在邏輯，決定了自然科學的學習只能循序漸進。同樣，社會科學也有其本身的邏輯和理論體系，也只能按照它們本身固有的規律逐步學習和掌握。心浮氣躁，「三級跳」式的學習方法和投機取巧的學習態度，是與掌握知識無緣的。正如俄國教育家烏申斯基（Uschinski）所指出：「只有本著事物自身合理的知識體系，才能使我們有充分的可能來掌握知識。一個人的頭腦如果充滿了許多零碎而不相連繫的知識，就會像雜亂無章地堆滿各種東西的倉庫。」

因此，循序漸進，就是要遵循對事物的認知之序。認知規律是客觀存在的，學習不能違背這些規律。要扎扎實實打好基礎，不為單純追求進度而「跳過」應該掌握的知識。要深入一門學科，必須攻讀該門學科的幾本經典或代表著作，一本比一本水準高，用接力的方式才能奔向科學的前沿。這要求學習者，善用自己所長，補其所短，克服盲目性，增加科學性。

29 臨渴掘井

[解說]

臨渴掘井式的學習態度，可謂「無事不登三寶殿」、「平時不燒香，臨時抱佛腳」，這是一種典型的對待學習的實用主義和功利主義心理。

生活中，常有一些人，平時懶於學習，等到事到臨頭，才去翻書求救。這樣臨渴掘井、遇雨修房，自然難於見效，往往是事倍而功半。

讀書治學不是為了消遣娛樂，也不是為裝潢門面，博取虛名，而是為了增長知識，成長才能，為了更好地運用所學知識解決實際問題。因此，學用結合，學以致用，理應成為學習的重要原則。但如果抱著狹隘的實用

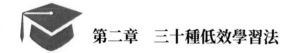

主義和功利主義態度，把學以致用絕對化，片面追求立竿見影，那就大錯特錯，且十分有害。

狹隘的實用主義和功利主義的學習態度，其表現往往是急功近利，急於求成。

常有這種情形：有的剛剛讀了幾本書，就急問效果在哪裡，跟吃了兩個饅頭就問長了多少斤肉一樣；更有甚者，淺嘗一回，未見收穫，就認為學了沒有用，不再堅持；有些初學者，缺乏高遠的目標，不從提高自身素養和能力著眼，為「應試」而學習或為文憑而學習，往往平時不認真鑽研，當個賢（閒）人，荒廢大好時光，待考試才倉促上陣，死記硬背，靠短促突擊，博得個「六十分萬歲」就萬事大吉。這樣學習，不僅於牢固系統掌握一般基礎知識和專業知識無益，於培養靈活加工和運用知識以解決實際問題更是大相逕庭。常見到有些學生考試分數很高，甚至名列前茅，但對做論文，做實驗，研究問題，卻感到不適應，這正暴露了為應試而學習的致命弱點。實用主義的學習態度加上偷懶的惰性，使這些人步入了學習的盲點。須知「學問勤中得」，天下事以難而廢者十之一，以情而廢者十之九。

［事例］

（1）這房子不是白修了嗎

明朝馮夢龍編著《古今譚概》一書中有一則「破屋遇雨才苦漏」的故事可為這類人寫照。有一個人住在一所破漏的房子裡。遇雨天，漏得實在受不了啦，總算想到要修房子，但剛剛修好，雨就停了，不一會太陽又露了臉。這個人嘆了一口氣說：「真倒楣，才修好房子就不下雨了，這房子不就白修了嗎？」

智慧小語

其實，這房子是「白修」嗎？當下次再下雨時，不就見效了嗎？

由此可見，急功近利，必然目光短淺，只求近利，不計遠功。一個實際工作者，如果因為「一時用不上」就放棄隨時隨地、一字一句的刻苦攻讀，而奢望什麼「學以致用」，豈不是空話！其結果正如「破屋遇雨才苦漏」一樣，發出「書到用時方恨少」之嘆，甚至產生「船到江心補漏遲」之憾。「水到」才能「渠成」，沒有腳踏實地的學習，怎能真正有所收穫？

(2) 「面壁」與「破壁」

傳說，達摩先祖為鑽研佛學，曾經面壁坐禪在嵩山少林寺，達十年之久，終於參透佛理。據傳，南北朝畫家張僧繇，在金陵安樂寺的牆上畫了四條龍，生態盎然，但都未畫眼睛，問他為何不畫眼睛，他回答說：畫了眼睛，龍就要飛了。人們不信，他就在其中兩條龍上點了睛，結果龍破壁騰空而起，直飛雲霄。這個傳說中龍直飛雲霄之事是虛構的，但張僧繇的畫技達到了爐火純青的境界，應該是真實的。張僧繇之所以有「破壁」的本領，就在於他「師模宏遠」、「六法精備」，掌握了熟練的傳統繪畫技巧，「萬類皆妙，千變萬化，詭狀殊形」都了然於心，也就是說他「面壁」功夫到家了，才能夠做到「經諸目，運諸掌，得之心，應之手。」

智慧小語

古人云：「功到自然成」。達摩、張僧繇說若沒有「面壁十年」的功夫，豈有「破壁」之成效？

可見，「面壁」是「破壁」的前提和基礎，沒有「面壁」就談不上「破壁」。「面壁」不但要坐得下來，而且要一絲不苟，捨得花時間，一年、兩年、五年、十年……有了這個扎實深厚的基礎，才能畫龍

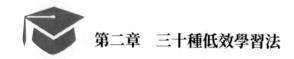

點睛，破壁而出。這些給我們的啟示是，任何技藝的學習和掌握，不是一朝一夕之功，而是鍥而不捨、堅持不懈的勞動成果。

書後語 ── 熟能生巧

人們常說「熟能生巧」，達到純熟的技能技巧並進而產生創造性的智慧，仍非一朝一夕之功。所謂「臺上一分鐘，臺下十年功」，說的正是這個意思。一般來說，由知識轉化為能力，需要經過長期的、反覆的、刻苦的學習，並經過自己的咀嚼、消化、體會、揣摩，真正心領神會才能實現。企圖靠「臨時抱佛腳」「抱來」的一點粗淺知識而企求一蹴而就，豈不像一個人到大宴賓客時才去翻食譜而又希望做出美味可口的佳餚一樣荒唐？

當代，科學技術發展速度之快，發展規模之大，發生作用之廣，影響之深遠，是前所未有的。這對我們的學習提出了走出「臨渴掘井」的學習盲點的要求，時代向我們提出了挑戰。

這種挑戰表現在：一方面新知識的激增，新學科的不斷湧現，加大了我們迅速掌握龐大知識群的難度；另一方面，知識的更新速度加快，使「書到用時方恨少」已成為幾乎不可避免的苦惱。

據美國國家研究委員會調查，當今半數的勞工技能在三至五年內就會變得一無所用，而從前這段淘汰期是七至十四年。工程師知識的半衰期是五年，即五年內有一半知識已過時。畢業十年後所學還能派上用場的不足四分之一。

30　厚古薄今

[解說]

　　厚古薄今的思維方法，其突出的表現就是以「傳統」來評價、取捨現實事物，來衡量其是非好壞。

　　因此，借鑑古人、外國人的東西，就是跟別的人或別的事相對照，以便取長補短或吸取教訓。「尺有所長，寸有所短」；「它山之石，可以攻玉」。借鑑是非常必要的。借鑑別人的經驗，可以使自己少走彎路，盡快走上成功的坦途；吸取別人的教訓，可以防患於未然，減少不必要的代價付出。

[事例]

（1）李夢陽與李攀龍

　　在明代中期，以李夢陽和何景明為首，結成一個文學集團，被後人稱為「前七子」，樹起「復古」的旗幟，提出「文必秦漢，詩必盛唐」的口號，此唱彼和，推波助瀾，形成了一個聲勢浩大的復古運動。

　　李夢陽等人的復古理論，一是極力推崇先秦兩漢散文、魏晉古詩和盛唐的近體詩，認為這都是絕對完美的，以後的詩文則是一代不如一代。有種種的缺點；二是在文學創作上主張摹仿古人的作品，他們把那些認為是完美無缺的古人作品當作範本，從篇章結構到句法詞彙都進行摹擬。摹擬得越像越好，用不著自己來創造一種獨特的風格，一切以古人的作品為準。李夢陽的主張和「創作」，在當時和以後都受到許多人的批評，認為李夢陽過於強調格式、法式，未能很好地從復古中求創新，導致了刻意古節、泥古不化的流弊。

與李夢陽同時的李攀龍，則認為，先秦時的文章已經至善至美了，後代的人在創作時，模仿就可以，甚至可以「視古修辭，寧失諸理」，即寧可損害文章的內容，言辭也要合乎古代文章規範。李攀龍是這樣主張的，也是這樣實踐的。他編選歷代詩歌而成的《古今詩刪》，唐代之後直接到明代，宋代和元代的詩歌一首未選。他的文章是「無一語作漢之後，亦無一字不出漢以前。」由於完全模仿古文，他的文章往往因詞害義，語言不通，沒有什麼佳作。

> **智慧小語**
>
> 李夢陽、李攀龍等人「好古而忽今」，只知沉溺於祖先的功德和歷史的追憶，不知關心現實和追求未來，作當下的開拓，為「過去」犧牲了「現在」，也葬送了「未來」，使自己成為古人的影子。在治學態度上尚「述古循轍」，不懂得「開拓新流」，結果是「古人發其端，而後人莫能竟其緒；古人擬其大，而後人未能議其精」，造成古代學術經久不進。

(2) 黃慎學畫

揚州八怪之一的黃慎，曾拜上官周為師。黃慎學畫非常刻苦，沒用幾年的功夫，就有了老師畫畫的水準。一天，他的幾位朋友要欣賞他的畫作。他拿出了自己的幾幅得意之作。朋友看了之後說：「我們要看的是你的畫，不是上官周的畫。」黃慎反覆說明這就是自己的畫，可是朋友就是不相信。

朋友走後，黃慎陷入了深思：上官周的畫有自己的風格，我的畫風格在哪裡呢？他決定注意在學習老師風格的基礎上，練就自己的風格。後來，他畫出了一幅《縴夫》，老師和朋友們看了都說：「這才是你黃慎的畫呀！」

智慧小語

生搬硬套，是做學問的大忌，也是學習借鑑他人先進文化、科學技術的大忌。黃慎可謂是
「青出於藍而勝於藍」。這也是他是學生向老師學習應達到的最佳境界。如果只拘泥於老師的水準或老師的風格，那是失敗的教育、失敗的學習。黃慎知錯而改，這是他的智慧之處。

書後語 —— 以史為鑑，可以知興替

作為一個現代學習者具備博大的眼光、開闊的胸襟，廣吸博取世界各民族的文化精華來構建自我的知識 —— 智慧寶庫，是新世紀的呼喚和要求。我們當然要拋棄封建文化的癲疱，但卻絕不可以在現代化的進程中丟棄民族文化的精華，民族精神氣質的絕美。我們可以喜歡引進好萊塢電影、日本汽車、義大利服裝，也可熱衷於舶來可口可樂、牛仔褲和化妝系列，但絕不可忘卻民族精神。

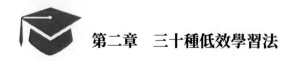

第二章　三十種低效學習法

第三章
改變低效學習的十五種方法

01 忽視過度晚對答案

（一）

有些同學在學習某一問題時，在學習某一問題稍有所成並剛好把這一問題掌握時，便停止對這一問題的學習。但不久再檢查這一問題時，就會出現某些錯誤。這樣的學習方法過於追求速度，卻忽視了品質，是一種典型的低效學習法。

讓我們舉例說明：

第二天要測驗英語單字，王波背了四遍後認為全背會了，然後，他便停止了學習，興高采烈地去看卡通。結果，第二天測驗他竟錯了好幾個單字。王波為什麼會出現這種現象呢？其中的原因是，王波忽視了過度「學習百分之五十」，也可以說是沒適當地「過度學習」。那麼，什麼是「過度學習百分之五十」呢？所謂「過度學習百分之五十」，即王波在背四遍掌握了英語單字的基礎上應再多背兩遍，這增加的兩次學習稱為「過度學習百分之五十」。

換言之，同學們當背誦某種學習材料達到剛能背誦時，不要停止學習，要接著再背幾遍。

反過來，是否過度學習越多越好呢？研究證明，百分之五十的過度學習最好，超過百分之五十，效果反而會下降。當學生出現某些問題或錯誤時，有些老師和家長罰抄十至二十遍，甚至更多時，只會使學習產生疲勞和厭煩。正所謂物極必反，這種做法對記憶有害無益，應該被拋棄。

（二）

有些同學在練習時，往往喜歡做完好幾道題後，再對答案，認為這樣學習效率高。其實恰恰相反，這又是一種典型的低效陷阱。

　　其實，做完好幾道題目之後再對答案，這種做法並不好。由於答案的正誤一直保留在心中，反而降低了學習效率。

　　某科學家曾做了一個實驗，即每隔零點七秒按電鈕的單純作業。他將受試者分為兩組，一組受試者每按一次鈕便告知結果，而另一組受試者則不知按鈕後的結果。結果顯示，前者的作業準確度比後者高。

　　接著，該科學家又進行了另一項實驗，A 階段的受試者能看到電流計的刻度，知道自己作業的結果，所以錯誤反應數顯著減少。而在 B 階段，受試者不能看到電流計的刻度，在其他條件相同的情況下，該階段的錯誤反應，竟然一下子增加了數倍。

　　由此可知，同學們在解題時盡快地確認結果是非常重要的。立刻確定正誤，可以享受自己努力所得的快樂。即使在誤答時，也應立刻重答，直到正確為止。

02　平時拖沓多看多寫

（一）

　　在「龜兔賽跑」的故事中，我們總是讚美烏龜，但事實上烏龜似的爬行效率最低，在學習上同樣如此。

　　有些學生的家長在家要求孩子做功課時，常喜歡說：「慢慢寫，慢慢來，沒有關係，只要正確就好。」久而久之，孩子就會形成「慢慢來」的心理，並變成行動。家長的本意是好的，但就寫作業來說，恰恰起相反的作用。在做「讀書、寫字、計算」等作業時，速度快會使精神逐漸緊張，精神緊張使精力集中，提高學習效率。

　　舉例來說，一位技術熟練的打字員，速度很快並且很少出現錯誤。原因除了熟能生巧外，主要是由於打字速度的提高使精神能夠高度集中，從

而錯誤率很低。相反，如果要求打字員慢慢打，反倒會使其精力分散，錯誤也更多。

　　同學們在做「讀、寫、計算」形式的功課時，最重要的是如何把精力集中於功課上。提高做功課的速度，是一種好的方法。當然，使用這種方法時可能無法一開始就兼顧迅速和正確。然而與其要求正確，不如先把重點放在速度上，由速度去影響精神的集中以達到準確的目的。這才是最有效的做法。

（二）

　　有些同學在學習中只注重看，不注重讀和寫，導致學過的知識往往記不住。這同樣是一種沒有效率的做法。因為同學們沒有發揮小腦的功能，沒有運用促進記憶的方法。

　　從動物的進化角度來看，小腦的發展與動物所進行的運動的複雜和精巧程度有密切的關係。當動物只進行軀幹運動時，牠的小腦很不發達，只是原始小腦在活動；當動物依靠鰭或肢體運動時，依舊小腦進行活動；當動物的肢體將軀幹撐離地面，運動方式更加複雜時，小腦半球，即新小腦進行活動。由於人的運動方式最為複雜精巧，所以人的小腦比其他動物複雜且發達。

　　人的精巧運動是在學習過程中逐漸形成並熟練起來的。同學們在開始的學習階段，大腦皮質的運動是不協調的，原因是同學們此時尚未發揮小腦的協調作用。

　　同學們在學習過程中，大腦皮質與小腦之間不斷進行資訊交換。同時，小腦也不斷接受視覺、聽覺感受傳人的資訊，逐漸糾正運動過程中所發生的偏差，從而使運動協調起來。當精巧運動熟練並完善後，小腦中就

儲存了一套完整的程序；大腦皮質再要進行這項運動時，首先要從小腦中提取已儲存的程序，再按提取的程序來運動。這時的運動非常協調而準確，並且所進行的動作過程幾乎不需要思考。

人類的語言和書寫屬於十分精巧的運動。當同學們學習外語單字或課文時，大腦所發動的讀念或書寫運動並不協調，因而常寫錯或讀得很彆扭。但透過多念、多寫等肌肉運動，同學們的大腦皮質就會和小腦之間建立起連繫，並逐步把單字的結構與讀音編成程序而儲存在小腦中。於是當同學們讀或寫時，就會不假思索地脫口而出或一揮而就。

眾所周知，凡是學會騎自行車的人，不管過多久，都不會忘記自行車的騎法。這是因為學自行車是有肌肉參與的。凡是和肌肉運動有關的記憶都不容易忘記，所以，用這種方法記憶非常牢固。

03 光玩不學埋頭死學

（一）

這樣的同學不知你見過沒有：他們在暗地裡下苦功學習，表面卻裝出輕鬆自在、漫不經心的樣子。別人說他學習努力，他反而表現出不高興的樣子，故意想叫別人說他貪玩也能學出好成績。別的不說，光是這種心態，顯然無法提高學習的效率。

表面上的假相——「光玩不學」，其實是他們的虛榮心在作怪，也就是自欺欺人，同時也使自己進入了一種學習的盲點。

我們並不是提倡「光學不玩」，這同樣是一個盲點。我們只是認為，一個人要取得好的學業成績，必然靠刻苦努力。因為只要方法正確，成績與付出是成正比例的。

第三章　改變低效學習的十五種方法

如果同學們已經知道自己不太聰明，那就要透過額外的努力來補償自己的不足。當努力後仍不如他人，會產生一種恥辱感。這種恥辱感從積極的一面講，可「知恥而後勇」，比以往更加努力，直接迎頭趕上；從消極的一面講，你也可能會垂頭喪氣一蹶不振，或以「光玩不學」來欺騙自己。這種消極的做法，是很不足取的。

在學習上，也會有這樣一種情形：某些同學在課本上花的時間並不多，很大的興趣在參加各種活動上，表面看來他們似乎不太努力。然而你只要認真觀察他們就會發現，他們過去基礎就很好，領悟問題快，學習效率高，會抓重點，會學習。這些同學因參與課外活動的調節，使大腦皮質的興奮與抑制交替進行，從而能很好地休息，反過來又提高了學習效率。

玩中領悟的東西，會遷移到課堂中來。這樣的學習方式，不是光玩不學。

（二）

有些同學成天埋頭學習，認為學習的時間與成績成正比，搞疲勞戰術，不講究學習方法和技巧。這個陷阱與上一陷阱似乎剛好相反，但它們在降低學習效率上卻有異曲同工之妙，或者叫殊途同歸。

科學研究發現，人的智力的伸縮性很大，只要掌握恰當的方法和技巧，學習能力會大大提高。由此可見，學習必然講究技巧。否則日夜連軸轉，拚時間，既損傷了身體，又搞得異常疲勞，長期下去，很可能累垮身體，成績還不會提高。

同學們怎樣才能更有效地學習呢？

第一，當同學們學習有關新內容時，首先要掌握它的總體情況，不必一開始就深挖細節。如果是學一篇文章，先讀讀每段的第一、二句話；如

果是學一本書，先把目錄、標題、內容提要及序言等總結歸納性質的文字瀏覽一遍。

第二，同學們在學習中遇到難點可以默念或輕讀，變無聲語言為有聲語言，或用筆寫。這樣動用多種器官參與其中，能使同學們注意力更加集中，記憶更加深刻和持久。

第三，巧用記憶法，增強記憶能力，減少重複學習。同學們要根據各自的智力情況自行創造記憶法。

第四，化整為零，循序漸進。不要急於求成，試圖一下子把新知識全部消化吸收。同學們可以將學習內容分成若干個合乎邏輯的部分，連接的部分多了，可供想像的點也就多起來，容易將新學知識融進已有的知識結構中去。

第五，集中注意力，保持良好的心態。新鮮的刺激容易分散注意力，因此最好不要經常更換學習環境，學習設備也要盡可能保持相同。同學們如果以良好的心態投入學習，效果會更好。

04　輕視預習「冷落熱病」

（一）

先講一個故事：

有一個學生原來聽課很吃力，課後要花大量的時間去看書，還要不斷地去找老師、同學補課，做大量作業，學業成績卻一直難以提高，精神壓力很大。

但不久，老師發現他在學習上取得了明顯的進步。這是什麼原因呢？這位同學說了這樣一句話：「二十分鐘的預習，改變了我的學習被動局

面。」可見，預習對同學們提高學習效率有很大的作用。

預習的作用主要有：

- **預習可以為課堂聽講做好知識的準備**：同學們都知道，課堂學習的品質直接關係到學習的成敗。有不少同學在上課時似乎在「聽天書」，原因是上課時涉及的一些舊知識不會或遺忘了。而在上課時一旦出現知識障礙，查舊書來不及，又不能問老師和同學，就會影響正常的學習秩序。如果同學們在上課前作了認真的預習，把上課所涉及的知識全部準備好了，就會變被動為主動。

- **預習可以提高聽課水準**：經過預習，同學們上課聽講的積極性和目的性都會增強。這是因為經過預習，同學們在上課時急於想知道自己預習時沒有學懂的問題，急於想知道自己的理解是否正確。同時，對於沒有掌握的內容，也會更加留心，以求明白老師是怎樣突破這個難點的。這對問題的理解很有幫助，同時能提高同學們聽課的積極性和目的性。

- **預習可以變被動為主動**：預習做好了，就會掌握學習的主動權。課前作了充分的準備，上課時就能聽得懂，聽得好。這樣下課後用於複習的時間就減少了，反過來可用更多的時間去預習。長期堅持，就可以增強學習的信心，變被動學習為主動學習，形成良性循環。這對於學習基礎較差的同學來說，格外重要。

- **預習可以提高自學能力**：由於預習是透過自學方式來認識新知識的，這樣，可以大大提高同學們自學的能力。

事實證明，能堅持預習並善於預習的同學，一般來說，閱讀速度快、思維敏捷，分析綜合、歸納演繹、抽象概括的能力較強，學習效率大大超過一般的同學。

（二）

　　有些同學常常會「得」這樣的「冷熱病」：新學期開始時在各方面都嚴格要求自己，課堂上聚精會神、專心致志，按時、按質完成作業；可是一段時間後就有些拖沓，上課不專心，作業粗心，甚至出現遲到早退現象。這種低效的陷阱很多同學都遭遇過，但他們大多不自覺，或不知如何擺脫。同學們之所以出現這種「冷熱病」，是「饜足心理」造成的。那麼同學們怎樣才能克服「饜足心理」呢？

　　首先，要有堅強的學習毅力。

　　同學們要認知到學習是艱苦的勞動，要取得好的成績，就要有堅韌不拔的毅力。不能今日樹雄心，明日又灰心，犯「冷熱病」。

　　其次，要有切實可行的學習計畫。

　　同學們要承認自己與其他同學有差距，並找出差距；也要明白自己的哪些學科落後，然後根據自己的實際情況，制訂切實可行的學習計畫。例如：自己的物理落後，就要在這方面下功夫。同學們有了學習計畫，才能按計畫學習，才能克服「冷熱病」。

　　最後，要學會適時調整自己。

　　同學們學習一段時間以後，應參加一些有趣的活動，避免重複乏味的學習模式，努力培養自己的學習興趣。

　　研究發現，克服「饜足心理」既要有毅力，還要有計畫，並講究科學的學習方法。

05 缺乏自信缺乏興趣

（一）

從某種意義上說，缺乏自信是對學習效率最大的打擊。很多同學缺乏自信心，總是覺得無論怎樣努力，也無法趕上和超過班上成績突出的同學；或者認為自己太笨，根本不可能成為優秀的學生。這樣他們的學習效率不知不覺就會和他們的信心一起降至冰點。

學習缺乏自信心的同學，主要表現為膽小怯懦、心情憂鬱、思維滯緩、悲觀失望、不喜歡提問等。

這種心理的形成有著主觀和客觀兩方面的因素。主觀因素主要是過高地估計別人而看不起自己。客觀因素是因為學業成績欠佳，被人看不起。

一般的，老師和家長對那些成績好的學生都特別喜歡，使這些學業成績好的學生充滿信心，備加努力，成績也越來越好。相反那些成績欠佳的學生，因拖累了班級的平均分數，往往受到種種冷落，因而失去了自信心。

然而「笨鳥先飛」、「勤能補拙」。同學們即使自己的腦子真的比別人笨也沒有關係，完全可以透過勤奮來彌補這一點，從而可以使自己成為成績優良的學生。

有些成績差的同學看問題缺乏全面性，只看到了人家的好成績，卻忽視了人家的辛勤學習和付出，而辛勤的付出和成績是成正比例的。這些同學應向偉大的發明家愛迪生學習，他小時候曾經被老師認為是最笨的學生，但這位老師做夢也想不到這位「笨學生」後來會成為名揚世界的發明家。如果愛迪生缺乏自信心，世界上或許會失去一個最出色的發明家。還有愛因斯坦他上中學時成績也是一度不好，老師挖苦他說：「你這一輩子也不會有出息！」但他並沒有自暴自棄，反而以此激勵自己，發憤攻讀，

最後終於成為二十世紀最偉大的科學家之一。

可見，同學們要想提高學習效率就必須對自己充滿信心。

（二）

眾所周知，興趣是學習的動力。沒有動力，又哪來的學習效率？

學習缺乏興趣，除了與先天因素，諸如同學們的性格內向、呆板等有關外，還與同學們的學習目的不夠明確有關。

興趣，是指人對一定事物或活動的帶有積極情緒色彩的內在傾向性。人的傾向性有兩種：一種是外在的傾向性，它主要與人的無意注意相連繫，是由外界刺激引起的；另一種是內在傾向性，它是由於人對某種事物或活動形成了肯定的態度，產生了積極的情感而導致的。當人們力求了解某種事物，渴望從事某種活動，並從中獲得了心理上的滿足感時，就產生了興趣。

根據興趣的指向性，興趣又可分為直接興趣和間接興趣。直接興趣，是指由事物或活動本身引起的興趣。例如：人們對視覺藝術、聽覺藝術，諸如影視、戲曲等所產生的興趣。間接興趣，是指由活動目的、任務或活動的結果引起的興趣。例如：有的同學對某些課程不感興趣，但它會考、學測必考的學科，具有一定的分數價值，也便產生了興趣。

將直接興趣和間接興趣相結合，會使同學們產生學習的積極性和主動性，是提高學習效率的必要條件。

同學們如果缺乏直接興趣，會感到學習枯燥無味；缺乏間接興趣，就很難維持長久的學習。

孔子說：「知之者不如好知者，好知者不如樂知者。」意思是說，讀書感到快樂時，才能學習好。清代著名學者梁啟超也強調學習的興趣。他

認為：「教育事業，從積極方面說，全在喚起趣味；再從消極方面說，要十分注意，不可摧殘趣味」。

　　缺乏興趣的同學，學習就缺乏積極性和主動性。調查發現，學生不感興趣的學科，其學業成績一般都不很理想。不僅如此，缺乏興趣的同學，往往也缺乏持之以恆的動力和堅持不懈的毅力。

　　因此，同學們要明確學習目的，端正學習態度。只有明確了學習的重要性，懂得了知識的價值，才會在學習中自覺地培養直接和間接興趣。

06 先難後易不懂不問

（一）

　　有些同學喜歡偏科，導致有的學科成績好，有的學科成績差。而當他們偏科後，又往往先學令他頭痛的科目。這種做法用在考試上效率很高，但用在學習上則效率很低。

　　先學差的學科，看似無可厚非。但是從效果上看，並不如先學拿手的科目好些。

　　英國有所學校，每天早晨學生都可在教室中自由地學習自己想學的科目。

　　所謂想學的科目，指的是喜歡或拿手的科目。由於該校的學生對自己喜歡的科目學起來能夠得心應手，很有成就感，因而會信心十足地繼續學習其他的科目。

（二）

　　不懂不問，非常不利於有效的學習。

　　試問，對老師今天講的學習內容有不明白的地方，不及時問同學或老

師，把「阻礙」移除，明天如果再出現聽不明白的問題又怎麼辦呢？問題越積越多，何時才能取得好的學業成績呢？

同學們上課有時聽不懂是正常的。原因可能是基礎沒打好，也可能是新舊知識銜接不上，這不要緊，應及時請教同學或老師。正如孔子所說：「三人行，必有我師。」每個人都有長處，問一問又有何妨呢？當然，造成同學們「不善於問」這種現象與我們的教學環境也有一定的關係。

透過下面的比較，可知我們的教學環境急需改善：在美國，課堂氣氛非常熱烈，這並不表示他們的學生習慣在教室中談論私事或開玩笑，而是指在遇到不懂的問題時，他們就七嘴八舌地發問、吵嚷和討論，使得授課老師應接不暇，幾乎無法繼續上課。

相比之下，我們的課堂氣氛就顯得非常安靜，同學們只靜靜地聽老師講課，認真記筆記，很少發問。而教師也為了完成預定的授課任務，在學生不表示「有問題」的情況下，就不斷地教下去。然而經考試就會發現，了解老師授課內容的學生有時連半數都不到。

另外，學生「不善於問」，家庭教育也是重要的原因之一。

總之，同學們要走出不善於問的低效陷阱，首先必須自己努力改變不敢問的習慣，同時也需要老師和家長的鼓勵、幫助。

07　容易緊張超負荷學習

（一）

有些同學在平時學習時就感覺壓力很大，而臨近考試時壓力更大，人也更緊張，吃不香，睡不好，噩夢連連，身體也會出現一系列的不適症狀。

這就是所謂的學習緊張症。學習緊張症很多學生在學習中都遇到過，只是表現的或重或輕罷了。學習緊張症是學習效率的致命殺手。

　　對學習能力較差的學生來說，平時基礎差，基本概念、基本理論本來就沒有學好，整天提心吊膽，唯恐老師提問。考試臨近日子更難過，學什麼不會什麼，老師在黑板上提綱挈領地帶著複習，自己如同鴨子聽雷，考試自然不會好。

　　而對中等生來說，平時的弦本來就繃得緊緊的，因為稍一鬆動，就會掉入「低分部落」，所以就要咬緊牙關，在疲勞線上掙扎，力求上進，不能落後，自然就會陷入「學習緊張症」。

　　而對於優等生來說，為了保持難得的名次，不得不始終在疲勞線上掙扎。尤其到了畢業這一年，除了吃飯、睡覺之外，幾乎整天捧著書在讀啊、背啊、寫啊。臨近考試，壓力更大，吃不下飯，睡不好覺，而且常做噩夢，腦子發「木」，同時還可能導致腹痛、腹瀉。每次考試結束，幾週後身體和精神才能恢復正常。

　　那麼，同學們怎樣才能解除學習緊張症呢？

　　同學們首先要明白：作為學生，在學習方面有一定的緊張感、保持一定的學習壓力是必要的，它有利於自己對學習給予足夠的重視，並由此產生刻苦學習的動力。但壓力過大，就會出現負面影響，出現學習緊張症，這就不足取了。因此，同學們除學習之外，還應參加自己喜歡的一些活動，有時間看看電視，適當地放鬆一下，學習要有張有弛。

　　其次，同學們學習時就要高效率地學，該玩時就玩個痛快，緩解自己的緊張症，做一做肌肉放鬆活動，輕鬆愉快地投入學習之中。

（二）

　　有的同學喜歡超負荷學習，號稱「拼命三郎」。這種學習精神固然可嘉，但既對同學們的身體不利，對提高學習效率也同樣於事無補，甚至還會起反作用。

　　「超負荷學習」絕不是理想的學習方法，而是一種事倍功半的學習方式，有些同學連續疲勞作戰，結果往往把自己搞得神經衰弱。

　　同學們如果「超負荷學習」，身心最終將難以承受。就如同一根彈簧，你如果在它的彈性限度內拉開它，手一鬆，它就會彈回去，恢復原來的正常狀態。假如你無限度地拉，超出了彈簧的彈性限度，當你再鬆手的時候，它就不會再恢復原狀了。

　　「超負荷學習」必須縮短正常的睡眠時間，如同超過「彈性限度」，久而久之，必定影響身體健康。同時，由於大腦連續工作，造成疲勞不堪，因而學習效率也會大大降低。我們的大腦每天都處在興奮和抑制的交替進行狀態，即學習時大腦皮質興奮，隨著學習的進行，興奮逐漸削弱，並出現抑制，這就需要大腦休息。

　　作為中學生，由於神經系統發育不夠成熟，大腦的興奮不易持久，容易向抑制方面轉化。因而學習時間一長，大腦的興奮就難以集中了。因此，同學們每天都要保證充足的睡眠時間，而且年齡越小需要的時間越長。

　　專家們認為，每天充足的睡眠時間為：八到十一歲兒童為十小時，國中生為九小時，高中生為八小時。

　　當同學們學習出現疲勞時，就應該休息，同時不妨進行一番體能鍛鍊。這是一種積極的休息方法，對提高學習效率非常有幫助。

08 走馬看花忽視工具書

(一)

在高中階段，理化學科都有一定的實驗課，但有些同學在實驗課上不願動手，不願動腦，而是走馬看花看熱鬧，忽視培養科學實驗的素養。這種習慣與上一陷阱有相似之處，同樣缺乏實踐，導致學習效率降低。

高中階段的理化實驗課是按照教學大綱的要求設置的，並要求透過一定的實驗達到一定的目的和要求，具有很強的科學性。

然而有些同學在實驗室裡不願動手操作，怕這怕那，不是積極地參與，而是在走馬看花看熱鬧。這就失去了實驗的意義，達不到應有的學習目的。它使同學們養成不扎實、浮淺的習慣，不利於培養科學實驗能力。

那麼，同學們應該怎樣做呢？

首先，要養成良好的實驗習慣。

良好的實驗習慣是指在任何條件下認真做實驗的習慣，如：遵守操作規程、愛護儀器的習慣等。養成良好的實驗習慣能保障實驗的順利進行，否則，會使實驗達不到預期效果，甚至會出現危險事故。

其次，要明確實驗方法。

每一種實驗，都需用一定的儀器、方法，只有按照這些方法去操作，學生才能順利、成功地完成實驗內容，達到預期目的，得出實驗結論。

第三，要有實事求是的實驗態度。

這就要求同學們按客觀規律做事，尊重實驗事實，重視實驗的科學性。對實驗現象要準確描述，不可言過其實，添油加醋；對實驗資料要真實記錄，不可盲從，人云亦云。

第四，要有必勝的信心。

在實驗過程中，學生要有實驗必勝的信心，克服實驗中的困難，克服因實驗失敗而造成的氣餒、失望、悲觀、畏懼心理，要把實驗當成一種樂趣。

最後，要有健康的群體意識。

在分組實驗中，同學們必須相互配合，透過各組對實驗現象的描述，對實驗結果的比較，使自己產生團體榮譽感，以及透過對實驗中的疑問及實驗習題的討論，體會到群體智慧的力量。

（二）

學生手頭的工具書，包括一般的字典、成語詞典和英語詞典等。現實中有些同學遇到疑難問題喜歡東問西問，而不求教於工具書。他們認為查工具書太麻煩，耽誤學習速度。但這樣速度是快了，但卻沒有效率！

工具書是專為讀者查考字義、詞義、字句出處和各種知識而編纂的書籍，如字典、詞典、索引、歷史年表、年鑒、百科全書等。同學手頭的工具書，無疑是學習的好幫手。不善於使用工具書，有問題問他人，不利於提高學習效率。

同學們有疑難問題，如：不認識的字，或不知道它的意思，應該查字典；對記不清楚的英文單字，也應該查英語字典（網路英漢辭典、APP 軟體的辭典、翻譯筆均可）。經常使用工具書，有利於及早解決疑難問題，利於學習，同時還能鍛鍊同學們使用工具書的熟練程度，有利於提高學習興趣。

同學們在使用字典時，可以在字詞旁邊作一個記號，查幾次作幾次。以後只要翻開字典查看所作記號的次數，就可以知道容易遺忘的字詞是什麼了，這樣可以強化記憶。

其實，在字典、參考書上作記號幫助記憶的方法，對同學們來說是很有價值的。當看到許多打有記號的字時，反而可能會覺得有趣從而喜歡字典或參考書了。這樣做，對於同學們掌握過去所學知識也很有幫助。

09 缺乏想像力思路不滿

（一）

在學習中不敢發揮想像力的同學，多是墨守成規，或是按傳統方法去思考問題。因而，自然就很難提高學習效率。

想像力是人類頭腦特有的一種能力，是人反映現實的特殊形式，是為智力的騰飛插上的翅膀。

想像力，總是以具體的形象來預見和反映未來。十九世紀荷蘭著名化學家雅各布斯‧亨里克斯‧凡特荷夫（Jacobus Henricus van't Hoff），曾就想像才能對許多科學家作過研究，發現其中最傑出的人，都具有高度發達的想像力。想像力豐富是發明和發現的重要因素。

而同學們具有豐富的想像力，可以有助於解決學習中的問題。有一位學生，在上自然課的時候，聽老師講生物由於主動適應大自然的變化而生存下來的道理，他忽然笑了。老師問他為什麼笑，他不好意思地說，我剛才聽課走了神：看到外面下著雨，我想要是人的鼻孔朝上長著，不就灌滿了水嗎？

老師沒有批評這位同學，而是表揚了他豐富的想像力。因為這正是「適者生存」的生動事例。

同學們在學習的時候，也要展開想像的翅膀，在自由的思路中翔翔。

（二）

學習過程就是提出問題和解決問題的過程。在解決問題的彈性限度，當你再鬆手的時候，它也就不會再恢復原狀了。

「超負荷學習」必須縮短正常的睡眠時間，如同超過「彈性限度」，久而久之，必定影響身體健康。同時，由於大腦連續工作，造成疲勞不堪，因而學習效率也會大大降低。我們的大腦每天都處在興奮和抑制的交替進行狀態，即學習時大腦皮質興奮，隨著學習的進行，興奮逐漸削弱，並出現抑制，這就需要大腦休息。

作為中學生，由於神經系統發育不夠成熟，大腦的興奮不易持久，容易向抑制方面轉化。因而學習時間一長，大腦的興奮就難以集中了。因此，同學們每天都要保證充足的睡眠時間，而且年齡越小需要的睡眠時間越長。

專家們認為、每天充足的睡眠時間為：八到十一歲兒童為十小時，國中生為九小時，高中生為八小時。

當同學們學習出現疲勞時，就應該休息，同時不妨進行一番體能鍛鍊。這是一種積極的休息方法，對提高學習效率非常有幫助。

⑩ 任其自然不走「回頭路」

（一）

學習效率是指有效的學習成果與付出的代價（主要是指時間）之比。同學們要提高學習效率，就是要提高時間內學習的有效量。

舉個例子來說，如果你半小時內能看十頁書，結果你只看了五頁，則你的學習效率只有百分之五十。因為你浪費了一半的時間。

第三章 改變低效學習的十五種方法

在同一個班級裡，一樣的老師授課，一樣地聽課，其他情況諸如學習的時間和休息的時間也是一樣的，在這個同等的條件下，有些同學的學業成績非常突出，有些處在一般水準，有些極差。這其中除了智力差別、學習方法以外，就是學習效率不一樣所致。

除極個別天才以外，人的智力其實都差不多。你只要仔細觀察便會發現：學業成績突出的同學，他們都很會學習，上課認真聽講、聚精會神，從不做與學習分心的事。老師講完後，他們認真看書或作習題，很顯然他們的學習效率很高。

而那些不講究學習效率的同學則慢吞吞、鬆垮垮，有時說話、做小動作，似乎在應付，一節課下來就比學習效率高的同學落下一段距離。如此一週下來，一個學期下來，他們要比效率高的同學少學多少內容啊！

那麼，同學們怎樣才能提高學習效率呢？

首先，學習之前要定向、定質、定量、定時、定法，不能任其自然。

定向就是明確學什麼，學哪一部分；定質就是要達到什麼目的，什麼標準；定量就是學習多少，做幾道題，看幾頁書；定時就是在多長的時間內完成這些學習內容；定法就是學習中需要什麼樣的程序和方法。其中，定量和定時是提高學習效率的關鍵。

同學們還要做到：首先，學習時必須保持良好的情緒，不一心二用，使大腦的興奮點始終在學習上，以提高學習效率。其次，採取多種形式交叉進行，豐富學習內容。最後，減少多餘或重複的動作，將一些學習用具、參考書事先都放好，避免花費時間去找。

（二）

學習中有個複習的階段，但很多同學對此不太看重，認為複習可有可無，不如趕時間多學一點新東西。但他們忘記了一句話：欲速則不達！

學習走一走「回頭路」，是指對所學過的知識進行再學習的過程，一般叫做複習。不過，這種重複的學習和初次的學習是大不相同的。複習時是站在整體和全面的角度上看問題，學習的角度發生了變化，看問題的著眼點高了。雖然複習的內容是舊的，但透過「溫故」可以「知新」——這種「知新」主要展現在由此及彼、由聯想等生發出來的思維，從而獲得新的理解和體會，使知識鞏固化、完整化、系統化、實用化。

學習走「回頭路」可以分為自己複習和老師指導兩種形式。複習的方法可以是看書、整理筆記、練習等，各種方法又可交叉進行。

如果同學們不注意複習，不走「回頭路」，就會造成新舊知識連繫不好，形成知識「斷層」，影響學習效率；再者，同學們不進行系統化複習，就會使掌握的知識難以「昇華」。

孔子說：「溫故而知新，可以為師矣。」學習了一段時間之後，應該溫習，以利於舊知識的鞏固、新知識的學習，使學習效率大大提高。

⑪ 輕視「做筆記」違背規律

（一）

有些同學看書看報沒有記筆記的習慣，因而看過後用不了多久就會忘記，要用時又不知所需要的內容出自哪裡，或者知道在哪本書上卻一時又無法找到。這種學習方法對學習效率的傷害顯而易見。這樣的同學，同樣忘記了一句老生常談：「好記性不如做筆記」。

要知道一個人的天資再高，要長久記住自己讀過的內容也是不可能的。而記筆記是個好辦法。難怪古人主張：「有志於學者，抄書之功斷不可少。」可見，一個人讀書，除了眼勤、腦勤、口勤之外，還要手勤——

有選擇有目的地摘錄一些有用的資料。

摘抄的好處主要有：首先，可以減輕大腦的記憶負擔，使大腦集中精力，去記更需要、更重要的內容；其次，比大腦記憶得準確；最後，可以長期保存，任你選用。

古代大學問家朱熹在讀書的時候，總愛思索，把疑問抄在筆記本裡，時常翻閱，以便有機會向別人請教。

俄國大文豪托爾斯泰曾說過：「身邊要永遠帶著筆和筆記本，讀書和談話時碰到一切美妙的東西和話語，都要把它記下來。」他把這種筆記稱作「百寶囊」。

列寧在書籍的時候，凡是要記住的地方，他都摘錄。在小筆記本上，然後反覆地閱讀，不斷地加深理解，用來啟發自己的思考。

生物進化論的鼻祖達爾文，在讀托馬斯‧羅伯特‧馬爾薩斯（Thomas Robert Malthus）的《人口學》（Demography）中有關「人類競爭」的章節時，猛然想到「生物界裡也存在著生存競爭，有利的變異會被保存下來，不利的則被淘汰」，他把這個想法迅速記錄下來，後來經過一番考察，進一步整理，寫出了巨著《物種起源》（On the Origin of Species）。

著名科幻作家朱爾‧凡爾納（Jules Verne）的作品膾炙人口，作品涉及數學、物理、化學、天文、地理等多方面的知識，還有文史知識。知識之豐富，令人驚嘆。他為什麼懂得這麼多，有人懷疑他有一個寫作團隊。直到凡爾納去世後才真相大白：原來，在他的書房裡，藏有他親手摘錄的兩萬五千張卡片和幾百本筆記！

凡此種種，都是做筆頭的功勞！

思路不清，主要是同學們的思維方法不當造成的。

心理學家認為，思維是「智力結構的心臟」。因此，正確的思維是借

助已有的知識經驗，來理解、掌握沒有直接感知到或根本不可能感知的事物，以及預見和控制事物發展的進程。換言之，思維是人類用大腦進行思考的過程。

思維一般分兩個階段：首先是提出問題的階段。問題是思維的特徵。提出問題，是認識事物本質內容的首先階段。只有提出問題，才能使思維主體帶有一定的目的性，從而去進行思維。其次就是解決問題的階段。有了問題才能利用分析、比較、綜合等思維的基本方法，去找出問題的本質答案。思維的水準應以思路為標準。

思路即是主體的思維過程中提出解決問題的脈絡，是思維走過的道路。科學研究證明，高效率的思路，應該具備清晰、正確、廣闊三個基本特徵。

清晰，就是明瞭，就是能夠抓住本質的東西。本質的東西往往是隱蔽的、不清晰的。思路清晰，就能找到正確的答案。有時一個正確的方法，往往是從錯誤開始的。能夠清晰地發現和總結出自己錯在哪裡，才是高效率思維的第一大特徵。

正確，就是運用知識、經驗的準確性。正確意味著合理。解決問題的捷徑就是尋求解決問題的合理道路。

廣闊，是指思路的寬度和豐富性。它是創造性的重要展現。心理學中講發散思維，就是指思路的廣泛性和豐富性，思路狹窄就談不上創造性了。只有思路廣闊、豐富，才能從多種解決問題的方案中選擇一條最合理的捷徑。

因此，正確、清晰、廣闊，是連繫在一起的。只有認識到事物的本質，在探索過程中找到錯誤的所在，開拓思路，創造性地思維，再運用正確的知識和經驗選擇一條合理的捷徑，才能有效地解決問題。

那些思路不清的同學，要在學習中不斷鍛鍊自己的思維能力，逐漸形成明晰、正確、廣闊的思路。

（二）

　　同學們在學習過程中，總是希望自己的學業成績直線上升。這種願望雖好，但都違背了學習的規律。違背了學習規律，自然不可能有好的學習效率。

　　一般來說，知識和技能的學習，開始的時候比較慢，然後逐漸加快，在達到熟練的程度時，又慢了下來，就像到了高原之後，再進步就不容易了。這便是著名的「高原現象」。這條曲線，便是心理學上的學習曲線。

　　對此，同學們自己也會深有體會。例如：上國中時，最初接觸幾何學，「已知」、「求證」等概念使同學們很納悶，缺乏興趣，學習時自然就很慢。但當你逐漸掌握了它的規律以後，很快就感到得心應手了，進步也很快。明白了這個道理以後，同學們在學習的最初階段，一定要有耐心和毅力。

　　同學們在剛剛接觸知識時，對知識的認知是陌生的。因而接受和理解知識要有一個過程，如果開始就急性子，稍有挫折便灰心喪氣，放棄努力，就打不好基礎。學習如同萬丈高樓，基礎打不好，就不會穩固。有些同學學習不好，與沒有過好「高原」關是有關係的。

　　在學習中，誰有耐心和毅力，誰就能很快過關。同學們只要硬著頭皮堅持下去，找到竅門，扎扎實實，就沒有過不去的火焰山。

　　這時同學們要明白，每個同學都這樣。在過了「高原」關以後，便要培養自己的學習興趣。例如：各種圖形之中，角與角、線段與線段之間的關係，你找到了以後，會很高興，於是便增加了自己的學習興趣。這時，你每當解開一道幾何題，就要總結經驗，在解其他幾何題時，就會更加得心應手。

　　希望學業成績直線上升的同學，首先要改變自己的看法，遇到困難時，要克服畏難情緒，爭取跨過「高原區」。

12　過於寬容盲目用功

（一）

有些同學在學習中常常出現馬馬虎虎、粗枝大葉的毛病，本來可以取得好成績，結果因此成了泡影。但他們並不以為這是缺點，認為不就差了一點點嗎？再說，我是不注意才出現的，並不是我不會呀？

這樣未免太寬容自己了。粗心不但不是小事情，而且能大幅度地降低學習效率。

有些同學在寫字時，常常把「粗心」寫成「馬忽」，「礻」和「衤」不分，或在做數學題時，常常把小數點移位，把給的條件漏掉一個，或者在運算過程中，不是漏掉其中的一個步驟，就是把資料抄錯了，使本來可以做對的題做錯了。那些學習粗心的同學不僅平時容易出差錯，在國中教育會考（會考）或大學學科能力測驗（學測）中也會馬馬虎虎。有的同學一出考場，就想起了自己的錯誤，或者和別的同學一對結果，便發現又是粗心失了分。同學們在會考或學測中一旦因為粗心出了差錯，往往會影響自己的前途。

學習粗心的原因，有些與同學們的個性有關，諸如急躁、情緒不穩、什麼都無所謂等等；有些是因為同學們的注意力不夠集中造成的，題目沒有看清楚、題意沒有弄懂便所答非所問地答題，怎麼能不出錯嗎？

因此，同學們要改掉這種毛病就要有良好的修養，逐漸完善自己的個性，使自己成為做事穩健的人。同時對待閱讀、書寫、計算等，一定要態度認真，保持和強化學習的責任心，不能似是而非，草草了事。

保持良好的心態，也是避免粗心的措施之一。同學們做什麼事情都不能慌裡慌張、糊里糊塗，更不能緊張，否則很容易出漏洞。

（二）

用功卻沒有效果、不出成績的同學，現實中並不少見。其原因也是比較複雜的、多方面的，有智力方面的因素，也有非智力方面的因素。

用功是一種主觀能動性的直接行為。在正常情況下，學習用功的同學應該是有成績的。

那麼，那些用功卻不出成績的同學有什麼原因呢？

學習不得法是其中最主要的原因。用功，也有它的科學性，如果不講方法，死記硬背，沒有計畫，不會合理分配時間，不懂有勞有逸，雖然用功也不會取得好成績。

智力因素也是原因之一。有的同學智力較低，表現出來的便是記憶力差，分析問題和解決問題的能力不足，與天賦比較好的同學同樣努力，要取得同樣的成績，自然是不容易的事。

那麼，怎樣用功才能提高學習效率，取得好成績呢？

最重要的是要改變學習方法。笛卡爾說過：「最有價值的知識是關於方法的知識。」還說：「沒有正確的方法，即使有眼睛的博學者，也會像瞎子一樣盲目摸索。」所以，同學們改變學習方法特別重要。

要學習好，首先要有計畫地學習，不能亂抓一把，例如：學習的某一階段怎樣安排，每一節課又怎樣安排，心中要有數，時間分配要合理。同學們在安排學習時間時，什麼時間學習什麼，什麼時間休息，要有計畫。這樣才會有條不紊，有勞有逸。

要學習好，還要學會用腦的藝術，要盡量發揮大腦的潛力，提高學習效率。例如：一天中根據自己的實際情況，結合學科特點，什麼時間學某學科最得力，就學習什麼。例如：做數學習題時間長了，改學政治、語文等，也可以緩解大腦的疲勞。

循序漸進、多提問、獨立思考、及時總結等等，都是可行的方法，同學們不妨一試。

智力較低的同學，除了要講究學習方法以外，還要樹立信心。古人說得好：「勤能補拙是良訓，一分辛苦一分才。」同學們只要持之以恆，堅持下去，就一定會出成績。

⑬　拚時間光聽不看

（一）

有的同學，喜歡利用一切時間進行學習，簡直達到見縫插針的地步，對一點零星時間也不放過。這種做法和前面所講的盲目用功、超負荷學習有相似之處，都會降低學習效率。

雖然這樣的同學主觀願望是好的，起碼知道掌握時間。他們認為學習上只要多花些時間，學習就會見成效，也不是沒有道理。

但是，學習時不會科學利用時間，即使多花了時間，學業成績也不一定會理想。

喜歡拚時間的同學，計畫都相當周密。例如：課間十分鐘背一題，蹲在廁所裡看書，回家的路上背外語單字，甚至在吃飯時也邊吃邊看書，入睡前還要做一道練習題，真是達到無以復加的地步。

但同學們使用這種方法學習，會影響自己的身心健康，而且因為大腦得不到休息，即使多用了時間，學習也不容易進步。

學習和其他活動一樣，必須有勞有逸，有張有弛。如果大腦長期處於疲勞狀態，容易使記憶力減退，分析問題時不容易理清思路，導致學習一塌糊塗。

這樣的同學看起來學習很用功，但是因為不會科學用腦，學業成績並不理想，等於整天白忙了。

同學們掌握時間學習無可厚非，但是不講學習方法，僅僅拚時間，不僅學習不會好，還有害於身心健康。

所以，同學們不要人為地製造學習緊張氣氛，只要掌握正常的時間學習就行了。記住用拚時間的方法是不會取得好成績的。

（二）

在課堂上，有的同學喜歡聽課低著頭，或者眼睛看著窗外。

這些聽課不看黑板的同學，理由是：不就是聽課嗎，又不是看課，你講我聽就行了，何必老看著黑板呢？但聽課不只是豎起耳朵聽，這樣的學習效果是有限的，只有多種感官並用，既聽且看，才能提高學習效率。

老師授課有一定的授課藝術，同時要用自己的表情去與學生溝通。你不抬頭，怎麼能受到老師情感的渲染，又怎麼能深刻地領會課文呢？

不僅如此，為了提高課堂授課效果，有些老師常用教具進行展示，或者以手勢進行比劃，這有助於加強同學們的記憶。如果聽課不看黑板，或者不經常看黑板，老師的這一切輔助活動，對你來說就等於白做了。這對於加深知識的理解，也是有妨礙的。

為了調動同學們的積極性，老師授課不是僅僅自己講讓學生聽就行了，還讓同學們自己「悟」。因此，同學們不隨著老師的思路走，就「悟」不出問題來。而在老師進行指點、解決問題時，因為你沒有和老師合作，缺了「悟」的過程，在老師指點中，也只能「啞巴聽雷」，無法更好地理解課文內容。

聽課不看黑板的同學，往往會把老師畫龍點睛的板書也漏過去。這對同學們加強對知識的理解和強化記憶，也沒有好處。

　　許多老師的板書都不多，但是，只要落在黑板上的都是總結性的或是提示性的。聽課看老師的同學，會把老師的點睛之筆和在黑板上的位置都能記得很清楚。這對同學們課後複習也是有益的。

　　為進行素養教育，老師們都著眼於提高同學們分析問題和解決問題的能力。如果同學們聽課不看黑板，總是啟而不發，何以提升自己的能力？

　　因此，同學們聽課一定要抬起頭來，眼睛看著老師，和老師共同完成教學任務，這不但有利於提高學習效率，也有利於提升自己的素養。

⑭ 筆記過細不求所以然

（一）

　　聽課詳細記筆記的同學，多認為老師講課的內容很重要，如果把老師講課的主要內容都記下來，有助於課後複習。

　　當然，聽課的時候需要記筆記。記筆記的目的主要是把老師指點的關鍵語句或老師對課文內容重點、難點的闡述記下來。這對同學們課後複習，的確有好處。

　　俗話說，「好記性不如做筆記」。同學們每天要上好幾門功課，上課如果不做記錄，老師講的重點、難點，僅憑頭腦去想，自然是不容易的。如果記一記，課後複習時翻開筆記看一看，便可以回憶起教師講的內容，這對自己鞏固知識是有好處的。

　　另外，老師的水準總是要比學生高的。老師為了「傳道、授業、解惑」的需要，在講述課文內容時，往往需要旁徵博引。就課文內容來說，特別是文科，有些內容同學們自己就能看懂。但是，老師旁徵博引的神來之筆，卻不是同學們生活經歷中所能有的。這種神來之筆並不多，但對開闊同學們的思路和眼界會有很大作用。

同學們把這些神來之筆記下來，不僅對學習課文內容有作用，甚至對整個人生都起作用。

但是，如果聽課記筆記過於詳細就不好了。因為同學們聽課的主要目的是完成學習任務，而不是做會議記錄。如果過於詳細地記筆記，就會妨礙自己聽課，降低學習效率。

同學們都知道，如果自己的注意力專注於聽課，就不容易記筆記，如果要記筆記，勢必會分散注意力，就聽不好課。聽不好課，老師講課的一些關鍵之處往往會漏過去，或者無法聽清楚。知識是銜接的，一處沒弄懂下面的知識也就不容易弄懂，對全面理解課文內容也有妨礙。

所以，同學們上課應該記筆記，但是不能過於詳細地作筆記。

筆記是給自己看的，不像作業是給老師批閱，需要認真、仔細、清晰。作筆記，只要自己能看清就行了。

實際上，每個同學都應該有個筆記本。聽課時把筆記本翻開，在你認為需要記的地方，隨手記錄下來，只記重點、要點就行了。切記不要記得太詳細。

（二）

有的同學在課堂上學習或是課後複習，往往只聽老師講述，自己有疑惑不問、不懂不問；還有的同學，只求「知其然」，不求「所以然」。這樣不求甚解的學習方式，學習效率極其有限！

不求「所以然」的同學，有的是性格靦腆，不好意思張口，有的是提問怕同學笑話。也有的同學認為，知道是那麼回事就行了，何必刨根究底，問得多了還可能引起老師的不滿。

同學們不求「所以然」是不正確的。有道是：學問學問，不會則問。

就是說，做學問，「問」是一個重要的方面。

古今大凡有作為的科學家，都善於提出為什麼，以求「所以然」。也正因為他們解決了一個個為什麼，世界才發展到今天這個樣子。牛頓不問蘋果為什麼會從樹上掉到地上，就不會知道有地心吸引力；法拉第不問電磁現象有什麼作用，就不會發明電；瑪里‧居禮不問為什麼會有放射性元素，就不會發現有鈾的同位素；愛因斯坦不問周圍一切事情的源頭，就不會有相對論的問世。由此可見，多問為什麼、多求「所以然」，才可能有新的發明和發現。

同學們如果不懂不問，導致疑惑就埋在心裡，就會因為一個不懂，引出更多的不懂。如果你只「知其然」，而不知其「所以然」，那麼你學的知識，就是「囫圇吞棗，食而不知其味」。

因此，同學們如果有不懂的地方一定要問老師或同學。

有的同學不想追根究柢主要是自己滿足於「知其然」，不想求「所以然」。其實，「做學問知其然」並不難。例如：蘋果會從樹上掉到哪裡？連三歲孩子也能回答上來。但再問一句為什麼會掉到地上？這便是只有牛頓這樣善於發問的人才能解決的問題。

實際上，老師也喜歡提問的學生，更喜歡在正常情況下會難住老師的學生。因為這說明，老師的教學使學生十分投入，學生能夠提出問題，這本身就反映老師的教學是成功的。因此同學們要大膽提問，這對提高學習效率有很大的益處。

15 聽課分心不願做題

（一）

　　總有這麼一部分同學，上課時三心二意，容易分心，這樣一堂課下來，自然得不到多少效果。

　　聽課分心的同學，多缺乏自制力，隨意性很大。老師講課的時候，自己卻在想別的事情，或者做小動作，忘了聽課。當然也不排除因為老師講課沒有吸引力，同學們容易分心的情況。

　　聽課分心，對同學們的學習非常不利。《孟子·告子》上記有這樣一個故事：兩個人同時跟一個老師學下棋，其中一個人專心聽講，另一個人看樣子也像在聽講，一心卻以為有天鵝將飛來，想把牠射下來。所以雖然一起學習，卻始終比不上另一個人，是聰明不如人嗎？不是的，是沒有專心致志造成的。這一故事，值得聽課分心的同學深思。同學們如果聽課分心，會使自己的思路被打斷。知識是互相銜接的，上面的沒有聽懂，下面的就不容易理解。另外，素養教育提倡同學們輕鬆愉快地學習，注重開發同學們的智力，提高能力。所以，教學任務一般是師生共同完成的。同學們聽課分心，就無法參與教師的教學活動，也就無法投入開發智力的活動，自然也就達不到提高能力的目的。另外，教師的知識水準比同學們高，生活閱歷也比較豐富，老師在教學中旁徵博引的資料，往往是同學們不可多得的額外知識，這對豐富同學們的知識，開闊視野，都有益處。如果聽課分心，這些寶貴的知識便失去。

　　有一位學生上歷史課分心，老師問他：「大禹治水為什麼三過家門而不入？」他盲目地回答：「因為他忘了帶鑰匙，三次都打不開家門。」結果鬧成了笑話。

應該承認，每個同學都有自己的特殊情況，要他什麼也不想，這是不可能的。例如：有的同學母親有病，能叫他不想嗎？不過，同學們就是在這種情況下，也要控制自己。因為你的操心無濟於事，反而影響了自己的學習。

（二）

學習中有所謂「題海戰術」，我們並不贊成。但有的同學卻因此走向另一個極端：不願做題。如果說題海戰術缺乏效率，那麼不願做題同樣對提高學習效率毫無益處。

不願入「題海」的同學，多是由於懶惰思想所致或者是對學習的方法不懂所致。這樣的同學一般都缺乏遠大理想，只是應付學習，除了弄懂問題，做完作業，就不再做題了。

過去有的老師，為了片面追求升學率，加大題量和難度，學生的課外練習題就有幾本，學生做完作業以後，教師還要從幾本練習題中，選擇一些讓學生去做。有的教師採取懲罰的辦法，越是做不完，就越加大題量。所以，學生熬夜也要做出來，這便加重了學生的負擔，損害了學生的身心健康。

但是，同學們也不能從一個極端走向另一個極端，如果不願做題，只在例題裡面閒晃，不涉獵各種變化的習題，也是不正確的。

做題，實際上是一種實踐。當你學了理論以後，要會運用理論指導實踐，在實踐中驗證理論，並達到正確運用理論的目的。另外，同學們只有透過做題，才能進一步鞏固所學的知識。例如：你學了代數，除了學例題、理解公式以外，還要透過做題，熟悉各種題型，把學過的知識牢牢地鞏固下來。

做題能開闊思路，透過靈活地運用不同方法，提升自己的思維能力。如果是計算題，還可以用計時器計算時間，提高運算速度。這對同學們加深知識的厚度，提高各種能力，都是有益的。

　　做題，還可以提高應變能力，使同學們的思維更加敏銳。就像寶劍一樣，越磨越快。

　　如果同學們不在題海中涉獵，或者淺嘗輒止，就容易使自己的大腦僵化，不利於加深知識的理解和能力的提高。

　　由此可見，整天泡在題海中，對學生的身心健康有影響。而不入題海，又不利於提高同學們的綜合素養。所以，同學們還是要適量地做題。

15 聽課分心不願做題

告別學渣稱號：

歸納學習法 × 聯想學習法 × 點面學習法，35 種高效學習妙招，改善低效問題，得分不再是難題！

編　　著：王秀蘭，劉國安

發 行 人：黃振庭

出 版 者：崧燁文化事業有限公司

發 行 者：崧燁文化事業有限公司

E - m a i l：sonbookservice@gmail.com

粉 絲 頁：https://www.facebook.com/
　　　　　sonbookss/

網　　址：https://sonbook.net/

地　　址：台北市中正區重慶南路一段六十一號八
　　　　　樓 815 室

Rm. 815, 8F., No.61, Sec. 1, Chongqing S. Rd.,
Zhongzheng Dist., Taipei City 100, Taiwan

電　　話：(02)2370-3310

傳　　真：(02)2388-1990

印　　刷：京峯彩色印刷有限公司（京峰數位）

律師顧問：廣華律師事務所 張珮琦律師

定　　價：370 元

發行日期：2022 年 11 月第一版

◎本書以 POD 印製

國家圖書館出版品預行編目資料

告別學渣稱號：歸納學習法 × 聯想學習法 × 點面學習法，35 種高效學習妙招，改善低效問題，得分不再是難題！/ 王秀蘭，劉國安編著. -- 第一版. -- 臺北市：崧燁文化事業有限公司, 2022.11
　　面；　公分
POD 版
ISBN 978-626-332-858-7(平裝)
1.CST: 學習方法
521.1　　111016837

電子書購買

臉書